개정판
한국어 발음교육의 내용과 방법

(개정판) 한국어 발음교육의 내용과 방법

발 행   초 판 2014년 7월 30일
         개정판 1쇄 2020년 1월 2일
         개정판 2쇄 2024년 7월 31일
지은이   양순임
펴낸곳   상지랑
출판사등록   2020.02.11.(제2020-000003호)
주 소   서울특별시 영등포구 영등포로 79길 8
이메일   sangjirang@gmail.com

ISBN   9791196967833

한국어
발음교육의
.... 내용과 방법

양순임

머 리 말

이 책은 외국인을 위한 한국어 발음교육론에 관한 글이다. 외국어 교육은 응용 언어학의 한 분야이고, 여러 학문과 연계되어 있다. 외국인을 위한 발음교육론은 무엇을 가르칠 것인가?, 어떻게 가르칠 것인가?'에 대한 논의로 압축된다. '무엇을 가르칠 것인가?'에 대한 연구는 교육내용에 해당하는 것으로 국어 음성·음운론의 연구 성과와 연계된다. '어떻게 가르칠 것인가?'에 대한 연구는 교육방법에 해당하는 것으로 모어 교육과 외국어 교육을 포괄하는 언어 교육 관련 연구 성과와 연계된다.

집필을 시작할 때 발음교육과 관련한 필자의 논문을 토대로 했기 때문에 꽤 많은 부분이 그간의 연구와 중복된다. 다시 검토한 논문은 여기는 모자라고 저기는 넘쳤다. 책을 쓰면서 모자람은 채우고 넘치는 건 덜고 잘못은 바로잡고 콩켸팥켸 섞인 것은 줄을 세우려 했지만 예나 지금이나 어금지금하다. 학자로서 읽지 않고 쓰는 것은 위험하고, 쓰지 않고 읽는 것은 헛되다. 학자로 살겠노라 서원한 지 근 삼십 년이지만 여전히 읽는 것도 쓰는 것도 둘의 균형을 맞추는 것도 서툴다. 내가 해 놓은 일은 늘 스스로 보기에 탐탁잖고 때론 낯 뜨겁기까지 하다. 이 부끄러움을 품고 견디기 버거워서 다시 읽고 다시 쓰는지도 모르겠다.

지난해 봄날 떠나신 김영송 선생님께 입은 학은을 생각하면서 이 책을 마무리 지었다. 제자로서 후회되는 일만 태산이다. 가고 오지 못할 천금 같은 시간 헛되이 보내고 섣달 그믐날 밤 무릎 곧추고 앉아 그 어리석음을 곱씹는 격이다. 말주변 모자라고 내 속을 표현하는 데 서툰 나는 한 번도 감사하다는 말씀조차 제대로 올리지 못했다. 이 책이 김영송 선생님과 선생님 곁을 평생 지키신 박학아 선생님께 반나절 기쁨이라도 되었으면 좋겠다.

2014년 5월 15일

개정판을 내며

출판사를 옮겨 개정판을 내게 되었다. 여러 가지 이유가 있었으나 무엇보다 찍어놓은 책이 모두 주인을 찾아갈 때까지 크고 작은 오류를 번연히 보고도 고치지 못하고 그저 있어야 한다는 게 힘든 일이었다. 온라인 판매만 하는데다 주문 후 생산 시스템이라 독자는 좀 불편할지도 모르겠다. 그래도 출판사에 직접 주문하면 일반 온라인 서점과 같은 속도로 받아볼 수 있다.

개정판을 내며 가장 많이 수정한 부분은 5장이다. 초판에서 가장 부끄러웠던 부분이다. 나는 여전히 가르치는 시간보다 배우는 시간이 훨씬 더 길고 즐겁다. 배우다 보면 무엇보다 내 잘못이 먼저 보일 것이고 가능하면 정기적으로 수정할 생각이다. 어차피 전자책은 초판이니 개정판이니 하는 개념의 거리가 하루 단위로 가까워져 언제 내려받았느냐가 중요하다. 남은 시간은 지난 세월 당연하다 여겨왔던 이런저런 묵은 생각일랑 하나씩 벗고 첫발을 내딛는 것처럼 더 찬찬히 발맘발맘 음미하고 소통하며 걸어볼 요량이다.

2019년 12월 25일

차 례

제 1 장

발음교육의 얼개

언어는 소리를 매개로 해서 의미를 전달하는 기호이다. 따라서 의사소통능력 향상을 위해서 소리, 발음에 대한 교수·학습은 필수적이다. '발음교육'에서 '발음'은 사전적 의미와는 달리 표현(말하기·쓰기)과 이해(듣기·읽기) 교육 모두와 관련된다. 발음은 외국어 학습자들이 초급 단계부터 제일 먼저 부딪히는 문제이면서, 고급 단계까지 지속적으로 교수·학습되어야 할 사항이다. 초기에 발음 학습이 제대로 이루어지지 않은 채 오류 형태로 화석화(fossilization)되면[1] 수정하기도 어렵고, 인지 능력과 학습자들의 자신감에 큰 영향을 미쳐 전반적으로 의사소통능력의 향상에 어려움이 생긴다.

외국인을 위한 발음교육론은 '1) 무엇을 가르칠 것인가?, 2) 어떻게 가르칠 것인가?'에 대한 논의가 핵심이다. '무엇을 가르칠 것인가?'에 대한 연구는 교육내용에 해당하는 것으로 국어 음성·음운론의 연구 성과와 연계된다. '어떻게 가르칠 것인가?'에 대한 연구는 교육방법에 해당하는 것으로 모어 교육과 외국어 교육을 포괄하는 언어 교육의 연구 성과와 연계된다. 교육내용과 교육방법은 불가분의 관계다.[2]

---

1) 화석화는 중간언어(interlanguage)가 목표언어에 도달하기 전에 영구적으로 중단된 상태를 말하는 것으로 주로 성인 학습자에게 발생한다(Selinker: 1972). 화석화는 중간언어 개념과 밀접한 관련이 있는 것으로 모어 습득 과정에서는 볼 수 없는 제2언어 습득 과정만의 특이성으로 언급되기도 한다. 중간언어에 대해서는 3.1.2 참조.
2) '한국어교육능력검정시험'에서는 '한국어학'과 '한국어 교육론'으로 영역을 분리하였기

1. 발음교육의 목표

한국어 발음교육의 목표는 언어 사용에 반드시 필요한 말소리 사용 능력을 향상시키는 데 있다. 말소리를 인식하고 산출하는 능력은 음성언어 기능인 '말하기·듣기'뿐 아니라 문자언어 기능인 '읽기·쓰기' 능력과도 관련된다.[3] 교육목표 설정에는 교수법, 학습 환경, 학습자의 연령, 숙달도 등 교육과정(curriculum)과 관계되는 모든 요인이 고려된다.

발음교육의 목표는 교수법에 따라 조금씩 다르게 설정되었다. 교수법의 변천을 주도하는 논의의 초점은 1) 문자언어로 이루어지는 읽기·쓰기 교육과 음성언어로 이루어지는 말하기·듣기 중 어느 것을 더 중시하는지, 2) 정확성(accuracy)과 유창성(fluency) 중 어느 것을 더 중시하는지, 3) 형태 중심인지 의미 중심인지, 4) 학습자 중심인지 교사 중심인지, 5) 지식 전달자, 상담자, 협력자 등 교사의 역할을 무엇으로 보는지, 6) 학습자를 단순한 모방자로 보는지 능동적이고 창조적인 존재로 보는지, 7) 교실에서 학습자의 모어 사용을 허용하는지 금지하는지, 8) 학습자의 오류에 대한 견해 차이 등이다.

문자언어를 중시한 문법번역식 교수법(grammar translation method)에 반해 음성언어를 중시한 직접 교수법(direct method),[4] 청화식 교수법(청각구두식, audio lingual method)에서는 발음의 정확성을 중시한다. 발음교육에 있어서 정확성이 강조된다는 점에서는 침묵식 교수법(silent way)도 마찬가지다.[5] 이에 비

때문에 음운론과 발음교육, 문법론과 문법 교육, 의미론과 어휘교육 문항이 나누어진다. '한국어학' 영역은 대체로 교육내용, '한국어교육론' 영역은 교육방법과 관련된다. 영역 분리평가의 장·단점에 대한 연구가 필요하다.

3) 말소리 사용 능력과 문자언어의 관련성은 음소와 자소, 변동규칙과 한글 맞춤법의 밀접한 관련성에서도 드러난다. 이에 대해서는 2.1과 2.2에서 상술한다.

4) 직접 교수법은 교실에서 목표어만 사용하고 학습자는 목표어로 사고하게 한다. 음성언어를 중시하여 말하기·듣기 위주의 수업을 하고 발음교육은 모어 화자 수준의 정확성을 목표로 한다.

해 형태의 정확성보다 의미의 소통을 중시하는 자연 교수법(natural approach), 의사소통 교수법(communicative language teaching)에서는 정확한 발음을 목표로 하기보다 소통에 지장이 없을 정도의 이해 가능한 발음을 목표로 삼는다.

영어는 모어가 다른 사람들이 공통어(lingua franca, bridge language)로 사용할 때가 많아서 멕시코인의 영어, 일본인의 영어 등 다양한 발음이 존재한다. 영어를 모어로 습득했다 해도 영국식 영어, 미국식 영어 등의 차이가 있다. 그래서 영어의 발음 변이는 그 폭이 크고 특정 발음을 표준발음으로 한정하기 어려운 상황이다. 이는 발음교육의 목표를 정확한 발음이 아니라 이해 가능한 발음으로 보는 이유이기도 하다. 이에 비해 한국어는 상대적으로 균질적이라는 점에서 영어보다는 발음의 정확성이 더 중요하다.

발음교육의 목표는 학습 환경에 따라서도 달라진다. 학습 환경에 따라 이중언어로서의 한국어(Korean as a bilingual), 제2언어로서의 한국어(Korean as a second language), 외국어로서의 한국어(Korean as a foreign language)로[6] 나눌 수 있는데 각각의 목표는 달리 설정된다. 외국어, 제2언어, 이중언어의 순서로 모어로서 한국어 교육목표에 근접한다.

---

5) 침묵식 교수법은 수학자며 심리학자인 Gattegno가 개발한 것으로 학습자 중심 교수법이다. 침묵식 교수법에서 '침묵'은 교사의 침묵을 뜻하지 학습자의 침묵을 뜻하는 것이 아니다. 학습자의 기억·반복 학습보다 능동적인 발견·창조 학습을 중시한다. 시각적 도구를 사용하여 발음, 억양 등을 표시하고 정확한 발음을 습득하도록 한다.

6) 이중언어는 삼중언어(trilingual), 다언어(multilingual)와도 관련되는 현상인데 2개의 언어를 모어처럼 상용하는 것을 말한다. 이중언어 또는 다언어 화자는 상황, 화제, 상대방에 따라 언어를 선택적으로 사용할 수 있다. 다언어 화자가 언어를 바꾸는 현상을 부호 전환(code switch)이라 부르며 사회 언어학의 연구거리 중 하나다. 이중언어 현상은 이민으로 인해 발생하거나 다언어 국가에서 많이 발생한다.

제2언어는 목표어가 모어가 아니라는 점에서 외국어와 동일하지만, 학습을 위한 환경뿐 아니라 일상에서도 목표어를 써야 하는 경우를 말한다. 이에 비해 외국어는 학습 환경에서는 목표어를 사용하지만, 일상에서는 목표어를 쓰지 않아도 되는 환경을 말한다. 예를 들어 중국 사람이 한국에서 한국어를 배운다면 제2언어로서의 한국어, 중국에서 한국어를 배운다면 외국어로서의 한국어 환경이라 할 수 있다. 그러나 제2언어와 외국어를 같은 개념으로 쓰는 경우도 많다.

 학습자의 연령도 발음교육의 목표 설정에 중요한 요인이다. 성인 학습자는 아동 학습자에 비해 발음교육의 목표 수준을 낮추어야 할 필요가 있다. 어떤 심리적 특성이나 행동이 획득되는 특정한 생물학적 시기가 있어서 이 시기가 지나면 학습 효과가 감소하거나 거의 불가능하다는 결정적시기 가설(critical period hypothesis)은 적어도 발음 영역에 있어서는 경험적으로 지지된다. 언어 습득에서 결정적시기는 사춘기 즈음이라고 본다.7) 외국어뿐 아니라 모어도 사춘기 이전에 충분한 언어 환경에 노출되지 않으면 완전한 습득이 어렵다고 본다. 사춘기 이후에 외국어 학습을 시작한 경우 그 이전에 시작한 학습자에 비해 원어민 수준의 발음에 도달하는 데 더 큰 어려움을 겪는다.

 학습자의 언어 숙달도(proficiency)에 따라 발음교육의 목표도 달리 설정된다. 국립국어원에서 2018년 배포한 『국제 통용 한국어 표준 교육과정』에는 1~6급까지 급별로 총괄 목표, 주제와 기능, 언어기술별(말하기, 듣기, 읽기, 쓰기) 목표와 내용을 제시하였다. 교육과정에서 목표와 평가는 맞물려 있어서 한국어능력시험(TOPIK, Test of proficiency in Korean)도 종합점수에 따라 6개 평가 등급을 부여한다.8)

---

7) 사춘기를 결정적시기로 보는 것은 몇 가지 사항이 복합적으로 고려되었다. 사춘기는 신경학(neurology) 측면에서는 뇌 기능의 편중화(hemispheric lateralization)가 완료되어 뇌 유연성(neuroplasticity, brain plasticity)이 감소하는 시기이다. 심리학 측면에서 사춘기는 자아 정체성(ego-identity)이 확립되는 시기이고, 피아제의 인지 발달(cognitive development)에서는 마지막 단계인 형식적 조작기(the formal operational stage)로 전이되는 시기이기도 하다.

8) 지필시험은 TOPIK I, II 2종이 있다. TOPIK I은 초급, TOPIK II는 중·고급 수준이다(https://www.topik.go.kr 참조).

(1) TOPIK 말하기 평가 등급별 기술

급	등급 기술
6	사회적 화제나 추상적 화제에 대해 논리적이고 설득력 있게 말할 수 있다. 오류가 거의 없으며 매우 다양한 어휘와 문법을 담화 상황에 맞게 사용할 수 있다. 발음과 억양, 속도가 자연스러워 발화 전달력이 우수하다.
5	사회적 화제나 일부 추상적 화제에 대해 비교적 논리적이고 일관되게 말할 수 있다. 오류가 간혹 나타나나 다양한 어휘와 표현을 담화 상황에 맞게 사용할 수 있다. 발음과 억양, 속도가 대체로 자연스러워 발화 전달력이 양호하다.
4	일부 사회적 화제에 대해 대체로 구체적이고 조리 있게 말할 수 있다. 오류가 때때로 나타나나 다양한 어휘와 표현을 대체로 담화 상황에 맞게 사용할 수 있다. 발음과 억양, 속도가 비교적 자연스러워 의미 전달에 문제가 거의 없다.
3	친숙한 사회적 화제에 대해 비교적 구체적으로 말할 수 있다. 오류가 때때로 나타나나 어느 정도 다양한 어휘와 표현을 비교적 담화 상황에 맞게 사용할 수 있다. 발음과 억양, 속도가 다소 부자연스러우나 의미 전달에 큰 문제가 없다.
2	자주 접하는 사회적 상황에서 일상적 화제에 대해 묻거나 답할 수 있다. 언어 사용이 제한적이며 담화 상황에 맞지 않는 경우가 있고 오류가 잦다. 발음과 억양, 속도가 부자연스러워 의미 전달에 다소 문제가 있다.
1	친숙한 일상적 화제에 대해 질문을 듣고 간단하게 답할 수 있다. 언어 사용이 매우 제한적이며 오류가 빈번하다. 발음과 억양, 속도가 매우 부자연스러워 의미 전달에 문제가 있다.

(1)은 TOPIK 말하기 평가의 등급별 기술이다. 발음과 억양, 속도에 대해 자연스러움과 의미 전달의 정도로 6개의 등급을 기술하였다.

2. 발음교육의 내용

　발음교육 내용은 '무엇을 가르칠 것인가?'에 대한 답을 찾는 과정이고, 이는 국어 음성·음운론, 국어 음운교육, 한국어 교육론의 연구 성과와 연계된다.

　이론 언어학(theoretical linguistics)의 한 분야인 음성학, 음운론은 말소리(언어음, speech sound)를 연구대상으로 하여 그 본질을 밝히는 것을 목표로 한다. 이에 비해 발음교육론과 음운교육론은 응용 언어학(applied linguistics)의[9] 한 분야다. 그러므로 음성·음운론과 발음교육론은 연구대상이 말소리라는 점에서는 같지만 연구목적이 다르다.

　음운교육론과 발음교육론의 연구 목표는 음운론의 연구 결과를 어떻게 가르칠 것인지 교육에 응용하는 것이다. 발음교육론과 음운교육론의 차이는 교육 대상에 있다. 발음교육론은 목표어(목표 언어, target language)인 한국어를 외국어 또는 제2언어로 배우는 학습자, 음운교육론은 한국어를 모어(mother tongue)로 하는 학습자를 위한 교육방법 개발에 관심을 둔다. 교육 대상의 차이는 교육목표와 내용, 방법의 차이를 유발한다. 음운교육에서는 한국어 사용 능력 향상과 관련된 기능 영역도 중요한 교육내용이지만, 국어 지식 영역 또한 중요한 교육내용이다. 이에 비해 한국어를 수단으로 한 의사소통능력 함양을 목표로 하는 발음교육에서 국어 지식 영역은 의사소통에 필요한 경우로 한정될 수밖에 없다.

　발음교육에서 다루어야 할 주요 내용은 '음소, 운율, 음절, 변동규칙'이다.

---

9) 응용 언어학은 이론 언어학과 상대되는 개념이다. 둘 다 언어를 연구대상으로 한다는 점은 공통적이나 연구목적이 다르다. 이론 언어학은 언어 그 자체에 대한 호기심을 해결하는 것이 연구목적인 반면, 응용 언어학은 연구 결과를 언어와 관련된 제반 문제를 푸는 데 응용하려 한다. 따라서 응용 언어학은 학제적(interdisciplinary) 연구이다. 모어 교육과 외국어 교육을 포함하는 언어 교육이 가장 역사도 길고 대표적인 하위 연구 분야이다. 최근에는 신경 언어학, 심리 언어학, 인지 언어학, 전산 언어학, 법 언어학, 언어 정책, 언어 습득론, 통·번역론 등 연구 범위가 확장되어 한정하기 어려울 정도이다.

표현교육으로서의 발음교육은 표준발음을 원칙으로 한다. 그러나 이해교육으로서는 통용음도 교육되어야 한다. 여기서 통용음이라 함은 표준발음이 아니지만 특정 지역방언, 사회방언에 국한되지 않고 두루 나타나는 발음을 말한다. 또 학습자에 따라 특정 지역방언이 교육내용에 포함되어야 하는 경우도 있는데 특히 결혼이주자가 그렇다.

2.1. 음절과 음운[10]

2.1.1. 음절

음절은 단독으로 발화 가능한 최소 단위라는 점에서 발음교육의 출발점이 된다. 따라서 발음교육을 위해 제시하는 말소리는 최소한 음절 형태로 제시되어야 한다. 모음은 모두 성절음이므로 모음소 하나는 곧 하나의 음절이다. 성절성 (syllabicity)이 없는 자음은 모음과 결합한 음절 형태로 교육되어야 한다. 초성, 중성, 종성 각각의 대립 관계도 음절의 형태로 교육해야 한다.

(1) 한국어 음절구조

---

10) 2.1과 2.3은 필자가 쓴 (2012ㄱ)의 일부를 고쳐쓴 것이고 여기서 인용한 글은 출처를 따로 밝히지 않았다.

한국어 음절구조는 ⑴과 같이 도식화할 수 있다. 음소가 결합하여 음절을 이룰 때 음절 내 위치에 따라 초성(첫소리), 중성(가운뎃소리), 종성(끝소리)으로 나눈다. '손'에서 초성은 'ㅅ', 중성은 'ㅗ', 종성은 'ㄴ'이다. 자음은 초성과 종성이 되고, 모음은 중성이 된다. 초성을 음절 두음(onset), 종성을 음절 말음(coda)이라고도 한다. 중성은 단모음만으로 이루어지기도 하고 반모음과 단모음이 결합한 이중모음도 있다. 단모음을 성절음(syllabic sound) 또는 음절핵(peak, nucleus)이라 하는데, 이는 음절을 이루기 위해서, 즉 단독으로 발음할 수 있기 위해서 '중성' 자리는 반드시 하나의 단모음으로 채워져야 하기 때문이다.

발음형의 음절구조에서는 초성, 종성 둘 다 최대 한 자음만 허용된다. 이렇게 겹자음을 허용하지 않는 것은 알타이제어(Altaic languages)에 공통된 음운적 특질 중 하나다. 초성에는 연구개 비음 /ㅇ/을 제외한 자음 18개가, 종성에는 /ㅂ, ㄷ, ㄱ, ㅁ, ㄴ, ㅇ, ㄹ/ 7개만 발음된다. 음절 말에 자음군이나 격음의 발음이 허용되는 영어권 화자들은 '핥고, 부엌'을 [핥고], [부어ㅋ]처럼 발음한다. 또 음절 말음을 허용하지 않는 개음절어인 일어권 화자들은 '먹었습니다'를 [머거쓰모니다]처럼 발음한다. 이는 언어 간 음절구조의 차이에 기인한다. 따라서 목표어의 음절구조 제약과 가능한 음절 유형에 대한 교수·학습이 필요하다.

2.1.2. 음운

2.1.2.1. 음소

'음성'과 '음소'는 둘 다 말소리를 가리키는 것인데, 언중들이 심리적으로 구별하여 인식하고 발음할 수 있는 말소리를 음소(phoneme)라 한다. 특정한 말소리를 머릿속에 기억·저장하는 것은 음소의 차이로 인해 단어의 의미가 달라져서 의사소통에 유의미하기 때문이다. 음소는 단어의 의미를 분화하는 변별적 기능 (distinctive function)을 지닌 말소리다. 따라서 음소 /ㅂ/, /ㅃ/, /ㅍ/를 변별하지 못하면 '불났다, 뿔났다, 풀 났다'의 의미를 변별하지 못하게 되고 이는 소통에 장애가 된다.

⑵ ㄱ. 불, 풀, 물, 둘, 굴, 꿀, 술, 줄

ㄴ. 발, 벌, 볼, 불, 벨

ㄷ. 밤, 반, 방, 발, 밥, 밭, 박

(2)에 있는 단어들은 각각 초성, 중성, 종성 중 단지 한 음소의 차이 때문에 의미가 달라진다. 이처럼 두 단어가 같은 위치에 있는 하나의 음운 때문에 의미 차이가 생기는 경우, 이를 최소대립어(최소대립쌍, 준동음어, minimal pairs)라 한다. 최소대립어에서 의미를 변별하는 기능을 하는 말소리는 각각 음소임을 확인할 수 있다. 따라서 음소와 최소대립어는 의사소통능력을 목표로 하는 외국어 교육에서 중요하게 다루어야 할 교육내용이다.

(3) ㄱ. /p , pˀ, pʰ, t, tˀ, tʰ, k, kˀ, kʰ, ʨ, ʨˀ, ʨʰ, s, sˀ, h, m, n, ŋ, ɾ/

/ㅂ, ㅃ, ㅍ, ㄷ, ㄸ, ㅌ, ㄱ, ㄲ, ㅋ, ㅈ, ㅉ, ㅊ, ㅅ, ㅆ, ㅎ, ㅁ, ㄴ, ㅇ, ㄹ/

ㄴ. /i , ɯ, u, e, ə, o, ɛ, a/

/ㅣ, ㅡ, ㅜ, ㅔ, ㅓ, ㅗ, ㅐ, ㅏ/

(3)은 우리말 음소 목록(phoneme inventory)이다. 자음소와 모음소 목록이 문자인 한글과 일대일로 대응함을 알 수 있다. 한글은 표음문자인데, 음성문자라 하지 않고 음소문자(자모문자, phonemic writing)라 하는 까닭은 말소리의 두 가지 면 중 음성이 아니라 음소 단위와 대응하기 때문이다. 우리가 인식하지 못하는 음성의 음가 차이까지 표기한다면 지금보다 훨씬 더 문자 생활이 복잡해질 것이다. '밤밥'에서 /ㅂ/는 [pam:bap˺]으로 발음되므로 [p], [b], [p˺] 세 개의 음성이지만 모두 하나의 음소로 인식되므로, 모두 문자 'ㅂ'으로 적는다. 음소 발음교육은 한글 쓰기 교육과 병행하여 초급 단계에서 다루어야 할 핵심적 교육내용이다.

발음교육에서는 음소보다 자소(字素, grapheme) 개념이 더 활용도가 높다. 자소는 한 언어의 문자 체계에서 음소를 표시하는 최소의 변별적 단위로서 문자 혹은 문자 결합을 뜻한다. 예를 들어 음소 /p/를 표시하는 데 사용되는 'pin'의 'p', 'hopping'의 'pp', 'hiccough'의 'gh'는 모두 한 자소의 이체자(異體字, 이서체)다. 이체자는 한 음운을 표기하는 문자가 출현 환경에 따라 두 가지 이상의 다른 모양을 취할 때 그 각각의 자형(字形)을 이르는 말이다.

음소문자라 해도 음소와 자소 사이에 일대일 관계가 있는 것도 있고 그렇지 못한 경우도 많다. 영어에 사용되는 로마자(라틴문자, 알파벳)는[11] 음소문자이지만, 'banana, cake'의 자소 'a'는 여러 음소와 대응되고, 'pin, hopping, hiccough'의 'p, pp, gh'는 한 음소 /p/에 대응된다. 이에 비해 한글은 규칙에 의해 변동되는 경우를 제외하면 자소와 음소의 일대일 대응률이 높아서 자소가 발음 정보를 드러내는 정도가 높다. 반모음과 'ㅢ'를 제외하면[12] 음소 목록은 한글과 일대일로 대응한다. 이런 면에서 봐도 자소는 한국어 교육용 가치가 높다.

(4) 자소와 음소

자소	언어	음소	보기
ch	영어	/ʧ/	church
	독일어	[ç]	ich
		[x]	nacht
		[k]	sechs
	불어	/ʃ/	chemin
		/k/	chaos

한글보다 자소와 음소 간 대응률이 낮은 로마자를 쓰는 언어도 외국어로 교육할 때 자소의 개념을 중시하는 경우가 많다. (4)처럼 로마자를 쓴다는 점에서 공통적이지만 동일 자소가 각기 다른 음소와 대응되는 영어, 독어, 불어와 같은 경우는 특히 그러하다.

음소는 서로 변별되어야 한다. 즉 'ㅜ'의 음가는 나머지 단모음 'ㅣ, ㅡ, ㅔ, ㅓ, ㅗ, ㅐ, ㅏ'가 아닌 것이다.[13] 각 음소들의 음가는 개별적으로 규정되는 것이 아니

---

11) 알파벳을 『사전』에서는 "그리스 문자, 로마자 따위의 구미 언어의 표기에 쓰는 문자들을 통틀어 이르는 말. 흔히 '로마자'를 이른다."라고 정의하였다. 그러나 때로 '음소문자'와 동의어로 쓰이기도 한다. 이 책에서 『사전』은 국립국어원 누리집에서 제공하는 『표준국어대사전』을 가리킨다.
12) 이중모음은 두 음소의 결합인데, 훈민정음에서는 반모음 /j, w/을 표기하기 위한 문자를 따로 만들지 않았다. 자소 'ㅢ'는 표준발음 [ㅢ, ㅣ, ㅔ] 3개와 대응된다.
13) 자소의 중요성을 감안하여 음소가 한글과 대응하지 않을 때만 / /를 쓰고 나머지는

라 다른 음소들과의 관계 속에서 규정된다. 그래서 일본어 'う'와 한국어 'ㅜ'는 음가가 다르다. 'う'가 'ㅜ'보다 음역이 넓다. 왜냐하면 'う'는 'あ, い, え, お'가 아닌 단모음이고, 'ㅜ'는 'ㅣ, ㅡ, ㅔ, ㅓ, ㅗ, ㅐ, ㅏ'가 아닌 단모음이기 때문이다.

이처럼 각 음소의 가치는 주변에 무엇이 있느냐에 따라 달라진다. 음소는 관계에 의해 서로의 값을 규정하는데 이러한 개체의 집합을 체계(system)라 한다. 체계는 단순히 개체가 모인 전체가 아니라, 개체의 값을 능동적으로 규정한다.

(5) 언어의 체계성

수(秀)	우(優)	미(美)	양(良)	가(可)
양(良)			불량(不良)	
가(可)			불가(不可)	

(5)처럼 '수, 우, 미, 양, 가' 평가 체계에서 '가'는 가장 부정적이다. 이 부정적 값은 '가'에서 온 것이 아니다. 개체만 보면 '수, 우, 미, 양, 가'는 모두 긍정적 값만 지닌다. 따라서 '수, 우, 미, 양, 가' 평가 체계에서 '양, 가'의 부정적 의미는 체계성에 기인한다. 이는 '양, 불량', '가, 불가' 평가 체계에 들어가면 '양, 가'가 긍정적 의미로 바뀌는 것을 봐서도 알 수 있다.

'ㅡ'와 'ㅜ'는 '글, 굴'과 같은 최소대립어를 만들면서 서로 변별되고 대립한다. 'ㅡ'는 후설 평순 고모음이고, 'ㅜ'는 후설 원순 고모음이다. 'ㅡ'가 후설 평순 고모음이라 불리는 것은 'ㅡ'가 후설모음, 평순모음, 고모음이라는 음운적 특성을 갖고 있다는 뜻이다. 'ㅡ'와 'ㅜ'는 혀의 앞뒤 위치와 높낮이는 같지만 원순성 자질 차이 때문에 대립한다. 이렇게 음소 간 대립을 가능하게 하는 음운적 특성을 변별자질(음운자질, distinctive feature)이라 한다. 변별자질은 음소체계를 설명하는 데 있어서 중요한 개념이고 발음교육에서도 중요하게 다루어야 한다.

음소는 언어 단위 중 분절할 수 있는 최소 단위다. 그러나 음소의 대립관계를

작은따옴표로 싼 한글로 음소 표기를 대신하겠다. [ ]는 음성형(발음형)을 뜻한다. ' '는 해당하는 한글 문자의 이름으로 읽고, / / 또는 [ ]의 자음은 'ㅡ'를 첨가하여 개음절로 읽되, 종성의 음성형일 때는 폐음절로 읽을 것이다.

보면 '一'는 후설, 평순, 고모음이라는 음운적 특성이 모인 것이고, '一'는 후설, 원순, 고모음이라는 음운적 특성이 모인 것으로 볼 수 있다. 이리 보면 음소는 변별자질의 집합이라 할 수 있다. 만약 '一'와 '一'를 구별하지 못하는 학습자가 있다면 교사는 이 둘의 변별에 관여하는 [원순성] 교육에 주력해야 한다. 'ㄱ'와 'ㅋ'를 구별하지 못하는 학습자가 있다면 교사는 'ㅍ, ㅌ, ㅊ, ㅋ'와 'ㅂ, ㄷ, ㅈ, ㄱ'의 변별을 가능케 하는 [격음성(유기성, 기식성)]을 조절하게 하는 데 교육의 초점을 맞추어야 한다.

2.1.2.2. 변이음

발음교육에서 음성학적 연구 결과는 국어 음운론만큼 또는 그보다 더 중요한 역할을 한다. 발음의 정확성과 유창성을 높여 소통 가능한 수준의 음성언어 능력을 갖추기 위해서는 음소 차원에서 머물러서는 안 되고 변이음 차원까지 고려해야 하기 때문이다. 예를 들어 '가락'의 'ㄱ'이 무성음으로 발음되는 것과 달리, '부경'에서 'ㄱ'은 유성음 [g]로 발음된다. '부경'의 'ㄱ'을 [g]로 발음하지 않고 어두 'ㄱ'과 같이 무성음으로 발음하면 [부꼉]에 가깝게 들리고 이는 한국인에게 '북경'으로 해석된다.

유성음 [g]는 어중 유성음 사이에서만 나타나므로 무성음 [k]와는 배타적분포를 보이고 최소대립어를 이루지 못한다. 배타적분포를 보이는 유사 음성들은 심리적으로는 하나의 음소이다. 하나의 음소로 묶이는 여러 음성 중 대표음을 뽑아 음소를 나타내는 기호로 삼고, 음소가 실제 실현되는 음성형은 변이음(이음, allophone)이라 한다. 따라서 음소 /k/는 변이음 [k], [g], [k˺]의 집합이다. 음소는 한편으로는 변별자질의 집합이면서 또 한편으로는 변이음의 집합이다. 변이음은 음소를 전제로 하는 개념이다. 변이음 [k], [g], [k˺]가 모여야 음소 /k/의 분포가 완성되므로 배타적분포를 상보적분포(complementary distribution)라고도 한다.

2.1.2.3. 운율

길이, 세기, 높이처럼 계기적, 독립적으로 분절 불가능한 말소리를 운율

(prosody) 또는 초분절음이라 한다. 초분절음 중에는 의미 변별에 관여하는 것도 있고 그렇지 않은 것도 있다. 의미 변별에 관여하는 초분절음을 운소(prosodeme)라 한다. 음운은 음소와 운소를 합쳐 부르는 말이다. 운소는 독립적으로 분절되지 않는다는 점에서 초분절음소(비분절음소, 얹힘음소, suprasegmental phoneme)라고도 한다. 표준 한국어의 운소에는 '길이, 연접, 억양'이 있다. 운율, 초분절음은 의미 변별 기능 유무와 상관없이 쓰므로 운소를 포함하는 개념이다.

길이(장단, 음장, length)는 한 음성을 발음하는 데 걸리는 시간, 즉 지속시간(duration)을 말하는데, 운소로서의 길이는 절대적인 길이가 아니라 상대적인 길이다. 길이는 '굽다'와 '굽:다'처럼 최소대립어를 형성하는 운소로 기능한다.

개방연접(open juncture, plus juncture)은 국어교육이나 한문교육을 비롯한 언어 교육에서 오랫동안 사용되고 있는 '끊어읽기'에 해당한다. '나+갈게'와 '나갈게', '잘+못 읽었어요'와, '잘못읽었어요'의 의미 차이는 글말(문어, written language)에서는 띄어쓰기로 구별된다. 입말(구어, spoken language)에서는 '+'로 표시된 것의 유무나 위치에 따라 의미가 달라진다. 따라서 '+'도 운소의 하나이고 이 책에서는 '끊어읽기'라 했다(제4장 2. 참조).

끊어읽기는 음성적으로 다양하게 실현되는데, 끊어 발음하는 자리에 휴지(쉼, pause)를 둘 수도 있지만 억양 경계와 겹치지 않는 한 휴지가 실제로 실현되는 경우는 드물다. 끊어읽기 위치에는 에너지 골짜기가 실현되고, 끊어읽기 경계 앞 음절이 장음화하거나 뒤 음절이 강하게 발음되는 경우가 많다. 예를 들어 내부에 끊어읽기 경계가 있는 '잘 못했어요.'에는 '잘'과 '못'에 강세가 실현되고 '잘'이 장음화하는 반면, 붙여 발음하는 '잘못했어요.'는 강세가 한 번만 실현된다. 끊어읽기 유무나 위치는 의미뿐 아니라 음운변동에도 영향을 미친다. 예를 들어 '꽃 한 송이'는 '꽃'과 '한'을 붙여 발음하면 [꼬탄송이], 개방연접을 두고 끊어 발음하면 [꼳한송이]가 된다.

문장 끝 높이(고저, 음고, pitch)는 문장 의미를 변별한다. 단어 의미를 변별하는 높이를 성조(tone)라[14] 하는 데 반해, 문장 의미를 변별하는 높이를 억양

---

14) 높이가 단어 의미 변별 기능이 있는 언어를 성조 언어(tone language)라 한다. 중

(intonation)이라 한다. 예를 들어 '밥 먹었어'에서 종결어미 '-어'로는 의문문인지 평서문인지 알 수 없다. 글말에서는 문장부호로 구별되지만, 입말에서는 문장 끝의 높낮이, 즉 억양으로 구별된다.

문장 끝의 높낮이는 문장 의미를 변별하는 기능 외에도 화자의 감정적 의미를 드러내기도 한다. 문장 내의 끊어읽기 단위별로 얹히는 운율인 리듬(rhythm)은 의미 변별 기능은 없지만 발화의 자연성, 유창성 확보에 관여한다.

2.2. 변동규칙과 한글 맞춤법

표기법(정서법, 맞춤법, 철자법) 교육은 쓰기 기능 교육을 위한 기초 필수 요소이다.[15] 그런데 표기법은 한글 맞춤법 규정을 따르고, 한글 맞춤법 총칙의 '어법에 맞게'는 변동규칙의 존재를 전제로 한다.

"표준어를 소리대로 적되, 어법에 맞도록 함을 원칙으로 한다."는 한글 맞춤법 총칙 제1항의 선언이다. '어법에 맞도록 함을 원칙으로 한다'는 것은 예외가 있을 수 있다는 뜻이 담겨 있다. '어법에 맞게'의 구체적 의미는 대표형태로 표기형을 고정하고 실질형태소와 형식형태소를 분철한다는 것이다. 이에 따르면 표기형은 크게 세 가지 유형으로 나눌 수 있다.

(6) ㄱ. 나무, 나무만, 구름, 훨씬

국어, 베트남어 등이 성조 언어이고, 중세국어도 성조 언어였다. 현대국어에서 성조 방언은 대체로 한반도의 동쪽에 있는 동북, 동남 방언과 강원도의 일부 방언이다. 성조 방언 지역은 비성조 방언으로의 개신파(改新波) 영향을 받지 않고 이전 언어의 특징인 성조가 현재까지 남아 있는 잔재 지역(殘滓 地域, relic area)이라 할 수 있다.
15) 표기법은 정서법, 맞춤법, 철자법으로도 불렸고 이 책에서는 구별 없이 썼다.
민현식(2004)에서 제안한 한국어 표준 교육과정 모형에서는 문법 영역을 '문장과 표현, 어휘, 발음, 표기'로 세분했다.

ㄴ. 꽃이, 꽃도, 꽃만

ㄷ. 막아서~먹어서, 먹으니까~가니까, 살고~사는

⑹ㄱ의 '나무, 만'류는 소리대로 적은 것이면서 어법에도 맞는 표기다. '나무, 만'류는 단일 형태소로 이루어진 단어이고 환경에 따른 이형태가 없는 경우라서 표기형과 발음형이 일치한다.

⑹ㄴ의 표기형 '꽃'도 'ㅊ'를 받침으로 쓰는 근거가 [꼬치]처럼 [ㅊ]가 발음되는 데 있기 때문에 소리대로 적기에 어긋나지 않는다. 또한 어법에 맞도록 적은 표기이다. '꽃][이'로16) 분철하고, 대표형태 '꽃'으로 표기를 고정했기 때문이다.

⑹ㄷ은 소리대로 적었지만 어법에는 맞지 않는 표기다. '막아서~먹어서, 먹으니까~가니까, 살고~사는'에서 이형태 '-아서/-어서', '-으니까/-니까', '살-/사-' 각각을 표기에 반영했기 때문이다.

대표형태로 표기를 고정한 '꽃'은 환경에 따른 이형태 [꼬츠, 꼰, 꼳]이 있지만 이형태 실현 조건이 예측 가능하여 변동규칙으로 명시할 수 있는 경우이다. 대표형태만 표기하는 경우 올바른 발음형을 산출하려면 표기형과 발음형 사이에 적용되는 변동규칙이 사용자에게 내재화되어 있어야 한다. 연음규칙, 겹자음탈락, 경음화, 비음화, /ㅎ/탈락, 격음화, 유음화, 'ㄹ'의 비음화, 구개음화, /ㄴ/첨가 등이 이에 해당하는 변동규칙이다. 변동규칙은 표기형과 발음형을 매개하여 음성언어 활동을 돕고, 발음형을 듣고 표기형, 즉 대표형태를 알 수 있게 하여 의미를 이해할 수 있게 한다. 이 변동규칙은 발음교육의 주요 교육내용이면서 말하기뿐 아니라 듣기, 읽기, 쓰기 기능 교육과도 관련된다.

음운교육의 내용을 '음운, 음절, 변동규칙'으로 나누었을 때 변동규칙은 가장 비중 있게 다루어진다. 이에 비해 발음교육에서 변동규칙은 다루어야 할 내용의 방대함에 비해 중요성이 제대로 인식되지 못한 감이 있다.

⑺ 한국어교육능력검정시험 발음교육 문항 분석

---

16) 이 책에서][는 형태소 경계를 뜻한다.

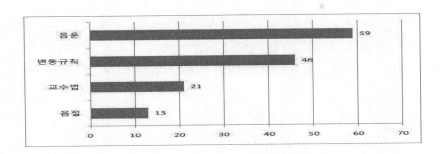

'한국어교육능력검정시험'의 출제 빈도를 통해서도 이를 알 수 있다. 2013년 8회까지 치러진 '한국어교육능력검정시험' 중 발음교육론과 음운론, 어문 규범 중 일부를 포함한 발음교육 관련 문항은 약 140여 개다. 이를 '교수법,17) 음운, 음절, 변동규칙'으로 나누어 보면 (7)과 같다.

(7)을 보면 음운체계에 문제가 집중된 것에 비해 음절, 변동규칙에 대한 것은 상대적으로 적었음을 알 수 있다. 또한 음운에 집중된 문항은 초급 과정 학습자를 위한 발음교육에 주력하고 중·고급 과정 학습자를 위한 발음교육의 중요성은 상대적으로 덜 부각되었음을 의미한다(양순임: 2014ㄱ). 고급 학생들도 숙달된 말하기를 방해하는 요인으로 발음을 들고 있고, 듣기를 방해하는 요인으로 변동규칙을 들고 있다(안경화 외: 2000). 이러한 학습자 요구 분석 결과도 중·고급 과정 학습자를 위한 발음교육의 중요성을 알려준다.

2.3. 표준발음과 통용음

한국어 발음교육은 표준발음을 대상으로 한다. 그러나 표준발음이 아니더라도 특정한 지역방언, 사회방언18)에 매이지 않고 광범위하게 실현되는 통용음을 이해하

---

17) '교수법'은 교육목표, 내용, 방법 등에 대한 문항을 포함한 것이다. 단, 음운, 변동규칙, 음절에 대한 교육방법은 이 항목에 포함하지 않았다. 문항이든 선지든 변동규칙과 관련 있는 것이 포함되어 있으면 변동규칙 항목에 포함했다.

는 것은 듣기 활동에서 반드시 필요하다. 아래 언급할 통용음은 서울 사람을 대상으로 한 발음 조사(강은지·이호영·김주원: 2004)는 물론이고, 가장 정확한 언어를 구사할 것으로 기대되는 보도 프로그램에서도 빈번하게 나타나는(장소원: 2000) 비표준발음이다.

첫째, 지역 간, 세대 간 구분 없이 광범위하게 통합되어 가고 있는 'ㅔ'와 'ㅐ'를 들 수 있다. 표준발음으로 'ㅔ'는 전설 평순 중모음 /e/, 'ㅐ'는 전설 평순 저모음 /ɛ/로 두 모음은 혀의 높낮이에 따라 대립하는 별개의 음소이고, '떼:때, 게시:개시'와 같은 최소대립어를 형성한다. 그러나 두 모음은 특히 '모레:모래, 결제:결재, 화제:화재'처럼 두 번째 음절 이하에서는 거의 대립이 상실되었다. 'ㅔ'와 'ㅐ'의 대립 상실로 인한 오류는 발음뿐 아니라 표기에도 많이 나타난다. 예를 들어 '못 본 체했다'와 '불을 켠 채로 잤다'의 의존명사 '체'와 '채', '예쁘대'와 '예쁘데'에서 인용의 '-대'와 과거 경험을 나타내는 '-데'를 구별하지 못하고 표기를 잘못하는 경우가 많다.

　(8) ㄱ. 밥하고[바파구], 나도[나두], 됐다고[돼따구], 진짜로[진짜루], 맞고요[맏꾸요]
　　　ㄴ. 삼촌[삼춘], 사돈[사둔]

둘째, (8)처럼 비어두 음절의 'ㅗ'를 'ㅜ'로 발음하는 경우이다. 둘 다 후설 원순모음인 'ㅗ'와 'ㅜ'도 혀의 높낮이 차이로 '우리:오리, 줄다:졸다, 국:곡'과 같은 최소대립어를 형성한다. 그런데 주로 서울·경기 방언에서 'ㅗ'와 'ㅜ'는 특정 형태소 예컨대 어미 '-고, -고요'를 [구, 구요]로, 조사 '로, 도'를 [루, 두]로 발음한다.

셋째, '꼭 합격하길 바래.(←바라), 그런 것 같애.(←같아), 깜짝 놀랬다.(←놀랐다)'처럼 어간 말 모음이 '-아'일 경우 어미 모음을 '-아'가 아니라 '-애'로 발음하는 경우가 많다.

---

18) 한 언어 내 이질성을 유발하는 요인은 크게 지역적 요인과 사회적 요인으로 나눌 수 있다. 사회적 요인은 지역적 요인 즉, 공간에 따른 변인을 제외한 '성, 연령, 계층, 사용역(register)'과 같은 것을 말한다. 지역적 요인에 따른 언어 변이(linguistic variation)를 지역방언, 사회적 요인에 따른 언어 변이를 사회방언이라 한다.

(9) ㄱ. 가시[까시], 감쪽같이[깜쪽까치], 거꾸로[꺼꾸로], 곶감[꼳깜], 공짜[꽁짜], 번데
　　　기[뻔데기], 동그라미[똥그라미], 닦다[땈따], 소주[쏘주], 섞어서[써꺼서], 소나
　　　기[쏘나기], 세다[쎄다], 진하게[찐하게], 졸병[쫄병], 작은형[짜근형], 좀[쫌]
　　ㄴ. 내 것[내꺼], 네 것[니꺼]

　넷째, (9)처럼 어두의 평음을 경음으로 발음하는 예이다.19) 심지어 (9)ㄴ의 어형은 발음
뿐 아니라 표기도 '내꺼, 니꺼'로 하는 경우가 많다.

(10) ㄱ. 무릎이[무르비], 무릎을[무르블], 밭을[바슬], 꽃이[꼬시]
　　ㄴ. 통닭이[통다기], 통닭을[통다글], 흙기[흐기], 흙을[흐글], 흙에[흐게]

　다섯째, '무릎이, 통닭이'는 [무르피, 통달기]가 표준발음이지만, 대부분 (10)처럼
[무르비, 통다기]로 발음한다. (10)과 같은 유형의 어휘적 재구조화는 명사에서만 나
타나는데 명사는 자립형태소여서 단독으로 발음 가능하고, 단독 발음형 [무릅, 흑]
으로 단일화된 것이다. 이 경우 형태소의 기저형이 /무릎, 통닭/에서 /무릅, 통닥/
으로 바뀐 것으로 판단되고, 이를 어휘적 재구조화(lexical restructuring) 또는
재어휘화(relexicalization)라 한다. 연음규칙이 적용될 환경에서도 외현되지 않는
종성은 기저에 존재한다고 보기 어렵기 때문이다.

(11) 결혼[겨론], 전화[저놔], 밤하늘[바마늘], 천천히[천처니],
　　피곤하다[피고나다]

　여섯째, (11)처럼 유성 자음과 모음 사이의 초성 'ㅎ'은 일상적 발화에서 거의 항
상 탈락한다. 그래서 'ㅎ' 앞 음절의 종성을 연음해서 발음하는 경우가 많다.

---

19) 경음이 겹쳐 나오는 '따뜻하다, 씩씩하다'와 같은 예는 두 번째 음절의 경음을 평음
　　으로 하여 [따드타다], [씩시카다]로 발음하는 예도 보인다.

3. 발음교육의 방법

3.1. 교수법과 발음교육

3.1.1. 대조분석 가설과 청화식 교수법

대조분석 가설(CAH, contrastive analysis hypothesis)은 행동주의 (behaviorism) 심리학과 구조주의(structuralism) 언어학을 주된 이론적 배경으로 한다.

행동주의 이론에서는 학습을 '자극(stimulus)-반응(response)-강화(reinforcement)' 를 통한 습관화(habit formation) 과정으로 설명하였는데, 대조분석 가설은 언어 습득 과정도 이러한 습관 형성 과정으로 보았다. 그래서 이미 형성된 습관인 모어 는 새로이 형성하려 하는 외국어 습득에 체계적으로 영향을 미친다고 보았고 이를 습관의 전이(transfer)라 했다. L2와[20] 유사한 L1 항목이나 구조가 전이되면 긍정 적 전이(positive transfer) 또는 촉진(facilitation)이라 하고, L2와 다른 L1의 항목이나 구조가 그대로 전이되면 부정적 전이(negative transfer) 또는 간섭 (interference)이라 불렀다.

대조분석 과정은 대체로 다음과 같다. 1) L1과 L2 각각에 대해 기술한다. 2) 기 술된 두 언어 체계에서 대조 항목을 선택한다. 이때 선택 항목은 구조적으로 같아 야 한다.[21] 예를 들어 두 언어의 억양을 대조한다든지, 두 언어의 격(case) 표시

---

20) 학습자의 모어를 L1, 목표언어로서의 한국어를 L2라 하겠다.
21) 대조분석 과정에서 두 언어의 대조 항목을 선택하는 데는 구조주의 언어학의 하위 체계 분류의 영향을 받았다. 구조주의에서는 언어를 '음운체계, 어휘 체계, 문법 체

방법을 대조하는 식이다. 3) 대조 항목에 나타나는 두 언어의 유사성과 상이성을 기술한다. 4) 이를 바탕으로 난이도를 예측하고 교육과정에 반영한다.

청화식 교수법은 행동주의 심리학, 대조분석 가설, 구조주의 언어학을 적극적으로 받아들인 교수법이다. L1과 L2의 차이점이 주된 교육내용이 되고 학습자 오류에 대한 적극적 수정을 강조한 점은 대조분석의 영향으로 볼 수 있다. 어학실에서 헤드폰으로 듣고 따라 하기 활동을 집중적으로 했고, 최소대립어 연습(minimal pairs drill), 문형(유형) 연습(pattern drill), 대체 연습(substitution drill) 등은 대표적인 청화식 학습 방법이다. 이는 반복 훈련으로 새로운 습관 형성, 즉 외국어 습득으로 나아갈 수 있다고 본 행동주의의 영향이다. 청화식 교수법은 문법, 발음의 정확성을 강조했고 원어민 수준의 발음 습득을 목표로 하였다. 구조주의 언어학의 영향은 '음소-단어-구-문장' 순으로 작은 단위에서 시작하여 큰 단위로 상향식(bottom-up) 교육을 한다는 점에서도 드러난다.

모어 간섭으로 인한 오류가 가장 많이 나타나는 것이 발음 영역이다. [울리 살람], [했쓰모니다]와 같은 발음을 듣고 각각 중국인, 일본인임을 알 수 있는 것도 이 때문이다. 오류의 원인을 학습자의 모어에서 찾는 대조분석은 적어도 발음 분야에서는 효과적임을 경험적으로 알 수 있다. 또 '학문'을 [항문]으로 발음하는 규칙을 내재화하고 있는 한국인은 'Big Mac'를 [빙맥]으로 발음하리라는 것을 예측

계'와 같은 하위 체계의 집합이라 보았다.

발음교육을 위한 대조분석에서는 개별 음소나 음소체계를 대조하는 경우가 많다. 그러나 음소를 대조할 때도 발화의 최소 단위인 음절구조를 고려할 필요가 있다. 한국어와 중국어의 종성을 대조하면 표준 중국어에는 음절 말 장애음 [p˺, t˺, k˺]은 없지만, [n, ŋ]은 있으므로 종성 [ㄴ, ㅇ]는 상대적으로 쉽게 습득되리라 예측된다. 그러나 실제로는 종성 [ㄴ, ㅇ]의 발음 및 인지 오류는 다른 종성과 거의 차이가 없을 만큼 발생한다(양순임: 2006, 2007). 이는 대조분석 가설에 대한 반례라기보다 대조 항목 선정 시 음절구조를 고려하지 않았기 때문으로 보인다. 중국어에서 운미(韻尾)는 운모(韻母)의 일부여서 운복(韻腹)과 분리되지 않는다. 'an, en, ang, eng'을 중성과 종성의 결합이 아니라 하나의 운모로 인식한다. 또한 중국어 운미 'n'과 'ng'는 모든 모음에 다 연결될 수 있는 것은 아니고, 'a[a], e[ə]' 등 몇몇 모음에만 연결된다. 그러므로 '연, 영, 용'처럼 중국어에는 없는 결합일 경우 긍정적 전이가 일어날 수 없다.

할 수 있고 이 예측은 대부분 옳다. 이처럼 대조분석을 통해 교사는 학습자의 오류를 예측하고, 진단할 수 있다.

목표어의 음가를 전달하기 위한 방편으로 L1의 음소를 이용하는 것처럼 대조분석 결과를 발음 오류 수정에 활용할 수도 있다. 예를 들어 중국인 학습자에게 'ㅍ, ㅌ, ㅋ'를 한어병음자모(漢語拼音字母) 'p, t, k'와 대응시켜 주고 이것처럼 발음하면 된다고 하는 것이다. 영어권 학습자에게 초성 'ㄹ'의 음가를 'water, get up'에서 't'가 탄설음화(flapping)된 [ɾ]로 대응시켜 교육할 수도 있다. 그들에게 [t]와 [ɾ]는 별개의 음소로 인식되기 때문이다.

음소와 달리 심리적으로 구별되지 않는 변이음은 그 활용 효과가 제한적이다. 예컨대 무성음 [p]와 유성음 [b]를 심리적으로는 동일 음소로 인식하는 한국인들에게 'boy'의 유성 파열음을 '바보'[pabo]의 [b]처럼 발음하라고 해도 별 효과가 없다. 영어권 학습자에게 'ㅅ'과 'ㅆ'의 대립을 'site, sign'처럼 모음 앞의 's'는 'ㅆ', 'smile, spring'처럼 자음 앞의 's'는 'ㅅ'과 대응되는 발음이라고 설명하는 것도 마찬가지다. 영어권 화자에게 [s]와 [sʔ]는[22] 심리적으로 변별되지 않는 변이음 관계이기 때문이다.

대조분석 가설은 다음과 같은 몇 가지 문제 때문에 비판을 받고 수정되고 있다. 대조분석의 강한 입장에서는 모어에 있는 항목이지만 재해석(reinterpretation)해야 하는 것은 모어에 없는 항목을 추가 구별(over-differentiation)하는 것보다 난도가 낮은 것으로 예측하였다.[23] 그러나 중국인의 한국어에 폐쇄음 종성만큼이

---

22) 이 책에서 [ʔ]는 경음을 나타내는 부가 기호이다.

23) 모어와 목표어 간의 차이로 인해 발생하는 난이도를 '0단계 전이(transfer), 1 합치기 (coalescence), 2 구별 안하기(under- differentiation), 3 재해석, 4 추가 구별, 5 나누기(split)'의 6단계로 나누고 난도가 높을수록 학습이 어렵다고 보았다(Brown, 2000: 209~210에서 재인용). '버스, 아이스크림, 커피'처럼 학습자들이 이미 알고 있는 경우 그대로 0단계에 해당한다. '모, 벼, 쌀, 밥'으로 분기된 한국어를 모어로 하는 화자가 영어가 목표어일 때 'rice' 하나로 융합되는 경우는 1단계의 예로 볼 수 있다. 수 범주가 있는 영어를 모어로 하는 학습자가 한국어를 배울 때 수 범주는 구별하지 않아도 되므로 2단계에 해당된다. 한국어의 '-었-'에 해당하는 '-ed'가 영어에도 존재하지만 실현 양상은 서로 달라 범주 경계를 재조정해야 하는 것은 3단계에

나 비음 종성 오류 빈도가 높고, 한국인의 영어에 'f, v'보다 더 오랫동안 유성 파열음 'b, d, g'의 오류가 나타난다. 이는 재해석'하는 것이 '추가 구별'에 비해 결코 쉽지 않음을 보여준다. 이는 학습자들이 목표어와 모어 간의 작은 차이는 인지하지 못하고 과잉 일반화(over-generalization)하는[24] 경향이 있기 때문이다. 모어와 목표어에 뚜렷한 차이가 있을 때보다 오히려 미세한 차이일 경우 이를 인지하기 어려워 유사한 모어 항목을 그대로 전이시킨다. 학습자뿐 아니라 교사도 직관적으로 어색하다고는 느끼지만 미세한 음가 차이에 대한 명시적 설명, 오류 발생의 원인 설명, 적절한 수정 방안 제시에 어려움을 겪는 경우가 많다.

이에 비해 언어 간 차이가 뚜렷할 경우 학습자들은 의식적으로 부정적 전이를 차단하는 경향을 보인다. 영어를 배우는 한국인은 'nickname'의 'kn' 연쇄에 한국어 '먹는[멍는]'의 비음화 규칙을 적용하여 [닝네임]처럼 발음하는 경우가 많은데, 이는 모어의 간섭 현상으로 해석된다. 그러나 'belt, lens'를 '핥고[할꼬], 앉고 [안꼬]'에 일어나는 겹자음탈락 규칙을 적용해 [벨], [렌]으로 발음하지는 않는다. 또 'switch'를 '꽃[꼳]'에 일어나는 평폐쇄음화를 적용해 [스윋]으로 발음하지는 않는다. 이는 'belt'와 '벨', 'switch'와 '스윋' 사이의 음가 차이가 명확하여서 이를 학습자들이 충분히 인식할 수 있고 가능하면 원 발음을 유지하려 하기 때문이다.

⑴ ㄱ. 밥을 먹하고 공부하고 놀하고 옛날이야기도 많이 하고 싶다.

ㄴ. 그것이 나에게 영향했다, 눈물했어요.

오류의 원인을 L1에서 찾을 수 없는 경우도 많다. ⑴은 생산성이 높은 접미사

해당한다. 한국어의 주격, 대격 조사가 중국어에는 존재하지 않아서 이는 4단계에 해당한다. '나누기'는 '합치기'와 반대로 상응하는 언어 항목이 모어보다 목표어에서 더 여러 개로 나뉘어 있는 것이다. 예를 들어 일본인 학습자가 한국어를 배울 때 /ㅎ/가 /ㅡ/와 /ㅜ/로, /ㅎ/가 /ㅓ/와 /ㅗ/로 분기되는 것이 이에 해당한다.

24) 과잉 일반화는 언어 습득 과정에서 어떤 개념이나 단어의 뜻을 지나치게 일반화하는 현상을 말한다. 예를 들면, 어린아이가 개념을 과잉 적용하여 움직이는 모든 동물을 '개'라고 하거나, 과거 시제 문법형태소 '-ed'를 과잉 적용하여 'went'를 'goed'라고 하는 것이다.

'-하다'를 배운 뒤에 나타난 학습자언어의 오류이다. 이는 과잉 일반화 현상이지 L1에 기인하는 것이 아니다. (1)ㄱ은 '-하다'와 결합할 수 없는 동사와 '-하다'를 결합한 오류이고, (1)ㄴ은 명사에 '-하다'를 결합했지만 명사의 의미적 속성에 따라 '-하다' 결합 가능성이 달라지는데 이를 모르고 산출한 오류이다.

또한 오류의 원인을 밝히는 데는 비언어적 요소들, 예를 들어 학습자의 '학습 동기, 사회문화적 요인, 연령'이나 교육 환경과 관련하여 '학습 환경, 교사, 교재' 등도 고려되어야 한다.

대조분석 가설에 따르면 발음교육은 궁극적으로는 학습자의 모어별로 그에 적합한 교수법이 마련되는 것이 가장 바람직하다. 그러나 실제 국내의 한국어 교실 환경에서는 다국적 학습자가 있는 경우가 많은데, 이들 각각에 대한 개별 교수가 어렵다는 현실적인 문제가 있다. 또 대조분석 방법만으로는 오류 수정을 위한 적극적 방안을 제시하기 어렵고, 한국어 음소가 체계 내에서 어떤 대립 관계를 맺으며 변별되는지에 대한 교수·학습도 어렵다.

3.1.2. 오류분석과 학습자언어

오류분석(error analysis)이 나오게 된 것은 학습자들의 오류를 관찰해본 결과, 대조분석 가설과는 달리 오류 발생 원인이 모어에만 있는 것은 아니었기 때문이다. 예를 들어 한국어 발음이나 어순을 자신의 모어식으로 하는 것은 모어 간섭에 해당하지만, 불규칙 용언을 규칙적으로 활용하여 '날씨가 춥어요.'로 표현하는 것은 과잉 일반화에 해당한다. 또한 중국인 학습자언어에 나타나는 '나는 한국 사람이 소개 받았어요.'와 같은 조사 오류를 고립어인 중국어의 간섭 현상으로 보기 어렵다.

오류분석은 대조분석보다 오류의 원인을 더 광범위하게 해석한다. 오류는 L1의 간섭에 기인하는 언어 간 오류(inter-lingual error)뿐 아니라, L1과는 무관하게 L2 자체의 특수성, 복잡성에 기인하는 언어 내 오류(intra-lingual error)가 있다. 또 학습자 모어든 목표어든 특정 언어와 상관없이 일반 음성학적 원인으로 인해 발생하는 오류도 있다. 모어 습득 과정에 나타나는 발달상의 오류(developmental error)는[25] 외국어 습득 과정에서도 관찰되는 경우가 많다.

 이외에도 오류 발생에는 다양한 원인이 존재한다. 교사나 교재의 불완전하거나 잘못된 설명과 같은 학습 환경 요소로 인한 오류도 발생하고, 동기, 태도, 불안감과 같은 학습자의 정의적(affective) 요인에 의한 오류도 발생한다.

 일본인이 박씨 성을 가진 사람을 [바꾸 상]처럼 부르거나 미국인이 [미스터 팍]처럼 발음하는 것은 각각 L1 간섭으로 인한 언어 간 오류다. '부엌이'는 [부어키]로 발음해야 한다는 연음규칙을 배운 학습자가 '부엌 안'을 [부어칸]으로 발음하는 것은 규칙을 과잉 적용한 언어 내 오류다. 'ㅡ'와 'ㅜ'를 변별하는 것보다 'ㅓ'와 'ㅗ'의 변별에 더 어려움을 겪는다든지, 'ㄹ' 발음의 습득에 문제를 보인다든지 하는 것은 일반 음성학적 특성에 기인하는 오류다. 원순성의 대립은 입을 많이 벌리는 저모음으로 갈수록 약해지고, 'ㄹ'은 다른 음에 비해 조음 난도가 높기 때문이다.

 오류분석과 대조분석은 학습자의 오류에 관심을 둔다는 점에서는 같지만, 오류에 대한 인식 차이가 있다. 대조분석에서 오류는 수정해야 할 대상임에 비해, 오류분석에서 오류는 부정적이라기보다 당연하고 긍정적인 것이다. 특히 발달상의 오류는 학습자 입장에서 보면 잘못된 것이 아니며, 학습자의 언어 지식과 규칙에 기반을 둔 체계적인 것으로 본다.

 따라서 오류분석의 목적도 단지 수정해 주기 위해서만이 아니라 오류가 나오게 된 원인을 밝히고, 학습자의 언어 체계를 규명하는 데 있다. 학습자언어 자체를 연구할 때는 오류뿐 아니라 정상적인 발화까지 연구대상이 되고, 오류와 비오류는 동등하게 중요하다.

 대조분석에서는 학습자언어(learner language)를 긍정하지 않고 L1과 L2 체계만 인정했다. 이에 비해 오류분석에서는 오류가 학습자의 언어 발달 단계를 보여주며 나름대로의 체계를 형성한다고 했다. L1, L2와는 다른 독자적인 언어 체계로

---

25) 발달상의 오류는 아동의 초기 모어 습득 과정에서 보편적으로 나타난다. 예컨대, 불규칙 용언까지 규칙 활용하는 과잉 규칙화(over-regularization), 개뿐 아니라 말도 '멍멍이'라 부르는 과잉 확장(over-extension), 반대로 자기 집에서 기르는 강아지만 '멍멍이'라 하고 다른 강아지에는 적용하지 않는 과잉 축소(under-extension)를 들 수 있다. 과잉 규칙화와 과잉 확장은 과잉 일반화라고도 한다.

서 외적으로 아무리 많은 오류를 보여도 그 자체로 체계성을 갖고 있다는 의미에서 중간언어(interlanguage)라 부른다. 학습자언어는 목표어에 도달하기 위해 끊임없이 변화하는 언어라는 역동성에 비추어 과도기 언어능력(transitional competence)으로도 불리고, 학습자의 개별적 요인에 따른 차이를 보인다는 점에서 개별방언(idiosyncratic dialect), 목표어에 근접한 체계라는 점에서 근접체계(approximative system)라고도 한다.

'학습자언어' 개념은 학습자들이 완벽하지는 않더라도 목표어에 대해 나름대로의 규칙을 설정하고 이에 기초하여 체계를 구성해 간다고 주장함으로써 제2언어습득의 창조적 측면, 내재적 언어습득 능력에 관심을 갖는 계기를 마련하였다.

오류분석에서 미해결의 과제로는 먼저 오류 판정 기준의 객관화를 들 수 있다. 오류(error)와 실수(mistake)를 구분한다고 하지만 실제 분석에서 이 둘을 나누는 객관적 기준을 제시하기는 그리 쉽지 않아서 연구자의 주관에 따라 오류 판단의 결과가 달라지기도 한다. 또한 오류분석은 주로 말하기나 쓰기 자료를 대상으로 이루어지는데 이는 드러난 표현 오류만 분석하고, 이해 오류는 측정할 수 없게 한다는 문제점을 갖고 있다. 학습자언어를 제대로 파악하기 위해서는 표현 능력뿐 아니라 이해 능력도 분석할 수 있어야 하므로 듣기, 읽기를 통한 이해 오류분석이 병행되어야 한다. 또 말하기, 쓰기에서 오류를 보이지 않는다고 해서 어떤 구문을 습득했다고 볼 수는 없다. 예컨대 연결어미를 사용하지 않으면 연결어미 오류는 없겠지만, 실제로는 오류가 없는 것이 아니라 몰라서 회피 전략을 쓴 것일 수 있기 때문이다.

(2) 발음 오류분석 과정

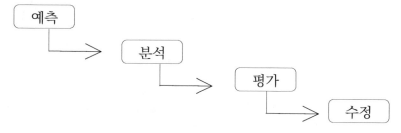

발음 관련 오류분석은 (2)와 같은 과정이 필요하다. 첫째, 교사는 학습자의 발음에 나타날 가능성이 높은 오류를 예측할 수 있어야 한다. 발음 오류가 발생하는 주요 원인은 학습자 모어의 간섭 현상이 있는데 이는 대조분석에 근거하여 예측할 수 있다. 목표어인 한국어의 특수성 또는 복잡성에 따른 오류도 발생하는데, 이는 한국어 음성·음운론에 대한 이해를 바탕으로 예측할 수 있다. L1이나 L2와 상관없이 보편적 특성에 따른 오류도 발생하는데, 이는 보편 언어학적 이해를 바탕으로 예측 가능하다.

둘째, 학습자언어를 분석한다. 정확한 분석은 평가, 수정 피드백을 위한 기초이지만, 오류를 예측할 수 있게 해 주는 역할도 한다. 오류는 연구 목표에 따라 다양한 분석이 가능하다. 오류 발생 원인에 따라 분석할 수도 있고, 결과에 따라 '대치, 탈락, 첨가' 등으로 나눌 수도 있다. 오류의 정도에 따른 분석을 해야 하는 경우도 있다. 발음 오류에는 여러 단계의 정도성이 있다. '학교[하교], 가래요[갈래요], 기차[기자]'처럼 명백하게 다른 의미로 인식되는 발음 오류는 쉽게 오류 판정을 할 수 있다. 그러나 '직접'의 종성을 완전히 누락시킨 것도 아니고 그렇다고 제대로 발음을 한 것도 아닌 불완전한 발음을 한다든지, '아버지'의 [ㅂ]를 [ㅂ]도 아니고 [ㅃ]도 아닌 중간 발음을 한다든지, '달아요'를 음절 별로 끊어서 'ㄹ'을 설측음으로 발음한다든지, '형'을 [형]도 아니고 [히응]도 아닌 중간 발음을 한다든지 하는 경우가 허다하다.

발음 오류는 소통을 불가능하게 하는 명백한 오류보다 부자연스럽고 어색한 발음이 더 많다. 이런 경우 직관적으로 어색하다고 판단은 할 수 있으나 왜 그런지, 모어 화자의 발음과 어떻게 다른지에 대한 분석이 어렵다. 학습자언어에 대한 실태 파악이 제대로 안된 상태에서는 최선의 교정 방안을 제시하기도 어렵다. 이런 점에서 청취 판단과 함께, 음성분석 프로그램을 이용해서 스펙트로그램 (spectrogram)이나 피치(pitch)와[26] 같은 음향적 특성을 참고하여 음가를 정확히

---

26) 스펙트로그램은 말소리의 주파수(frequency)와 진폭(amplitude)이 시간 변화에 따라 어떻게 달라지는지 시각적으로 보여주는 3차원 그림이다. 음향분석기를 이용해 찍은 소리 사진인 셈이다. 스펙트로그램에서 x축은 시간, y축은 주파수를 나타내며, 진하기의 정도는 진폭을 나타낸다. 피치는 기본 주파수(fundamental frequency)를 측

분석하는 것도 필요하다.

(3) /많아요/의 스펙트로그램
ㄱ. [마나요]   ㄴ. [만나요]

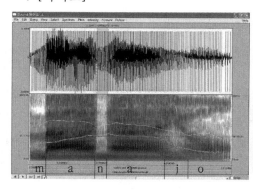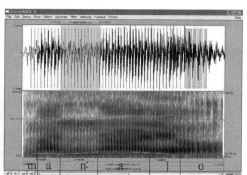

(3)은 '많아요'의 스펙트로그램인데, (3)ㄴ의 외국인 학습자의 발화는 [만나요]로 인식되었고, 한국인의 발화인 (3)ㄱ과 대조해 보면 오류의 원인은 자음의 길이에 있음을 알 수 있다.

셋째, 오류로 분석된 것에 대해 수정 피드백을 지금 할 것인지 차후로 미룰 것인지 평가한다. 평가 기준은 의사소통을 방해하는 정도일 수도 있고, 오류로 판정된 것의 난이도일 수도 있고, 선행 학습 여부가 될 수도 있다.

넷째, 오류에 대해 가장 효율적인 수정 방법을 제시할 수 있어야 한다. 수정 피드백(corrective feedback)을 하는 데 필수적인 것은 한국어 음성·음운론에 대한 지식, 학습자언어와의 대조 언어학적 지식, 효율적인 교수법이다. 오류에 대한 적극적인 교육을 위해서는 한국어 음소를 조음하는 방법, 음소 간 변별자질, 변동규칙 등을 직접 교육해야 할 필요성이 높다. 그러나 한국어를 메타언어(meta-language)로 사용할 경우 초급 학습자들은 이해하기 어렵다는 난점이 있다. 이런 난점을 해결하기 위해서는 메타언어를 학습자의 모어로 하거나, 시청각 자료를 적극 활용할 필요가 있다.

정한 것인데 이것은 대체로 소리의 높이로 인식된다.

3.1.3. 입력 가설과 자연 교수법

Krashen, S.(1987)은 외국어 습득과 관련하여 습득과 학습 분리, 감시자, 자연적 순서, 입력, 정의적 여과장치 가설을 주장했다.

교실 환경에서 의식적으로 형태를 반복 암기하는 것은 '학습'의 과정이고, 이 학습은 모어를 배울 때와 같이 무의식적인 '습득'으로 이어지지 않는다는 주장이 습득과 학습 분리 가설(acquisition learning distinction hypothesis)이다. 실제 문장을 생성하는 것은 습득에 의존하고 '학습'된 것은 자신의 발화가 올바른지 정확성 여부를 감시하고 확인하는 역할을 한다는 것이 감시자 가설(monitor hypothesis)이다. 자연적 순서 가설(natural order hypothesis)은 아동의 모어 습득 과정에 대한 종단적 연구(longitudinal study) 결과를 토대로, 외국어 학습에서도 학습자 요인이나 모어와 상관없이 일정한 순서를 따라 문법형태소를 습득한다고 본 것이다. 입력 가설(input hypothesis)은 학습자의 현재 수준(i)보다 약간 높은 수준의 이해 가능한 입력(comprehensible input: i+1) 제공이 외국어 습득으로 이어진다는 것이다. 정의적 여과장치 가설(affective filter hypothesis)은 학습자의 불안, 초조와 같은 정서적 요인이 언어 습득에 방해가 되므로 이를 낮추어 주는 것이 효과적인 언어 습득을 위해 필요하다는 주장이다.

자연 교수법은 이러한 다섯 가지 가설을 이론적 배경으로 한다. 외국어 습득 과정이 모어 습득 과정과 본질적 차이는 없다고 보았기 때문에 '입력', 즉 듣기를 특히 중시했다. 모어 습득 과정에서는 생후 약 1년 동안 듣기가 주된 언어활동이다. 그러나 외국어를 배우는 학습자, 특히 성인인 경우 듣기만으로는 생존 또는 생활도 어렵고 표현 활동 없이 의사소통 목표 달성은 요원하다. '읽기, 쓰기, 듣기'에 비해 말하기는 목표어 사용자와의 상호작용이 필수적이어서 듣기 기능이 말하기 습득으로 이어지는 데는 한계가 있다는 점에서 입력만큼이나 출력도 중요하다.

자연 교수법에서는 규칙을 가르치는 것에 대해서도 부정적이었다. 교사들은 연역적이고 명시적(explicit)인 설명을 하기보다 이해 가능한 입력을 제공함으로써 학습자들이 귀납적이고 암시적(implicit)인 방법으로 습득하게 한다. 그러나 성인 학습자들은 명시적인 설명을 요구하는 경우도 많다. Schmidt R.(1990)의 알아차림 가설(noticing hypothesis)은 상호작용에 의존한 암시적 학습만으로는 문법

형태에 대해 인지하거나 습득하기 어렵다고 본 것이다. 알아차리는 단계가 곧 습득으로 이어지지는 않지만 자신의 중간언어가 목표어와 어떤 차이가 있는지 알아차리는 것이 목표어에 도달하기 위한 출발점이 된다. 이는 발음교육에도 적용된다. 예를 들어 '국민'이라 쓰지만 [궁민]으로 발음한다는 것을 알아차리는 것이 중요한데, 이에 대한 명시적 설명이 없는 경우 표기와 발음의 차이를 알아차리지 못하는 경우가 많다.

3.1.4. 상호작용과 의사소통 교수법

의사소통 교수법은 학습자의 의사소통능력 향상을 교육목표로 삼는다. Hymes(1966)의 의사소통능력(communicative competence)은 Chomsky (1965)의 언어능력(linguistic competence)이[27] 제한적 의미만 지닌 것에 대해 비판적 견해를 담고 있다. Canale & Swain(1980)에서는 제2언어 학습과 관련하여 의사소통능력을 문법적 능력(grammatical competence), 사회 언어학적 능력(sociolinguistic competence), 전략적 능력(strategic competence)으로 확장하고 후에 담화적 능력(discourse competence)을 추가하여 네 가지로 구분하였다. 이보다 더 개념을 확장하는 연구도 있는 등 의사소통능력은 의사소통 교수법의 핵심 개념이 되었다.[28]

---

27) 촘스키의 언어능력은 머릿속에 내재된 언어지식으로 실제 상황과 분리된 개념이다. 이에 비해 하임즈의 의사소통능력은 의사소통의 민족지학(ethnography of communication)적 개념이다. 의사소통의 민족지학은 질적 연구(qualitative research) 방법을 활용하여 담화 분석 또는 대화 분석을 하고 민족, 사회 집단, 문화 등에 따른 소통 방식의 차이에 주목한다.

28) 외국어 교육에서 '의사소통능력'은 '실제 언어활동 상황에서 정확하고 유창하고 적절하게 언어활동을 할 수 있는 능력'을 가리키는 데까지 확장되었다. Bachman & Palmer(1996)에서 언어활동이란 참여자가 상황에 적절하게 담화를 해석하고 창조하는 데 쓰는 언어적 지식(language knowledge), 세상에 대한 지식(topical knowledge), 정의적 인지 구조(affective schemata)의 통합 활동이다. 언어활동 상황에서 '세상에 대한 지식, 언어 지식'이 '개인적 특성'과 함께 '정의적 인지 구조'를 투과하고 '전략적 능력'과 결합하여 실제 언어 구현으로 이어짐으로써 의사소통능력

문법성 오류인 '도서관에 공부해요'는 문법적 능력에, 적절성 오류인 '선생님, 몇 시야?'는 사회 언어학적 능력과 관련된 문제다. 문장을 주제에 맞게 배열하고 조직할 수 있는 것은 담화적 능력에, 원어민의 말을 이해하지 못할 때 천천히 말해 달라고 요구할 수 있는 것은 전략적 능력에 해당한다.

의사소통 교수법은 형태(형식)보다는 의미 위주, 정확성보다는 유창성 위주, 교사보다 학습자 위주로 운영된다. 교실에서는 실제 상황과 같거나 유사한 실제적 자료(authentic material) 활용이 중시된다. 언어 단위는 구체적 발화상황이 전제되는 담화(discourse)의 형태로 제시되고 학습자의 배경지식이 중시된다는 점에서 하향식 모형(top-down model)에 가깝다.29) 목표어로 상호작용(interaction)할 수 있는 기회를 최대화하기 위해 학습자 간 다양한 과제 활동을 한다.

모어 습득 과정은 듣기로 시작하지만30) 한 단어 출현 시기를 지나면서 아이들은 적극적으로 성인과 언어적 상호작용을 하기 시작한다. 엄마는 아동 지향어(child-directed speech, motherese)를 사용하여 아동의 언어활동을 돕는다. 교사나 원어민도 의미 협상(meaning negotiation) 과정에서 학습자의 이해 정도를 점검하면서 발음, 발화속도, 어휘, 문장, 담화 등에 있어서 최적의 입력을 선택하려 한다. 이는 외국인 지향어(foreigner talk, teacher talk)라 부를 수 있는데31)

이 형성된다(오지혜: 2007에서 재인용).

29) '상향식, 하향식'은 정보처리 과정(information processing)을 모형화한 것이다. 외국어 교육에서는 주로 표현보다 이해 과정과 관련지어 사용되었다. 상향식은 작은 언어 단위를 조합하여 큰 단위를 이해한다고 본다. 언어 기호의 중요성이 강조되는 반면 이해자의 역할은 수동적이다. 이에 반해 하향식 모형은 이해 과정을 언어 기호의 해독 과정이라기보다 배경지식을 토대로 주어진 담화를 예측(predicting)하고, 확인(confirming)하고, 수정(correcting)하고, 재구성(reconstructing)하는 능동적 과정으로 본다. 따라서 학습 자료는 구체적인 발화상황 또는 문맥을 갖춘 담화의 형태로 제시된다.

이해 과정은 언어 사용자의 능동적인 역할과 언어 기호 자체에 대한 지식 둘 다 필요하다. 상향식은 대체로 초급에, 하향식은 중·고급 과정에 적합하다.

30) 전신반응 교수법(total physical response approach)이나 자연 교수법에서는 모어 습득 과정에서처럼 외국어 습득 과정에도 표현 활동의 지연인 침묵기(silent period)가 있다고 보고 초기 학습자에게 표현을 강요하지 않는다.

엄마가 아동에게 아동 지향어를 사용하는 것과 같은 목적으로 사용된다. 아동 지향어와 외국인 지향어의 사용은 목표어로 서로 의미를 협상하는 과정에서 상호작용하는 기회와 질을 높이기 위함이다.

과제 기반 교수법(task-based language teaching, task-based instruction)은 의사소통 교수법에 뿌리를 둔 것으로 학습자들이 실제 상황에서 목표어를 사용해 보는 것이 의사소통능력 향상으로 이어진다고 본다. 의사소통을 목적으로 의미를 이해하고 표현하는 모든 언어활동을 과제(task)라 한다. 예를 들어 음식 주문하기와 같은 비언어적 문제를 언어를 사용하여 해결하는 것이다. 음식 주문이라는 소통 목적 달성 여부가 평가의 핵심이 되기 때문에 '형태, 정확성'보다 '의미, 유창성' 중심이다. Ellis(2003)에 따르면 과제는 의미 중심이고, 정보의 빈칸(gap)과 비언어적 결과물이 있고, 과제를 완수하기 위해 언어를 선택·사용한다는 특성이 있다.

과제 기반 교수법은 강한 주장과 약한 주장으로 나누기도 한다. 의미 소통 과정에서 문법을 발견하는 것이지, 문법을 소통에 사용하는 것이 아니라는 쪽이 강한 주장(strong version)이다. 이러한 주장은 정확성의 결여에 대한 비판을 받기도 했다. 약한 주장(weak version)은 단어나 문법과 같은 언어 요소에 대한 교육의 필요성을 인정하는 쪽이다. 과제 전 단계에서 행하는 문법 연습용 활동 등도 과제에 포함하는 것이다.[32]

3.1.5. 형태초점 교수법[33]

---

31) 아동과 대화할 때는 성인들끼리 대화할 때보다 발음을 더 천천히 정확하게 하고, 쉬운 단어를 선택하고, 문법적으로 단순한 단문으로 말하고, 관심을 갖고 이해하기 쉬운 '지금, 여기'와 관련된 것을 대화 주제로 삼는 경향이 있다. 아동 지향어를 사용하는 것은 결국 청자와의 상호작용을 위한 배려이다. 외국인을 대상으로 발화할 때도 유사한 현상이 나타난다.

32) Hawkes(2012)에서는 과제 후 단계에서 과제 반복의 방법으로 의미 중심 활동에서 결여되기 쉬운 형태에 관심을 기울이게 함으로써 정확성을 높였다는 연구 결과를 제시하고 있다.

33) 3.1.5는 양순임(2014ㄴ)의 일부를 고쳐 쓴 것이다.

외국어 교수법의 주류를 이루고 있는 의사소통 교수법은 상호작용 중심이고, 형태보다 의미 중심(focus on meaning)이다. 그래서 의식적(conscious) 학습보다 무의식적(unconscious) 습득, 명시적(explicit)인 것보다 암시적(implicit) 설명이나 피드백, 정확성(accuracy)보다 유창성(fluency)을 중시한다.

의사소통 교수법은 소통 능력 향상에는 긍정적인 결과를 보였지만, 학습자언어는 단순한 구문만 반복하여 사용하는 등 원어민의 언어와는 큰 차이를 보였다. 의미 중심 교수법에 속하는 자연 교수법에서는 이해 가능한 입력을 충분히 제공하는 것만으로도 외국어 습득에 도달할 수 있다고 보았다. 그러나 한국에서 생활하면서 한국어를 배운 결혼 이주자의 경우, 풍부한 한국어 환경에 노출된 상태에서 4~5년이 지나도 발음 오류, 단문 위주의 표현, 부정확한 문법 사용이 빈번하게 관찰된다.34) 이는 암시적인 상호작용이나 이해 가능한 입력 제공만으로는 수준 높은 목표어 습득에 도달하기 어려움을 뜻한다.

(4) 형태초점 교수법

형태		의미
정확성	<---------------------------->	유창성
문법번역식교수법		자연 교수법
청화식 교수법	형태초점 교수법	의사소통 교수법

형태초점 교수법(FonF, focus on form, form-focused instruction)은 자연 교수법이나 의사소통 교수법에서 상대적으로 소홀했던 '형태, 정확성'의 중요성을 다시 강조하는 흐름을 보인다. 그렇다고 형태초점 교수법이 '의미, 유창성'을 상대적으로 등한시했던 문법번역식 교수법이나 청화식 교수법으로 돌아감을 뜻하는 것은 아니다. 전체적인 학습목표는 의미 중심의 의사소통에 두고 필요에 따라 형태

34) 다음은 교사와 중국 출신 결혼 이주 여성 간 대화의 일부인데, '먹이고'를 [먹기고]로 발음하고, 문법형태소를 부정확하게 사용하고, 단문 형태로만 발화하고 있다.

　　교사: (임신 중인 몸 상태에 대해) 몸은 괜찮아요?

　　이주 여성: 애기 밥 먹기고 힘들아. 지금 졸려. 졸기만 해요.

를 인식하고 형태의 정확성에 집중하도록 하는 것이다.

교실에서는 의미 소통 활동과 형태 학습 활동이 균형을 이루어야 유창성과 정확성 목표를 함께 달성할 수 있다. 어느 쪽에 무게를 둘 것인가는 학습자의 성향, 학습목표, 중간언어 등을 고려한 교사의 판단이 중요하다.

형태초점 교수법의 구체적인 방법은 입력 중심과 출력 중심으로 나눌 수 있다.[35] 입력 중심 활동은 학습자에게 목표어 자료를 어떻게 제공할 것인가와 관련된 것으로 1) 명시적 규칙 설명(explicit rule explanation), 2) 입력 강화(input enhancement), 3) 입력 쇄도(input flood) 등이 있다. 학습목표와 관련된 입력을 충분하게 제공하는 양적인 면도 중요하지만, 전형적인 예를 선별하여 체계화, 범주화하여 제공해야 한다는 질적인 면도 중요하다. '명시적, 암시적'이라는 구분은 이분법적인 것이 아니라 정도의 문제이다. 예를 들어 입력 쇄도는 명시적 규칙 설명보다 암시적이다. 명시적인 규칙 설명을 위해서는 핵심 내용을 쉽고 명확하게 제공해야 하고 도식과 같은 자료를 충분히 활용할 필요가 있다. 문자언어는 문자 변형, 부호 사용 등의 방법으로 시각적으로 입력을 강화할 수 있다. 음성언어는 발화속도를 조절하거나 운율적 특성을 이용하여 발음을 강조하거나 반복하는 등의 방법으로 청각적으로 입력을 강화할 수 있다.

출력 중심 활동은 1) 형태에 의식적으로 주의를 집중하게 하는 의식 고양하기(consciousness-raising),[36] 2) 듣고 재구성하기(dictogloss),[37] 3) 오류 유도하기(garden path), 고쳐 말하기(recast)와 같은 피드백 활동 등이 있다.

입력 중심 활동은 입력 가설에 대한 수정판이라 할 수 있다. '이해 가능한 입력' 제공만으로 습득이 가능한 것이 아니라는 것이다. 학습자들은 입력되는 모든 정보

---

35) Doughty & Williams(1998: 258)에서는 의미와 형태 중 어느 쪽에 더 치우치느냐에 따라 의사소통을 방해하는 정도가 다르다고 보았다. 이것을 우형식(2012)에서 입력 중심과 출력 중심으로 재분류했다.

36) Gilakjani & Ahmadi(2011)에서는 의식적(consciousness) 학습의 개념을 '주목하기(attention), 자각하기(awareness), 의도적 학습(intentionality), 선택 제어하기(control)'로 설명했다.

37) 의식 고양하기, 듣고 재구성하기는 3장 6.3.1, 오류 유도하기, 고쳐 말하기는 9.3 참조.

를 받아들이는 것이 아니라 자신의 중간언어에 활용될 수 있는 자료, 즉 여과된
입력만 받아들인다. 따라서 무엇을 입력할 것인가도 중요하지만 어떻게 입력할 것
인가가 중요한 문제로 대두된다. 입력되는 정보를 수용(내재화, intake)
(Vanpatten: 1996)하기 위해서는 주의 집중이 필요하다. 인간은 일반적으로 형태
보다 의미 정보를 우선 처리한다. 그래서 의미 중심 수업에서 소통은 이루어지지
만 형태 오류는 알아차리지 못한 채 중간언어로 화석화되는 경우가 많다.

출력 중심 단계에서는 기능 교육과 통합하여 표현 활동을 활성화한다. 이를 위
해서는 다양한 과제 개발이 관건이다. 출력 중심 활동은 입력 중심에 비해 상대적
으로 이해보다 표현, 교사보다 학습자, 정확성보다 유창성 중심이어야 한다.

형태초점 교수법은 어휘교육과 관련된 연구가 간혹 있긴 하나 거의 문법 형태와
관련한 연구가 주류를 이룬다(Saeidi et als: 2012). 형태초점 교수법이 한국어 문법
교육에서 갖는 효용성에 대해서는 긍정적인 연구가 많다(우형식: 2012). 하지만 발
음교육과 관련한 형태초점 교수법 연구 성과는 드물다.

(5) ㄱ. [나이프] knife, list, mask
　　ㄴ. [서치] search, church, fish, push
　　ㄷ. [한나인] hotline, jobless, big room
　　ㄹ. [홈넌] home run, downright, long-lived
　　ㅁ. [팜뮤직] pop music, nickname, big Mac
　　ㅂ. [난뉴] not you, can you, hot yoga

(5)는 한국인의 영어에 자주 나타나는 발음 오류인데 모두 모어의 영향이다.
'knife, search'를 모음 'ㅡ'나 'ㅣ'를 첨가하여 [나이프, 서치]로 발음하는 것은
원 발음을 최대한 보존하면서 한국어 음절구조 제약을 지키기 위함이다.
'hotline[한나인], home run[홈넌]과 같은 발음형은 '몇 리[면니]', '담력[담녁]'에
적용되는 'ㄹ'의 비음화를 적용한 것이고, 'pop music'을 [팜뮤직]으로 발음하는
것은 '밥만[밤만]'의 비음화를 무의식적으로 적용한 결과다. 'not you, can you'
를 [난뉴, 캔뉴]로 발음하는 것도 '첫여름[천녀름]'에 적용되는 /ㄴ/첨가 규칙을 적
용한 결과다.

(6) ㄱ. 편리해요[편---], 시청률[--률], 압력[압력]
　　ㄴ. 방바닥[-바-], 밀가루[-가-], 불치병[--병], 단점[-점]

(6)은 외국인의 한국어에서 자주 목격할 수 있는 오류이다. 단순히 듣기로는 표기형과 발음형의 차이를 인지하지 못하고 표기형대로 발음하는 오류로, 고급 수준의 학습자에게도 자주 발견된다.

(5), (6)과 같은 발음형을 산출한 학습자들은 자신의 발음에 오류가 있음을 알지 못하는 경우가 대부분이다. 이런 점에서 형태초점 교수법을 발음교육에 활용할 필요성을 찾을 수 있다. 암시적 제시, 무의식적 학습, 원어민과의 자연스런 상호작용 활동만으로는 정확한 발음 형태 습득이 어렵기 때문이다.

발음 영역은 모어 간섭 현상이 가장 강하게 나타난다. 모어와 목표어 간 차이가 뚜렷할 때보다 미세할 경우 그 차이를 인식하지 못하고 유사한 모어 형태와 대응시키는 경향을 보인다. 이러한 발음 오류는 기존 습관이 그대로 유지되는 방식으로 거의 무의식적으로 일어나고 형태에 집중하지 않는 경우 오류라는 판단 자체가 어려운데 이는 학습자뿐 아니라 교사도 마찬가지이다. 오류를 인식하는 것이 수정의 첫걸음이라는 점에서 발음교육에 형태초점 교수법을 활용할 필요성이 있고, 이를 활용한 발음교육 방안, 교육 효과에 대한 연구가 필요하다. 학습자가 자신의 발음과 목표 발음의 차이를 인식하는 것의 중요성은 상위인지(초인지, meta-cognition) 전략 사용 측면에서도 중요하다.[38]

반면, 발음 오류를 인식하는 학습자들은 자신의 발음에 오류 또는 부자연스러움이 있음은 알지만 그 원인과 해결 방법은 모르는 경우가 대부분이다. 이러한 의식

---

38) 상위인지는 축자적으로는 인지에 대한 인지, 생각에 대한 생각을 뜻하는데, 인지에 대해 알기(metacognitive knowledge)와 인지를 조정하기(metacognitive regulation)를 포함하는 자기성찰 능력이다. 이재승(2006: 127)에서는 조정을 자기 점검(self-monitoring)과 자기 통제(self-control)로 나누고 자기 점검 전략으로 '자기 평가, 자기 기록, 자기 질문', 자기 통제 전략으로 '자기 교수, 자기 강화' 전략을 들었다. 상위인지 능력은 IQ보다 학습에 미치는 영향이 크고 연습으로 향상시킬 수 있다. 상위인지 능력 그 자체를 교육하는 것보다 맥락, 상황 안에서 이를 사용할 수 있도록 과제를 고안해야 한다.

은 목표어 사용에 소극적이게 만들어 오히려 습득에 방해가 된다. 이 경우 발음 오류에 대한 명시적인 해결 방법을 제시해 줘야 하고 이는 발음교육에 형태초점 교수법이 활용될 필요성이 있음을 의미한다.

수정 피드백은 입말의 정확성을 높이는 데 효과적이다.[39) 어휘, 문법 영역에서는 명시적인 오류 수정보다 암시적 방법으로 학습자 스스로 수정할 수 있게 하는 것이 동기, 자신감과 같은 정의적(affective) 요인을 고려했을 때 더 효율적이다. 예를 들어 "학교에 만났어요."와 같은 오류에 대해 교사가 "학교에 만났어요?"와 같이 되물어 오류가 있음을 암시하거나, "네, 학교에서 만났어요."와 같이 올바른 문장으로 반복하는 식이다. 그러나 발음 영역에서는 학습자의 오류가 산출뿐 아니라 인식과 겹쳐 있는 경우가 많아서 암시적 피드백은 학습자가 이해하지 못하는 경우가 많다. 따라서 발음 오류 피드백은 어휘나 문법 오류에 비해 명시적일 필요가 있다.

3.2. 수업 단계별 발음교육

한 차시의 수업은 여러 단계로 나눌 수 있는데, 3단계로 나누는 경우가 많다. 기능 교육을 '쓰기 전, 쓰기, 쓰기 후'로 나누는 경우가 이에 해당한다. '제시(presentation), 연습(practice), 생성(production)', 과제 기반 교수법에서 취하는 '과제 전(pre-task), 과제(task), 과제 후(post-task)'도 3단계이다.

(7) 수업 단계

---

39) Chu(2011)에 따르면 교사가 직접 오류를 수정해 주는 것보다 학습자로 하여금 스스로 형태에 집중하여 오류를 수정할 기회를 주는 방법이 더 효과적이었고, 고급 학습자보다 초·중급 학습자의 경우 수정 피드백의 효과가 더 높았다.

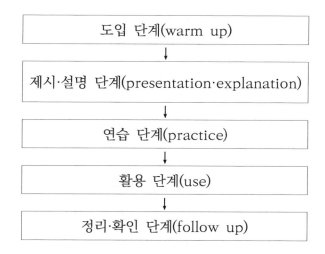

（7）처럼 '도입, 제시·설명, 연습, 활용, 정리·확인' 5단계로 나누기도 한다. 도입 단계에서는 학습자의 학습 동기와 흥미를 유발하고 배경지식(schema)을40) 활성화하는 것이 중요하다.

---

40) 스키마(schema)는 철학, 심리학, 인지과학, 교육학, 피아제의 발달 이론(theory of development) 등 여러 분야에서 사용된 개념이다. 스키마는 세계를 표상하는 정신적 구조(mental structure) 또는 틀로서 새로운 지식을 형성하는 데 영향을 미친다. 사람들은 자신의 스키마와 일치하는 정보는 쉽게 인식하고 받아들이는 반면, 상반되거나 수정해야 하는 정보는 받아들이지 않거나 심지어 왜곡하면서까지 기존의 스키마를 유지하려는 경향을 보인다. 그래서 스키마는 세상을 이해하는 데 도움이 되기도 하지만, 선입견(stereotype)을 형성하여 오히려 참된 인식을 방해하는 경우도 있다.

언어와 관련해서는 내용 스키마와 형식 스키마로 나눌 수 있다. 내용 스키마는 담화 내용에 대해 학습자가 가지고 있는 지식을 말한다. 예를 들어 한국어 능력이 비슷하더라도 컴퓨터 사용 설명서를 이해하는 정도는 컴퓨터에 대한 기존 지식이 있는 학습자의 이해도가 더 높을 것이다. 형식 또는 구조 스키마는 생각을 언어화하는 방식에 대한 지식을 말한다. 글을 쓰는 목적에 따라 설명, 논증, 묘사, 서사로 분류한다면 각각은 쓰기는 물론 읽기 전략도 달라야 한다. 이에 대한 배경지식은 학습자의 쓰기 및 읽기 능력에 영향을 미친다. 또 언어에 따라 중요 정보를 문장이나 단락의 앞에 주로 배치하는 언어도 있고 뒤에 배치하는 언어도 있는데 이러한 지식도 형식 스키마로 작용한다.

제시·설명 단계에서는 학습목표를 구체적으로 제시하고 간단 명확하게 설명한다. 목표어를 메타언어로 사용하는 데는 제한이 있으므로 시청각 자료를 활용하거나, 설명을 도식화하여 제시하거나, 학습자의 모어로 설명해 줄 필요가 있다. 직접교수법처럼 교실에서 학습자의 모어를 사용하는 것에 대해 부정적인 견해도 있다. 그러나 학습자의 모어를 메타언어로 일정 부분 활용하는 것이 개념을 이해하거나 L1과 L2의 공통점과 차이점을 파악하는 등의 학습 전략 면에서 효과적이라는 연구 결과도 있다(최인철: 2007, 최권진: 2009, 조은형: 2013).

연습 단계는 정확성을 목표로 한다. 해당 차시의 학습목표에 해당하는 전형적인 예문을 활용해야 한다. 또 학습목표에 집중할 수 있도록 학습자의 숙달도에 맞는 예문이어야 한다.

활용 단계는 정확성보다는 유창성을 일차적 목표로 한다. 실제적인 의사소통 행위로 사용되어야 학습된 내용이 장기 기억으로 전환되고 의사소통능력으로 전환될 수 있다. 해당 차시의 학습목표를 사용해 볼 수 있는 과제를 고안하는 것이 중요하다.

정리·확인 단계에서는 학습한 내용을 정리하고 학습목표를 달성했는지 확인할 수 있는 활동을 한다.

제2장

음 절

발음교육의 최소 단위는 음소가 아니라 음절(syllable)이어야 한다. 발화의 최소 단위가 음절이기 때문이다. '높은 꿈 깊은 뜻'을 소리대로 적으면, '노픈 꿈 기픈 뜯'이 된다. 이때의 [노], [픈], [꿈]처럼 한 뭉치로 이루어진 소리의 덩이가 음절이다. 말소리는 음절 단위로 마디를 이루어서 발음된다.[1]

음절이 발음교육의 최소 단위여야 하는 또 다른 이유는 표기의 최소 단위가 음소가 아니라 음절이라는 데 있다. 'ㅃㅜㄹㅣㄱㅣㅍㅡㄴ'처럼 음소 단위로 풀어쓰지 않고 모아쓴다는 것은 표기의 최소 단위도 음소가 아니라 음절이란 뜻이다. 한글은 음소문자지만 음소 단위로 풀어쓰지 않고 음절별로 모아쓰기 때문에 우리말에서 음절 수는 표기된 음절 자수와 일치한다.

---

1) 제2장 1., 4.는 필자가 쓴 (2012ㄱ) 일부를 고쳐 쓴 것이고 여기서 인용한 글은 출처를 밝히지 않았다.

1. 음절구조

1.1. 음절구조에 대한 이해

[뿌·리·기·픈·나·무·는·바·라·메·흔·들·리·지·안·는·다]의 각 음절에는 반드시 단모음이 하나씩 있다. [뿌, 리, 기, 나, 무]처럼 모음 앞에 자음이 하나 있는 음절도 있고, [안]처럼 모음 뒤에 자음이 하나 있는 음절도 있고, [픈, 흔, 들]처럼 모음 앞뒤에 자음이 하나씩 있는 음절도 있다. 이처럼 음소가 결합하여 음절을 이룰 때 가능한 결합형을 음절구조(syllable structure)라 한다.

(1) ㄱ. 닭도, 앉고, 삶, 핥다가 / 닭이, 앉아서, 삶에서, 핥은
    ㄴ. [닥또, 안꼬, 삼, 할따가] / [달기, 안자서, 살메서, 할튼]

음절구조는 표기형과 발음형이 서로 다르다. (1)ㄱ은 표기형이고, (1)ㄴ은 발음형인데, 표기형에서는 모음 뒤에 자음이 두 개 올 수 있어서 '닭, 앉고'와 같이 쓴다. 그러나 휴지(pause)나 자음 앞에서는 자음 하나가 탈락하여 [닥, 안꼬]로 발음된다. 또한 '앉아'처럼 뒤 음절 초성 자리가 비어있는 경우 겹자음 중 하나가 연음되어 음절 끝에 겹자음을 허용하지 않는다.

'음절'은 발화의 최소 단위이므로 발음형에 적용되는 개념이다. 그러나 발음교육에서는 표기형의 음절구조와 발음형의 음절구조 차이에 대한 교육이 필요하다. 그 까닭은 1) 성인 학습자의 경우 표기형에 대한 인식도, 의존도가 높은데 한글 표기의 최소 단위는 음절이다. 2) 한글 맞춤법에서는 실질형태소와 형식형태소를 분철하는데, 이는 표기를 통해 의미의 가독률을 높이는 역할을 한다. 이러한 분철도 음절 단위로 표기하지 않고는 불가능하다. 3) 표기형과 발음형의 음절구조 차이를

이해하는 것은 음운변동을 이해하는 데도 필수적이기 때문이다.

(2) 음절구조

ㄱ. 표기형 ㄴ. 발음형

초(초성, 음절 초 자음, syllable initial consonant)
중(중성, 모음, vowel): 단모음뿐 아니라 이중모음도 포함한다.
종(종성, 음절 말 자음, syllable final consonant)

　표기형과 발음형의 음절구조는 (2)와 같은데, 음절 하나에는 반드시 중성 하나가 있어야 한다는 점은 공통적이다. 중성 자리는 단모음이나 이중모음이 채우므로 음절을 형성하는 것은 단모음이고, 이를 성절음이라 한다. 따라서 발음교육에서 모든 자음은 모음과 결합한 음절 형태로 교육해야 한다. 파열음, 파찰음, 마찰음은 장애음이어서 단독으로 조음은 가능하지만 모음과 결합하지 않으면 가청력이 없어서 단독으로는 발화 단위로 쓰이지 않는다. 비음, 유음은 각각 코안(비강)이나 입안(구강)에서 공명이 일어나는 공명음이어서 단독으로 발음해도 들리지만, 한국어에서는 장애음과 마찬가지로 모음과 결합해야 음절을 형성한다.[2]

　초성은 없거나 하나만 가능한데, 이는 표기형과 발음형이 같다. 둘의 차이는 종성에 있다. 표기형에서는 종성이 최대 2개에서 0개인 반면, 발음형에서는 최대 1개이거나 0개이다. 즉 표기형에서 최대 음절구조는 CVCC이고, 발음형의 최대 음절구조는 CVC이다.[3]

---

2)　한국어에서는 단모음만 성절음으로 기능한다. 그러나 언어에 따라 공명자음이 성절음이 되는 경우도 있다. 예를 들어 영어에서 'button, bottle'은 2음절어인데 첫 음절은 모음이, 두 번째 음절은 자음 [n], [l]이 성절음으로 기능한다. 성절음은 홀로 발음해도 잘 들리는 소리여야 한다. 가청력은 '모음 〉 공명자음 〉 장애음'의 순이다.
3)　C는 자음(consonant), V는 모음(vowel)을 뜻한다.

(3) 초성 제약(고유어)

ㄱ. 표기형: ㅂ, ㅃ, ㅍ, ㄷ, ㄸ, ㅌ, ㄱ, ㄲ, ㅋ, ㅈ, ㅉ, ㅊ, ㅅ, ㅆ, ㅎ, ㅁ, ㄴ, ㄹ

ㄴ. 발음형: ㅂ, ㅃ, ㅍ, ㄷ, ㄸ, ㅌ, ㄱ, ㄲ, ㅋ, ㅈ, ㅉ, ㅊ, ㅅ, ㅆ, ㅎ, ㅁ, ㄴ, ㄹ

여린입천장 비음 /ŋ/은 고유어, 한자어, 외래어 모두에서 초성으로는 사용할 수 없다. 따라서 초성 자리에는 자음소 19개 중 (3)의 18개 자음이 표기되고 발음된다. 고유어와 달리 한자어일 경우 '끽(喫), 쌍(雙), 씨(氏)'를 제외한 경음은 초성으로도 사용되지 않는다. 'ㄲ, ㄸ, ㅃ'는 외래어 파열 경음 표기형으로는 쓰지 않는다. 또 격음 중 'ㅋ'이 초성인 한자음은 쾌(快, 儈, 噲, 夬, 筷)뿐이다.

발음형에서는 겹자음이 허용되지 않기 때문에 종성도 단 하나의 자음만 허용된다. 또한 모든 자음이 종성으로 사용될 수 있는 것은 아니어서 표기형에서 허용되는 자음이 발음형에서는 허용되지 않는 것도 있다. 표기형에서는 '밖'과 '박', '잎'과 '입', '값'과 '갑'이 각각 다른 의미를 가진 형태로 구별되는데 발음형에서는 동음어가 된다. 이는 표기형의 종성 제약과 발음형의 종성 제약이 다르기 때문이다.

(4) 고유어 종성

ㄱ. 표기형: ㅂ, ㅍ, ㄷ, ㅌ, ㅅ, ㅆ, ㅈ, ㅊ, ㄱ, ㄲ, ㅋ, ㅎ, ㅁ, ㄴ, ㅇ, ㄹ

　　　　　ㄳ, ㄵ, ㄼ, ㄽ, ㄾ, ㅄ, ㄺ, ㄻ, ㄿ, ㄶ, ㅀ

ㄴ. 발음형: ㅂ, ㄷ, ㄱ, ㅁ, ㄴ, ㅇ, ㄹ

종성에 겹자음이 허용되지 않고, 7개의 자음만 실현 가능하다는 제약은 표기형이나 기저형에서의 제약이 아니라, 발음형에 해당하는 제약이다. (4)ㄱ은 고유어 종성 표기형이고, ㄴ은 발음형에 나타나는 종성이다. 종성으로 표기되는 홑자음은 16개 (ㅂ, ㅍ, ㄷ, ㅌ, ㅅ, ㅆ, ㅈ, ㅊ, ㄱ, ㄲ, ㅋ, ㅎ, ㅁ, ㄴ, ㅇ, ㄹ)가 있다. 'ㅃ, ㄸ, ㅉ'는 종성 표기에 쓰이지 않고, /ŋ/은 초성에서는 나타나지 않지만 종성으로는 실현된다. 또 겹자음 11개(ㄳ, ㄵ, ㅄ, ㄺ, ㄻ, ㄼ, ㄽ, ㄾ, ㄿ, ㄶ, ㅀ)가 종성 표기로 사용되므로 초성보다 목록 수가 많다. 그러나 발음형에서 종성으로 실현 가능한 것은 7개(ㅂ, ㄷ, ㄱ, ㅁ, ㄴ, ㅇ, ㄹ)뿐이다.

(5) 한자어 종성

　ㄱ. 표기형: ㅂ, ㄱ, ㅁ, ㄴ, ㅇ, ㄹ

　ㄴ. 발음형: ㅂ, ㄱ, ㅁ, ㄴ, ㅇ, ㄹ

한자어에서는 종성 'ㄷ'도 실현되지 않아서 'ㅂ, ㄱ, ㅁ, ㄴ, ㅇ, ㄹ' 6개만 사용
된다. 이는 (5)처럼 표기형과 발음형이 같다.

(6) 외래어 종성

　ㄱ. 표기형: ㅂ, ㅅ, ㄱ, ㅁ, ㄴ, ㅇ, ㄹ

　ㄴ. 발음형: ㅂ, ㄷ, ㄱ, ㅁ, ㄴ, ㅇ, ㄹ

외래어 종성의 표기형과 발음형은 (6)과 같다. 표기형에는 'ㅂ, ㅅ, ㄱ, ㅁ, ㄴ,
ㅇ, ㄹ'만 쓴다. 'coffee shop, out, book'을 '커피숍에서, 아웃이다, 북을'로 표
기하는 것은 모음으로 시작하는 형식형태소와 결합하여 연음될 때 '[커피쇼베서],
[아우시다], [부글]'로 발음하고 'ㅂ, ㅅ, ㄱ'을 제외한 장애음은 나타나지 않기 때
문이다. 발음형은 고유어와 같다. 왜냐하면 '아웃'의 'ㅅ'도 연음되지 않으면 평폐
쇄음화가 적용되어 [ㄷ]으로 발음되기 때문이다.

(7) 한국어 음절 유형

유형 ＼ 중성	V가 단모음	V가 이중모음
V	이, 애	왜, 예
CV	코, 가	벼, 과
VC	입, 악	약, 월
CVC	눈, 잠	귤, 광

이러한 음절구조 제약에 따라 가능한 한국어 발음형의 음절 유형(syllable
type)은 (7)과 같다. 종성이 없는 음절을 개음절(open syllable), 종성이 있는 음
절을 폐음절(closed syllable)이라 한다. GV 음절은 CGVC 음절보다 단순하여

더 발음하기 쉽다. CV 음절은 VC 음절보다 더 발음하기 쉽고 각각의 음가가 더 잘 인식되는 구조여서 더 보편적이다.[4] 음소 단독, 또는 몇 개의 음소가 결합하여 만들어지는 음절은 구조가 단순할수록 발음의 난도는 낮을 것이다. 난이도별로 교육하는 것이 좋지만 실제 현장에서는 어휘교육과 통합되는 경우가 대부분이어서 발음만을 기준으로 교육 순서를 결정하기는 어렵다.

음소가 결합된 연속체를 음절로 분절해 내는 방법은 언어마다 다르다. 예를 들어 'strike[strajkʰ]'는 영어로는 1음절어지만 자음군을 허용하지 않는 한국어에서 'ㅅㅌㄹ'은 불가능하고, 하향 이중모음 /aj/는 없고, 'ㅋ'은 음절 말에 올 수 없다. 원 발음을 최대한 유지하면서 우리말 음절구조에 맞게 하면 5음절어 '스트라이크'가 된다. 또 일본어권 학습자들이 '박[바꾸], 김치[기무치]'처럼 종성을 별개의 음절로 늘여서 발음하는 경향을 보이는 것도 일본어 음절구조의 영향이다. 모어와 목표어의 음절구조, 제약, 유형이 다르기 때문에 이로 인한 오류는 늘 발생한다. 이런 점에서도 음절구조 교육이 반드시 필요하다.

1.2. 음절구조 교육

설명 1　표기형과 발음형의 음절구조 차이

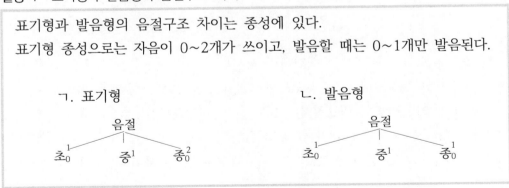

4)　'G'는 과도음(glide)을 뜻한다. 각 음절 유형에서 'V'가 이중모음일 때는 'GV'로 나타내어 세분할 수 있다.

54

위 도식이 제시하는 정보는 '1) 하나의 음절은 초성, 중성, 종성으로 삼분된다. 2) 하나의 음절에는 반드시 하나의 중성(모음)이 있다. 3) 한 음절에 초성은 없거나 최대 하나가 있다. 4) 표기형의 종성은 최대 2개까지 허용되지만, 발음형의 종성은 없거나 최대 하나만 허용된다.'는 것이다.5)

설명 2 발음형의 음절구조

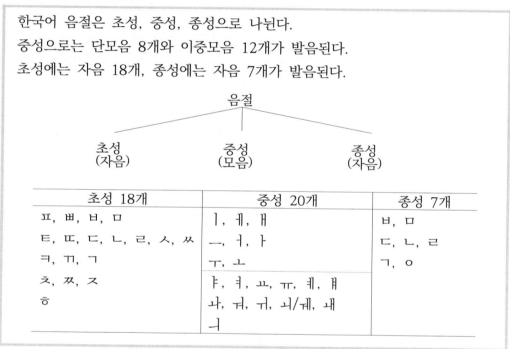

한국어 음절 내부 구조를 도식화하여 제시하고 설명한다. 발음교육은 초기 단계부터 실시되므로 목표어인 한국어를 메타언어로 사용하기 어렵다. 따라서 이러한 도식화된 형태가 반드시 필요하다. 위 도식이 제시하는 정보는 '1) 초성에는 자음 19개 중 /ㅇ/을 제외한 18개가 발음된다. 2) 중성에는 단모음 8개와 이중모음 12개가 발음된다.6) 3) 종성은 7개의 자음만 발음된다.'는 것이다. 초성, 중성, 종성

5) 이 책에서 제시하는 교육방법은 모두 성인 학습자를 대상으로 한 것이고, '(도입), 설명, 과제'로 이루어져 있다. '설명'은 '제시·설명'의 뜻이다.

각각의 목록은 조음위치와 방법을 고려하여 자연류(natural class)끼리 배열했다. 중성은 단모음과 이중모음으로 나누어서 제시했다. 요즘은 종이 사전을 거의 사용하지 않는다는 점에서 발음교육 시 사전 배열 순서를 따를 필요는 없다고 본다.

설명 3 음절 유형

종성 유무 \ 중성 종류		단모음	이중모음
개음절	중성	이, 애	왜, 예
	초성+중성	코, 가	벼, 과
폐음절	중성+종성	입, 억	약, 월
	초성+중성+종성	눈, 몸	귤, 뭘

음절 유형은 먼저 종성 유무에 따라 개음절과 폐음절로 나누어 설명한다. '개음절, 폐음절'이라는 용어는 L1으로 번역한 것을 함께 쓰는 것이 좋다.

과제 ❶ 다음 질문에 답하세요.[7)]

(1) 다음 중 각 음절이 '중성'만으로 이루어진 단어를 찾아보세요.
　　① 아이　　　　　② 다리　　　　　③ 팔　　　　　④ 손
(2) 다음 중 각 음절이 '초성+중성'으로 이루어진 단어를 찾아보세요.
　　① 머리　　　　　② 아이　　　　　③ 눈　　　　　④ 턱
(3) '중성+종성'으로 이루어진 음절을 찾아보세요.
　　① 목　　　　　② 배　　　　　③ 입　　　　　④ 코
(4) '초성+중성+종성'으로 이루어지지 않은 음절을 찾아보세요.

---

6) '귀, 괴'를 이중모음으로 보면 단모음은 8개이고, 이중모음의 자소는 13개이다. 그러나 '괴'와 '궤'는 둘 다 [we]로 발음되므로 음가로 보면 이중모음은 12개다.

7) 이 책에서 '과제'는 단어나 문법 같은 언어 요소에 대한 연습을 포함하는 의미로 썼다.

① 팔	② 코	③ 턱	④ 목

과제 1로 학습목표가 제대로 달성되었는지 학습자 스스로 평가하고 교사도 확인할 수 있다.

과제 ❷ 다음 말이 몇 음절인지 세어 보세요. 여러분의 모어 발음과 한국어 발음에 어떤 차이가 있는지 얘기해 보세요.

① 맥도널드	⑥ 김치
② 구글	⑦ 불고기
③ 코닥	⑧ 서울
④ 삼성	⑨ 대한민국
⑤ 나이키	⑩ 한강

과제 2는 학습자들에게 익숙한 고유명사를 사용하여 L1과 L2의 음절구조 간에 어떤 차이가 있는지 관찰, 탐구하고 이를 주제로 의사소통 활동을 하게 하는 것이다. 이로써 학습자는 두 언어의 음절구조 차이에 관심을 집중하여 스스로 관찰하고, 관찰 결과를 토대로 가설을 세우고, 그 가설을 확인할 수 있다.

2. 모음 교육[8]

일반적으로 말소리는 자음(닿소리, consonant)과 모음(홀소리, vowel)으로 분류한다. 자음과 모음을 가르는 조음 음성학적인 차이는 폐에서 올라오는 기류가 조음부에서 방해를 받고 나가는가, 방해 없이 나가는가이다. 폐에서 올라온 날숨 기류가 조음부의 특정한 위치에서 마찰음이 생길 정도의 협착이나 완전 막음과 같은 방해를 받고 만들어지면 자음, 그렇지 않으면 모음이라 한다. 그래서 자음은 모음 없이 단독으로 발음하면 잘 들리지 않는다. 한국어 자음은 모두 단독으로는 음절을 형성할 수 없고 모음과 결합하여야 발화 단위가 된다. 이에 비해 모음은 홀로 발음해도 잘 들리므로 모음 하나하나가 독립된 음절을 형성할 수 있다. '홀소리, 모음(母音)'과 '닿소리, 자음(子音)'이라는 용어는 음절을 이룰 때 이들의 기능에 초점을 두고 만든 것이다. 홀소리(모음)는 홀로 음절을 이룰 수 있는 소리, 닿소리(자음)는 홀소리에 닿아야 발음될 수 있는 소리라는 뜻을 담고 있다.

2.1. 단모음

2.1.1. 단모음 체계에 대한 이해

단모음(單母音, monophthong)이란 발음하는 동안 조음부의 형상이 고정되어 단일한 음가를 지닌 모음을 말한다. 짧은소리를 뜻하는 단모음(短母音)과 혼동을 피하기 위해 단순모음(simple vowel)이라 부르기도 한다.

단모음 'ㅣ, ㅡ, ㅜ, ㅔ, ㅓ, ㅗ, ㅐ, ㅏ'는 체계 내에서 서로 관계를 형성하며 대립한다. 'ㅣ'는 전설-센입천장에서, 'ㅡ'는 후설-여린입천장에서 조음되어 둘은 혀

---

8) 2.는 양순임(2003ㄴ)을 고쳐 쓴 것이다.

의 앞뒤 위치에 따라 서로 대립한다. 'ㅔ, ㅐ'는 혀 높이가 달라짐으로써 서로 대립한다. 'ㅡ'는 입술을 옆으로 펴고, 'ㅜ'는 입술을 둥글게 하고 조음하여 둘은 입술 모양에 따라 대립한다.

　각 모음을 대립하게 하는 것은 혀 위치, 혀 높이, 입술 모양이다. 단모음은 1) 혀의 최고점(highest point of tongue)의 앞뒤 위치에 따라 전설-센입천장에서 조음되는 전설모음(front vowel)과 후설-여린입천장에서 조음되는 후설모음(back vowel)으로 나눈다. 2) 혀의 최고점의 아래위 위치에 따라, 입천장에 가장 가까이 접근하는 것은 고모음, 가장 많이 떨어진 것은 저모음, 그 중간은 중모음으로 나눈다.9) 혀 높이는 입 벌림의 정도인 개구도(간극도, aperture)와 평행하게 나타난다. 최고점이 높으면 입은 닫히고, 최고점이 낮으면 입은 열린다. 그래서 혀 높이에 따른 '고모음(high vowel), 중모음(mid vowel), 저모음(low vowel)'은 각각 개구도에 따르면 '폐모음(closed vowel), 중모음, 개모음(open vowel)'이 된다. 3) 입술 모양에 따라 입술이 둥글게 오므려지는 원순모음(rounded vowel)과 입술 둥긂이 없는 평순모음(unrounded vowel)으로 나눈다.

　(1) 단모음 체계10)

---

9) Jones, D.(1957)에서는 혀와 입천장 사이의 거리가 가장 좁혀지는 지점을 혀의 최고점(highest point of tongue)이라 했다.

　'혀의 최고점의 앞뒤 위치'를 줄여 '혀의 앞뒤 위치' 또는 '혀의 위치', '혀 위치'라 하고, '혀의 최고점의 상하 위치'를 줄여 '혀의 높낮이' 또는 '혀의 높이', '혀 높이'라 하겠다.

10) 「발음법」 제4항에서 'ㅟ, ㅚ'는 각각 이중모음 [wi], [we]로 발음하는 것을 허용하고 있어서 이중모음으로 교육하는 것이 일반적이다. 이 책에서 「발음법」은 표준어 규정 제2부의 표준 발음법, 「맞춤법」은 한글 맞춤법을 가리킨다.

혀 위치 / 입술 모양 / 혀 높이(개구도)	전설모음	후설모음	
		평순	원순
고모음(폐모음)	ㅣ	ㅡ	ㅜ
중모음	ㅔ	ㅓ	ㅗ
저모음(개모음)	ㅐ	ㅏ	

이러한 대립관계를 바탕으로 단모음 체계를 도식화하면 ⑴과 같다. 단모음 체계 내 대립을 가능케 하는 음성적 특성은 혀 위치에 따른 '전설모음, 후설모음', 혀 높이에 따른 '고모음, 중모음, 저모음', 입술 모양에 따른 '원순모음, 평순모음'이다. 하나의 변별자질로 두 부류의 대립관계를 나타낼 수 있으므로 혀 위치에 따른 대립은 하나, 혀 높이에 따른 대립은 둘, 입술 모양에 따른 대립은 한 개의 자질이 필요하다.

⑵ 단모음의 변별자질11)

단모음 / 자질	ㅣ	ㅡ	ㅜ	ㅔ	ㅓ	ㅗ	ㅐ	ㅏ
후설성	-	+	+	-	+	+	-	+
고설성	+	+	+	-	-	-	(-)	(-)
저설성	(-)	(-)	(-)	-	-	-	+	+
원순성	-	-	+	-	-	+	(-)	(-)

⑵에서 혀 위치에 따른 대립은 [+후설성]으로 후설모음, [-후설성]으로 전설모음을 나타낸다. 혀 높이에 따른 대립은 [+고설성]으로 고모음을, [+저설성]으로 저모음을, [-고설성, -저설성]으로 중모음을 나타낸다. 입술 모양에 따른 대립은 [+원순성]으로 원순모음을, [-원순성]으로 평순모음을 나타낸다.

---

11) (-)는 잉여자질(redundant feature)임을 뜻한다. 혀 높이가 [+고설성]이면 '저설성' 값은 당연히 '-'이다. 한국어 모음 체계 내에서 [+저설성] 모음은 모두 [-원순성]이기 때문에 [+저설성]으로 [-원순성]은 예측 가능하다.

(2)에서 네 가지 자질 값이 모두 일치하는 쌍은 없다. 만약 있다면 두 음소는 대립하지 않는다. (2)에 따르면, 'ㅡ'와 'ㅜ'는 둘 다 후설 고모음이면서 원순성에 의해 대립한다. 따라서 'ㅡ'와 'ㅜ'를 변별하지 못하는 학습자가 있다면, 이에 대한 수정은 [원순성] 변별에 초점을 두어야 할 것이다. 음가 설명은 체계 내 각 음소를 구별하여 발음하고 인식할 수 있게 하는 것이 관건이므로 유사성이 커서 변별이 잘 안 되는 쌍들 간의 변별자질 교육에 주력해야 한다. 'ㅓ'의 음가는 후설 평순 중모음이지만 이보다 더 중요한 것은 'ㅣ, ㅔ, ㅐ, ㅡ, ㅏ, ㅜ, ㅗ'가 아니라는 데 있다. 특히 인접한 'ㅗ, ㅡ'와 구별하게 하는 것이 교육의 초점이 되어야 한다.

2.1.2. 학습자언어

오류 발생률이 가장 낮은 단모음 즉, 다른 모음과 변별이 가장 잘 되는 모음은 'ㅣ, ㅏ'이다. 그 이유는 무엇보다 'ㅣ, ㅏ'의 보편성에 있다. 또한 'ㅣ, ㅏ'는 발음 영역의 극점에 위치하고 있어서 음가의 특성이 강하다. 그래서 인접 모음과 혼동될 우려가 별로 없다.

(3) 개구도와 입술 모양

　　ㄱ. 개구도와 평순모음　　　　　　ㄴ. 개구도와 원순모음

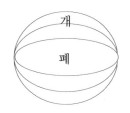
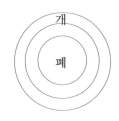

(3)은 폐모음일 때는 평순과 원순의 조음부 모양 차이가 크지만, 개모음에서는 입술을 둥글게 하나 하지 않으나 조음부 모양에 큰 변화가 없음을 보여준다. 음운론적으로는 'ㅡ'와 'ㅜ', 'ㅓ'와 'ㅗ'는 원순성으로 대립한다. 그러나 학습자의 모어와 상관없이 'ㅡ'와 'ㅜ'보다 'ㅓ'와 'ㅗ'의 변별에 어려움을 겪는 학습자들이 많다. 원순성에 따른 음가 차이는 중모음인 'ㅓ'와 'ㅗ'보다 폐모음인 'ㅡ'와 'ㅜ'가 더 크다. 이는 원순성 자질의 특성 때문이다. 개모음에서 원순성 대립이 없거나 대립

에 따른 차이가 약화되는 것은 조음 음성학적 요인에 따른 보편적 현상이다. 한국어처럼 폐모음에는 원순성의 대립이 있지만 개모음에는 원순성 대립이 없는 언어는 많지만, 그 역은 없다.

한국어의 개별 언어적 특성이 오류 발생의 원인이 되기도 한다. 'ㅜ, ㅗ'는 5 모음 체계에도 있을 정도로 보편성이 강한 모음인데도 'ㅜ'와 'ㅗ'를 변별하지 못하는 오류가 빈발한다. 'ㅜ'와 'ㅗ'는 음운론적으로는 둘 다 후설 원순모음이고 혀 높이에 의해 대립한다. 'ㅜ'는 고모음, 'ㅗ'는 중모음이다. 그러나 'ㅗ'의 혀 높이는 같은 중모음인 'ㅔ, ㅓ'에 비해 현저하게 높은데,12) 이는 'ㅜ'와 'ㅗ'의 변별을 어렵게 하는 요인이 된다. 'ㅜ'와 'ㅗ'를 변별하지 못하는 학습자의 발음 교정을 위해서는 'ㅗ'의 음성학적 혀 높이도 고려할 필요가 있다. 또 한국어 'ㅓ'는 다른 모음보다 음역이 넓어서 중설 중모음 [ə]와 후설 저모음 [ʌ]가 모두 'ㅓ'로 인식된다. 그래서 'ㅓ'는 인접한 'ㅡ, ㅗ'의 음역과 경계를 잘 설정하지 못하는 경우가 많다.13) 'ㅡ'는 대부분의 언어에 존재하지 않는 특수성이 강한 모음이어서 대부분의 학습자에게 새로이 학습해야 할 목록이다.

L1의 부정적 전이로 인한 언어 간 오류도 많다. 예를 들어 중국인 학습자는 다른 언어권 학습자보다 특히 'ㅜ'와 'ㅗ'를 변별하지 못하는 경우가 많다. 한어병음 자모 체계에 'ong'은 있지만 'ung'은 없는 것처럼 [ㅜ]와 [ㅗ]의 대립이 없기 때문이다. 그래서 발음뿐 아니라 작문에도 '중국'을 '종국'으로 '우리'를 '오리'로 표기하는 오류가 초급 학습자언어에 자주 나타난다.

중국어에는 '애'에 해당하는 모음이 없다. 그래서 초급 학습자들은 '다양해서, 수영했는데'를 [다양하서, 수영하는데]처럼 발음하는 경우가 많다. '했는데[하는데]'는 'ㅐ'를 L1의 'a'에 대응시키고 중첩자음 'ㄴㄴ'을 홑자음으로 발음한 오류다. 이는 '-하다' 동사의 생산성과, '-했-'과 '-하-'의 시제 변별을 고려해 볼 때 의사소통에 지장을 주는 오류다. 이런 경우 'ㅐ'와 'ㅔ'의 변별보다 'ㅐ'와 'ㅏ'의 차이점을 교육하는 것이 더 중요하다.

---

12) 이는 음향적으로도 드러난다(문승재: 2007, 오초롱·권순복: 2013).

13) 중부방언에서는 'ㅓ'가 장음일 경우 '정말[증:말], 거지[그:지]'처럼 [ㅡ]로 발음하고, 동남방언에서 'ㅓ'를 [오데 가노]처럼 [ㅗ]로 발음하는 경우도 많다.

언어 간 오류를 목표어와 모어 간 대응 항목의 유무에 따라 기계적으로 해석할 수 없다. 대응하는 음소가 있다고 해서 습득이 쉽고, 없다고 해서 습득이 어려운 것은 아니기 때문이다. 예를 들어 단모음 목록이 적은 일본어에도 /u/, /o/는 있지만 /i/, /ə/는 없다. 그렇다고 일본인 학습자들이 /u/, /o/를 /i/, /ə/보다 더 빨리 습득한다고 보기 어렵다.

(4) 한국어와 일본어의 단모음 대조

혀 높이 \ 혀 위치	전설모음		후설모음	
고모음	ㅣ い		ㅡ	ㅜ う
중모음	ㅔ	え	ㅓ	ㅗ お
저모음	ㅐ		ㅏ あ	

이는 언어의 체계성을 생각하면 당연하다. 일본어 모음 체계에서 원순성은 잉여적이다. 일본어의 /u/는 /i, e, o, a/가 아닌 것임에 비해, 한국어 'ㅜ'는 'ㅣ, ㅔ, ㅐ, ㅡ, ㅓ, ㅏ, ㅗ'가 아닌 것이다. 따라서 (4)처럼 일본어 /u/는 한국어 'ㅜ'보다 음역이 넓어서 'ㅡ'의 음역까지 포함한다. 일본인 학습자가 발화한 'ㅜ'가 'ㅡ'와 변별되지 않는다면 이 학습자는 'ㅡ'뿐 아니라 'ㅜ'도 오류를 보인 것이다. 예를 들어 일본인 학습자가 발음한 '이후'는 [이흐]와 [이후] 사이에 있다.

따라서 일본어에 'ㅏ, ㅣ, ㅜ, ㅔ, ㅗ'에 대응하는 모음이 있으니까 쉽게 배울 것이고 'ㅐ, ㅡ, ㅓ'는 없으니까 습득이 어려우리라고 예단할 수 없다. 한국어의 'ㅔ'는 'ㅐ'와, 'ㅜ'는 'ㅡ'와, 'ㅗ'는 'ㅓ'와 인접해 있어서 구별이 쉽지 않기 때문이다. 미세한 차이를 구별하여 발음하고 인식하는 것은 명백한 차이일 때보다 어렵다.

2.1.3. 단모음 교육

설명 1 단모음 목록

이 에 애	이 으 우
으 어 아	에 어 오
우 오	애 아

　단모음 8개의 문자와 음성을 같이 제시한다. 'ㅣ, ㅔ, ㅐ', 'ㅡ, ㅓ, ㅏ', 'ㅜ, ㅗ'
는 개구도가 점점 커지는 순서이고, 'ㅣ, ㅡ, ㅜ', 'ㅔ, ㅓ, ㅗ', 'ㅐ, ㅏ'는 혀 위치
가 점점 뒤로 가는 순서이다. 모음을 들려줄 때는 운율을 일정하게 해야 한다.
'ㅏ'를 수평조로 들려줬다가 다음에는 하강조로 들려주면 성조에 민감한 언어권
학습자에게는 다른 소리로 인식될 수 있다.

설명 2　단모음 체계

혀 위치 입술 모양 개구도	전설모음(front)	후설모음(back)	
	평순	평순(unround)	원순(round)
폐모음(closed)	이	으	우
중모음(mid)	에	어	오
개모음(open)	애	아	

　체계를 제시할 때 단모음의 변별적 특성인 '후설모음, 고모음, 원순모음' 등은
학습자의 모어로 번역해 주는 것이 좋다. 중국, 일본 학습자들에게는 한국 한자어
로 변환해도 이해할 수 있다. 혀 높이는 개구도와 평행되게 나타나는데, 혀 높이
는 직접 보여줄 수 없지만 개구도는 보여줄 수 있기 때문에 혀 높이보다 개구도를
사용하는 것이 교육하기에 더 편리하다.

설명 3　모음사각도

64

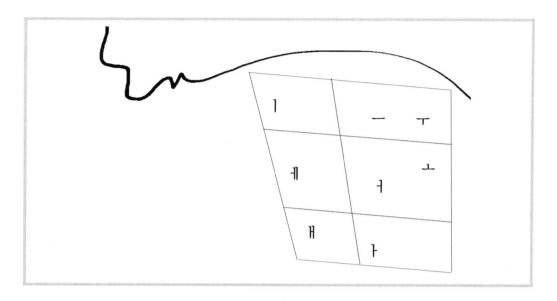

모음사각도에14) 모음을 배열할 때 'ㅗ'의 혀 높이에 대해 고민할 필요가 있다.

14) 모음사각도는 왼쪽이 오른쪽보다 길고, 위가 아래보다 긴데 이는 모음을 발음할 수 있는 조음 영역을 뜻한다. 즉 조음 영역이 혀뿌리(舌根) 쪽보다 앞쪽이 더 넓고, 위쪽인 입천장(구개)이 아래쪽인 혀보다 더 넓다. 모음사각도에서 모음의 위치는 음가를 결정하는 혀 위치, 혀 높이를 나타낸다.

모음사각도는 Jones, D.(1957)에서 [i], [a], [u], [ɑ]의 혀의 최고점을 연결하여 만든 것이다. [e], [ɛ]는 [i]와 [a] 사이를, [o], [ɔ]는 [u]와 [ɑ] 사이를 등거리로 나눈 것이다. 이렇게 음가를 정한 [i, e, ɛ, a, ɑ, ɔ, o, u]를 1차 기본모음(primary cardinal vowel)이라 했다. 모음사각도 위에서 각 모음은 점으로 표시되어 있다. 영역을 분할하여 이 점에 가까이 있는 소리들은 같은 기호로 쓰고 '불어의 [i]는 한국어 [i]보다 더 앞에서 더 위에서 발음한다.'는 식으로 설명한다.

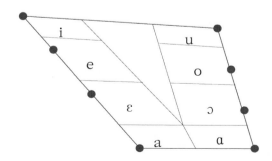

'ㅗ'는 음운론적으로는 'ㅓ'와 마찬가지로 중모음으로 분류되지만 음성학적으로는 'ㅓ'보다 혀 높이가 더 높다.

설명 4 원순성 대립

> '우'는 입술을 둥글게 하고, '으'는 입술을 옆으로 펴고 발음한다.
> '오'는 입술을 둥글게 하고, '어'는 입술을 펴고 발음한다.
> '어'는 '오'보다 입을 더 많이 벌리고 발음한다.

설명 5 혀 높이 대립

> '애'는 '에'보다 입을 더 많이 벌린다.
> '어'는 '으'보다 입을 더 많이 벌린다.
> '오'는 '우'보다 입을 더 많이 벌린다.

변별하는 데 어려움을 겪는 모음끼리 짝지어서 둘의 변별적 특성을 설명한다. 변별이 어려운 쌍은 모음사각도에서 인접한 모음이고, 하나의 변별적 자질로만 대립하는 모음이다. 개별 음소는 체계 내 다른 음소와 변별되어야 하기 때문에 음가 설명은 인접음과의 변별자질을 중심으로 설명한다. 예를 들어 'ㅡ'는 'ㅜ'와 관련지어 입술 모양의 차이로 설명한다. 'ㅐ'는 'ㅔ'와 관련지어 개구도의 상대적 차이로 설명한다.

'으'와 '우'를 변별하게 하기 위해 '으 우 으 우'를 연속해서 발음하는 연습을 통해 입술 모양에 따른 음가 차이를 익히게 한다. '어'와 '오'의 변별을 위해 입술 모양과 개구도에 유의해서 '어 오 어 오'를 연이어 발음하는 연습을 하게 한다. 입 벌리는 정도를 조절하면서 '에 애 에 애', '으 어 으 어', '우 오 우 오'를 연속해서 발음하는 연습을 하게 해서 개구도에 따른 음가 차이를 익히게 한다.

'으'는 대부분의 언어에 나타나지 않는 보편성이 낮은 모음이고 한국어에서도 어두 기능 부담량(functional load)은 적은 편이다. 중국어에서는 'zi, si'의 운모와 유사하다. 영어권 학습자에게는 '케이크(cake), 스트라이크(strike)'와 같은 외래어를 이용하여 교육하는 것도 방법이다. 한국어 음절구조에 맞추기 위해 삽입되는 모음이 'ㅡ'인데 영어 발음과의 차이를 통해 'ㅡ'의 음가를 학습하게 하는 것이다.

과제 ❶ 단모음의 음가에 주의하여 아래 단어를 발음해 보세요.

이 이 이:	이것, 이력서, 이별, 이사, 이불, 이십, 이웃, 이유
에 에 에:	에너지, 에어컨, 엘리베이터
애 애 애:	애인, 애정, 애국, 애견, 앨범, 액세서리
아 아 아:	아기, 아뇨, 아래, 아버지, 아이스크림, 아저씨, 아파트
우 우 우:	우리, 우산, 우승, 우체국, 우표, 운동장
으 으 으:	으뜸, 은행나무, 음력, 음료수, 음식, 음악, 음주
오 오 오:	오늘, 오렌지, 오른손, 오빠, 오십, 오이, 오징어
어 어 어:	어머니, 어서, 어제, 어른, 어린이, 엄마, 언니, 언제, 얼굴

음절 교육은 초급에서 이루어지기 때문에 발음교육을 위해 단어를 선정할 때는 초급용 단어인지, 사용 빈도가 높은지, 의미가 투명한지를 고려해야 한다. 대체로 구체 명사가 적합하다. 또한 목표 발음이 어두 음절의 첫 소리로 나는 단어를 제시하는 것이 좋다. 두 번째 음절 이하는 첫 번째 음절에 비해 인지도가 떨어지기 때문이다. 어느 정도 연습이 이루어진 뒤에는 '기린:아기', '개미:소개', '오십:십오'처럼 어두 음절과 어말 음절에 목표음을 넣어 연습하게 할 수 있다.

(5) ㄱ. ㅡ : ㅜ 그리:구리, 글:굴, 근대:군대, 극기:국기, 끄다:꾸다

ㄴ. ㅓ : ㅗ 벌:볼, 거기:고기, 덜다:돌다, 널다:놀다

(6) ㄱ. ㅔ : ㅐ 게:개, 네:내, 세다:새다, 베다:배다

ㄴ. ㅡ : ㅓ 그리:거리, 들다:덜다

ㄷ. ㅜ : ㅗ 우리:오리, 수리:소리, 수박:소박, 술:솔

‘ㅡ’와 ‘ㅜ’, ‘ㅓ’와 ‘ㅗ’, ‘ㅡ’와 ‘ㅓ’처럼 변별에 어려움을 겪는 예들은 최소대립어를 이용한 연습이 필요하다. (5)는 원순성, (6)은 개구도와 관계된 최소대립어이다.

‘ㅔ’와 ‘ㅐ’는 통용음에서는 대립되지 않는 경향을 보인다. 특히 ‘모레, 모래’처럼 어두 음절이 아닐 경우 거의 구별되지 않고 있다. 발음교육에서는 ‘ㅔ’와 ‘ㅐ’가 합류되었다고 보고 7모음 체계를 제시하는 경우도 많다. 그러나 ‘ㅔ’와 ‘ㅐ’는 이 대립으로 인한 최소대립어가 많아서 기능 부담량이 많은 음소다. 이를 구별하지 못할 경우 표기 오류가 더 많이 발생하는 경향을 보인다.

과제 ❷ 단모음의 음가에 주의하여 아래 대화를 해 보세요.

① <u>우</u>유 있어요?	네, <u>우</u>유 있어요.
② 여기 <u>오</u>리 고기 있어요?	아뇨, <u>오</u>리 고기는 없어요.
③ 거기 <u>에</u>어컨 있어?	예, <u>에</u>어컨 있어요.
④ <u>오</u>이 있어요?	예, <u>오</u>이 있어요.
⑤ <u>애</u>인 있어요?	아뇨, <u>애</u>인이 없어요.
⑥ <u>아</u>이스크림 있어요?	예, 있어요.
⑦ <u>우</u>산 있어요?	아뇨, <u>우</u>산 없어요.
⑧ <u>어</u>머니, <u>음</u>료수 있어요?	냉장고 안에 있어.

과제 ❸ 듣고 밑줄 친 부분을 채워 보세요.

① <u>어</u>서 <u>오</u>세요.
② 안녕하세요. <u>거기</u> 앉으세요.
③ 오리 <u>고기</u> 좋아해요?
④ 예, <u>우리도</u> <u>오</u>리 고기를 좋아해요.
⑤ <u>엄</u>마, 음료수 있어요?

과제 ❹ 들은 단어에 동그라미로 표시하세요.

①	②	③	④	⑤	⑥
벌	근대	오리	고기	소리	섬
볼	군대	우리	거기	수리	솜

과제 ❺ 잘 듣고 모음을 써서 단어를 만들어 보세요.

① ㅍㄹㄷ	푸르다
② ㅃㄹ	뿌리
③ ㅂㄱㅅ	보고서
④ ㄷㅎㄴㅁㄴㄲ	대한민국
⑤ ㅅㅌㄹㅅ	스트레스
⑥ ㅂㄹㄲ	불고기
⑦ ㅍㅅㄴㅌ	퍼센트
⑧ ㅅㄱㄴ	시간
⑨ ㅂㄹ	벌
⑩ ㄴㅈ	언제

과제 5는 모음 음가도 익히고 음절을 조합하는 연습도 하게 하는 것이다. 교사는 '푸르다'처럼 단어를 들려주고, 학습자들은 'ㅍㄹㄷ'처럼 초성만 있는 곳에 모음을 찾아 써 넣으면서 단어를 완성한다.

2.2. 이중모음

2.2.1. 이중모음 체계에 대한 이해

발음하는 동안 조음부의 형상이 고정되어 단일한 음가를 지닌 모음을 단모음이라 한다. 이에 비해 'ㅑ, ㅕ, ㅛ, ㅠ, ㅘ, ㅝ'를 발음할 때처럼 혀와 입술의 움직임이 고정되어 있지 않고, 다른 상태로 옮겨가면서 발음되어 두 개의 음가가 결합된 모음을 이중모음(diphthong)이라 한다.

'ㅑ, ㅕ, ㅘ, ㅝ' 등은 반모음과 단모음 두 개의 음성으로 이루어져 있다. 두 음성 중 조음부 열림도가[15] 단모음보다 더 작은 소리를 반모음(semi-vowel)이라

---

[15] 조음부 열림도는 공명도, 개구도와 관련 있다. 공명도(共鳴度, sonority)는 예스페르센의 용어로서 '들을이에게 잘 들리는 에너지의 정도'로 정의된다(허 웅, 1988: 109에서 재인용). 개구도(開口度, 간극도, aperture)는 소쉬르의 용어로 조음위치가 어디든 조음작용은 항상 일정한 열림(aperture)을 동반하므로, 완전 폐쇄와 최대 열림이라는 두 극한 사이에 7개의 열림 등급을 설정하였다(최승언 옮김, 1996: 59~64).

공명도		개구도	
1도	a: 무성 파열음	0도	파열음
	b: 무성 마찰음		
2도	유성 파열음	1도	마찰음
3도	유성 마찰음	2도	비음
4도	a: 비음	3도	유음
	b: 설측음	4도	고모음
5도	탄설음	5도	반고, 반저모음
6도	고모음	6도	저모음
7도	반고모음		
8도	저모음		

공명도와 열림도는 자음, 모음 구별 없이 통합적으로 적용되는 분류 기준이라는 점에서 유용한 개념이다. 그러나 둘 다 음성학적 정의가 모호하다는 점이 문제가 된다. 양순임(2001ㄱ, 2002)에서는 지속 단계 조음 시 능동부와 고정부 간의 거리를 조음부 열림도, 성대 사이의 거리를 성문 열림도라 하였다. 이에 따르면 파열음, 비음, 탄설음, 설측음, 파찰음의 조음부 열림도는 0도, 마찰음은 1도, 반모음은 2도, 고모음은 3도, 중모음은 4도, 저모음은 5도가 된다.

한다. '긔'를 제외한 한국어 이중모음은 모두 '반모음+단모음'의 결합으로 열림도
가 뒤로 갈수록 커지는 상향 이중모음(rising diphthong)이다.

이중모음 'ㅖ, ㅒ, ㅠ, ㅛ, ㅕ, ㅑ'를 발음할 때는 단모음 [ㅣ]와 유사한 혀 위치,
혀 높이, 입술 모양에서 출발한다. 이때 실현되는 반모음을 국제음성기호로는 [j]
로 전사하고 이것이 포함된 이중모음을 /ㅣ(j)/계 이중모음이라 한다.16)

'ㅟ, ㅚ/ㅞ, ㅙ, ㅝ, ㅘ'를 발음할 때는 단모음 [ㅜ]와 유사한 혀 위치, 혀 높이,
입술 모양에서 출발한다. 이때 실현되는 반모음은 [w]로 전사하고 이것이 포함된
이중모음을 /ㅜ(w)/계 이중모음이라 한다.17)

'ㅘ'는 'ㅗ'와 단모음, 'ㅝ'는 'ㅜ'와 단모음의 합으로 설명하는 경우가 있는데,
'ㅘ, ㅝ'에서 반모음의 음가가 다른 것은 아니다. '쿠알라룸푸르'에서 '쿠알'이 한
음절로 축약될 때, '쾉'로는 쓸 수 없어서 '콸'로 표기되고, '에쿠아도르'에서 '쿠
아'도 마찬가지로 '쿠ㅏ'로는 쓸 수 없어서 '콰'로 표기된다. 'ㅘ, ㅝ'에서 반모음에
해당하는 문자의 차이는 모음조화에 따른 훈민정음 제자 원리 때문이지 음가 차이
때문이 아니다. 'ㅘ, ㅝ'는 음성 전사하면 둘 다 [wa], [wə]로 반모음은 같다.

이중모음 'ㅢ'는 발음의 변이가 많은 소리여서 [ㅡ]를 반모음으로 발음하기도 하
고, [ㅣ]를 반모음으로 발음하기도 한다. 게다가 'ㅢ'는 환경에 따라 표준발음이
[ㅢ], [ㅣ], [ㅔ]로 세 가지다. 따라서 '의'의 음가는 별도의 교육이 필요하다.

반모음은 특정한 조음부 형상에서 다른 소리로 이동하면서 음가가 드러난다는
점에서 과도음(미끄럼소리, 활음, gliding sound)이라고도 불린다. [j, w]를 영어
음성학에서는 대부분 반자음이라 부르는데 비해, 한국어에서는 반모음이라 한다.
한국어의 [j, w]는 다음과 같은 점에서 자음보다 모음과 더 유사하다.

첫째, 문자 때문이다. 'ㅑ, ㅕ, ㅛ, ㅠ' 등의 문자에서 반모음은 단모음과 분리되

---

16) 평순모음인 'ㅖ, ㅒ, ㅕ, ㅑ'는 조음 시작 시 혀 높이, 입술 모양이 'ㅣ'와 유사하지
만, 원순모음인 'ㅠ, ㅛ'를 발음할 때는 처음부터 입술이 둥근 상태로 시작한다. 원순
성은 /j/나 /i/의 자질이 아니므로 'ㅠ, ㅛ'의 반모음은 전설 원순 반모음 [ɥ]로 나타
낼 수 있다.

17) 이중모음 [ㅟ]에 들어있는 단모음 [ㅣ]는 전설모음이어서 반모음을 발음할 때부터 전
설-센입천장 위치에서 시작된다. [ㅟ]는 아주 강조해서 발음하는 경우가 아니라면 대
부분 [wi]가 아니라 [ɥi]이다.

지 않는다. 이에 비해 영어에서는 'ear', 'year'에서처럼, 단모음 [i]는 문자 'e', 이중모음 [ji]는 문자 'ye'에 대응되어 반모음 [j]를 나타내는 데 독립된 문자가 사용된다.

둘째, 반모음의 길이 때문이다. 영어와 비교하면 한국어 반모음은 과도의 길이가 짧다. 'queen, quiz'를 '퀸, 퀴즈'라 하면 영어권 화자의 귀에 어색하게 들린다. 그 까닭은 단모음으로 발음한 '쿠인, 쿠이즈'보다는 짧지만 그들의 [w]는 우리 것보다 길게 발음되기 때문이다. 영어에는 [ji], [wu], [wo]가 있지만 한국어에는 없는 것도 [j, w]의 과도 길이가 짧아서 반모음의 음가가 드러나지 않기 때문이다. 그래서 'yellow, doughnut, window, boat, eyeshadow'를 '옐로우, 도우넛, 윈도우, 아이섀도우'로 적지 않고 '옐로, 도넛, 윈도, 보트, 아이섀도'처럼 단모음으로 적는다. /ㅣ/계 이중모음은 'ㅣ'와, /ㅜ/계 이중모음은 'ㅗ/ㅜ'와 단모음의 합이라기보다 조음기관의 상태를 각각 'ㅣ', 'ㅜ'를 발음할 때와 같은 상태에서 머물러 있지 않고 바로 후행 단모음으로 미끄러지면서 음가를 드러낸다.

셋째, 음소 결합 방식 때문이다. 영어에서 부정관사의 선택은 모음 앞에서는 'an', 자음 앞에서는 'a'를 선택하는데 [j], [w] 앞에서도 'a year, a watch'처럼 'a'를 선택한다. 그러나 한국어에서 '일요일'은 [이료일]로 발음되는데 만약 [j]가 자음이라면 이때 [료]의 음절구조는 CCV가 되어 겹자음이 형성된다. 그러나 한국어는 음절구조상 겹자음을 허용하지 않는 언어다.

2.2.2. 학습자언어

단모음에 나타나는 오류가 이중모음에도 나타난다. 'ㅓ'와 'ㅗ', 'ㅜ'와 'ㅗ', 'ㅔ'와 'ㅐ'의 변별도 어려운데, 이들 단모음이 포함된 이중모음 'ㅕ'와 'ㅛ', 'ㅠ'와 'ㅛ', 'ㅖ'와 'ㅒ'의 변별은 더 큰 어려움을 겪는다. 이 중 'ㅖ'와 'ㅒ'의 대립은 기능 부담량이 적어서 교육의 필요성도 가장 적다.

이중모음 발음에서 흔히 관찰되는 오류는 반모음 /j, w/의 길이를 한국어보다 길게 발음하는 경우이다. 한국어 반모음은 영어의 반자음이나 중국어 介母보다 훨씬 짧다. 중국어는 특히 3성일 경우 介母의 길이가 더 긴 경향을 보인다. 따라서 이중모음의 음가를 글자의 모양에 따라 'ㅑ'는 'ㅣ+ㅏ', 'ㅝ'는 'ㅜ+ㅓ'처럼 설명하는 것은 문제가 있다.

'ㅑ, ㅕ, ㅛ, ㅠ' 중 'ㅕ'의 발음 오류가 특히 눈에 띄는데 이는 단모음 'ㅓ'의 특수성에 기인한다. 중국인 학습자는 '2013년'을 [이천십삼니엔]처럼 발음하는 경우가 많다. 이는 중국어에 운모 'ㅕ, �示'은 없어서 이와 가장 유사한 음절 'yan[jen]'에 대응시킨 결과다.

이중모음 중에는 초성과의 결합에 제약을 보이는 경우가 많다. 'ㅈ, ㅉ, ㅊ'과 결합한 'ㅕ'는 [ㅓ]로 발음해야 한다. 'ㅢ'는 초성이 있을 때는 반드시 [ㅣ]로 발음해야 한다. '예'는 초성이 없을 때는 [ㅖ]로 발음하지만 초성과 결합하면 대부분 [ㅔ]로 발음하고, '계'를 [게]로 해도 표준발음이다.

(7) ㄱ. 가죠[가죠], 그렇죠[그러쵸], 가져[가져], 쪄서[쪄서], 다쳐서[다쳐서]
    ㄴ. 희망[희망], 띄어쓰기[띄어쓰기]
    ㄷ. 시계[시계], 계획[계획], 은혜[은혜], 혜택[혜택]

그러나 학습자들은 (7)처럼 표기형대로 발음하려는 경향을 보인다. (7)ㄱ, ㄴ은 표준발음도 아니고 이러한 철자식 발음은 발화속도를 느리게 하는 요인이 되고 유창성을 방해한다. 특히 (7)ㄱ류의 오류가 많은데 이는 표기형 때문이기도 하지만, L1의 영향이기도 하다. 예를 들어 일본어는 'しゃちょう〈社長〉'처럼 무성 경구개 파찰음 'ち'가 /i, j/와만 결합해서 경구개 파찰음과 [j]의 결합에 제약이 없다.

2.2.3. 이중모음 교육

설명 1 이중모음 목록

/ ㅣ/계 이중모음			/ㅜ/계 이중모음		
야		ㅏ	와		ㅏ
여		ㅓ	워		ㅓ
요	ㅣ→	ㅗ	위	ㅜ→	ㅣ
유		ㅜ	웨, 외		ㅖ
예		ㅖ	왜		ㅐ
얘		ㅐ			

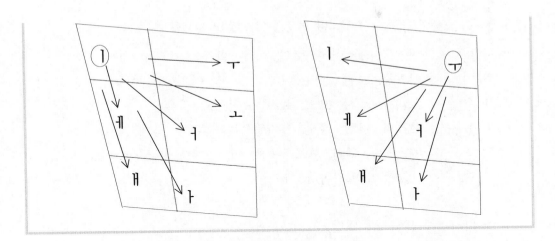

　/ㅣ/계와 /ㅜ/계 이중모음의 음가를 드러내기 위해서는 목록을 /ㅣ/계와 /ㅜ/계
이중모음으로 나누어 제시하되, 'ㅣ+ㅏ' 식으로 표시하는 것보다 'ㅣ→ㅏ'의 방법
으로 나타내는 것이 좋다. 이런 방법으로 'ㅑ, ㅕ, ㅛ, ㅠ, ㅖ, ㅒ'는 /ㅣ/의 자리
에서 시작하는 이중모음이고, 'ㅘ, ㅝ, ㅟ, ㅞ, ㅚ, ㅙ'는 /ㅜ/의 자리에서 시작하
는 이중모음임을 이해시킨다. 모음사각도 위에 화살표로 표시해서 제시하는 것도
좋다.

　통용음을 고려하여 '위'와 '외'도 이중모음 목록에 포함한다. 'ㅞ'와 'ㅚ'는 글자
모양은 다르지만 음가는 같다. 학습자에게 너무 많은 목록을 한꺼번에 제시하는
것이 부담스럽다면 기능 부담량과 통용음을 고려해서 '예, 얘' 중 '예', '웨, 외,
왜' 중 '왜'만 제시하는 것도 방법이다.

설명 2 'ㅕ'와 'ㅛ', 'ㅠ'와 'ㅛ'의 구별

'여'는 입술을 둥글게 하지 말고, '요'는 입술을 둥글게 하고 끝낸다.
'요'는 '유'보다 입을 더 많이 벌린 채 발음이 끝난다. '요, 유' 둘 다 입술은
둥근 모양으로 발음이 끝난다.

　입술 모양에 유의하여 '여 요 여 요'를 발음하면서 원순성에 따른 이중모음 대
립을 익히게 한다. 입 벌림의 정도에 유의하여 '유 요 유 요'를 발음하면서 개구도
에 따른 이중모음의 대립을 익히게 한다.

과제 ❶ 이중모음의 발음에 주의하여 아래 단어를 읽어 보세요.

야 야 야:	야간, 야구, 야옹, 야외, 야채, 약국, 약속, 양, 양파
여 여 여:	여고생, 여권, 여기, 여러분, 여름, 여보세요, 여왕, 여섯, 여행
요 요 요:	요리, 요리사, 요일, 요즘, 요청, 요구, 용기
유 유 유:	유리창, 유월, 유산, 유치원, 유학, 유행, 유쾌, 유럽
예 예 예:	예, 예순, 예매, 예보, 예상, 예약, 예술, 예식장, 예절
얘 얘 얘:	얘, 얘기, 얘기하다
와 와 와:	와이셔츠, 와인, 왕비, 완벽, 완전
워 워 워:	워크숍, 원숭이, 원인, 원피스, 월요일, 월드컵, 월급
왜 왜 왜:	왜, 왜냐하면, 왠지, 왜소하다, 왜곡, 돼지
외 외 외:	외가, 외교, 외국, 외국인, 외모, 외삼촌, 외출, 왼발
웨 웨 웨:	웨이브, 웬일, 웨이터, 웨딩드레스
위 위 위:	위, 위기, 위치, 위반, 위법, 위장, 위험

과제 ❷ 이중모음의 발음에 주의하여 아래 대화를 해 보세요.

① 이 식당에 <u>요</u>리사가 몇 명 있어요?
  <u>여</u>섯 명 있어요.
② 다음 모임은 언제 해요?
  <u>유</u>월 첫째 주 토<u>요</u>일에 해요.
③ <u>외</u>국인 등록증 있어요?
  네, 있어요.
④ 그 가수를 <u>왜</u> 그렇게 좋아해요?
  노래도 잘 부르고 <u>외</u>모도 완벽하잖아요.

  문장이나 대화 연습에서는 목표음 입력을 강화해주는 것이 좋다. 과제 2에서는
목표음을 밑줄로 표시했다.

과제 ❸　듣고 빈칸에 알맞은 단어를 보기에서 골라 쓰세요.

[보기]　유리, 요리 / 유행, 요행 / 요구, 유구 / 역, 욕

① 엄마는 (요리)를 잘 해요.
② 요즘 소녀시대의 노래가 (유행)이다.
③ 환불을 (요구)했어요.
④ 지하철 (역) 앞에서 만나요.

과제 ❹　듣고 밑줄 친 부분을 채워 보세요.

① 오늘은 월요일입니다.
② 숙제를 완전히 끝냈어요.
③ 야구장에 가기로 약속했어요.
④ 여권을 요기에 두세요.
⑤ 유럽으로 여행을 떠났어요.

과제 ❺　들은 단어에 동그라미로 표시하세요.

①		②		③		④		⑤		⑥	
약		요리		위		여기		양		욕	
역		유리		외		요기		영		육	

설명　'초성+ㅖ'의 발음

초성이 있는 'ㅖ'는 [ㅔ]로 발음해도 된다.

과제 ❶　'초성+ㅖ'의 발음에 주의하여 아래 단어를 읽어 보세요.

계시다[게시다], 계산[게산], 계속[게속], 계획[게획],
혜택[헤택], 시계[시게][18]

과제 ❷ '초성+ㅖ'의 발음에 주의하여 아래 문장을 읽어 보세요.

① 시계가[시게가] 참 예쁘네요.
　고마워요. 선물 받은 시계예요[시게예요]
② 방학 때 뭐 할 거예요?
　중국에 갈 계획이에요.[게회기에요]

과제 ❸ 잘 듣고 모음을 써서 단어를 만들어 보세요.

① ㅍㅅㄴ	(패션)
② ㅌㄱㄴㄷ	(태권도)
③ ㄱㄴ	(여권)
④ ㅋㅁㅍㅌ	(컴퓨터)
⑤ ㄷㅏㄹㄹㄱ	(달력)
⑥ ㅅㄱ	(시계)
⑦ ㄱㅎㄱ	(계획)
⑧ ㄱㅁ	(고마워요)
⑨ ㅈㅅㅇㅎㅂㄴㄷ	(죄송합니다)
⑩ ㄴㄴㅇㅎㅅ	(안녕하세요)

모음 찾기에서 무음가 'ㅇ'은 제시하지 않고 자음만 제시함으로써 음절 조합 연습을 겸하게 한다.

설명 'ㅖ'의 발음

---

18) 「발음법」 5항 다만 2('예, 례' 이외의 'ㅖ'는 [ㅔ]로도 발음한다.)에 따르면 'ㄹ'을 제외한 자음과 결합한 'ㅖ'는 [ㅔ]로 발음하는 것도 허용된다. 그래서 '계류(憩流)'와 '계류(繫留)'는 이철 동음어가 된다. 'ㄹ'을 제외한다고 했으나 「맞춤법」 8항('계, 례, 몌, 폐, 혜'의 'ㅖ'는 'ㅔ'로 소리 나는 경우가 있더라도 'ㅖ'로 적는다.)에서 '례'의 'ㅖ'도 'ㅔ'로 나는 경우가 있다는 언급과 상충된다. '실례'를 [실레]로 발음하는 것은 표준발음으로 인정되지는 않지만 통용음이다.

'ㅢ'는 어두 음절이면서 초성이 없을 때는 [의]로 발음해야 한다. [의]는 [으]와 [이]가 합쳐진 발음이다.
초성이 있는 'ㅢ'는 반드시 [이]로 발음해야 한다.
어말의 '의'는 [이]로만 발음해도 된다.
조사 '의'는 [에]로 발음해도 된다.

과제 ❶ '의'의 발음에 주의하여 아래 단어를 읽어 보세요.

[의]	의논, 의자, 의사, 의견, 의복
[이]	희다, 희망, 무늬
[이]~[의]	회의, 민주주의, 주의, 동의
[에]~[의]	국가의, 나의, 한국의, 강의의

과제 ❷ '의'의 발음에 주의하여 아래 문장을 읽어 보세요.

의자에 앉아서 의견을 말해 보세요.
주의해서[주이해서] 잘 들어보세요.
우리는 남북의[남부게] 통일을 희망합니다.[히망함미다]
민주주의의 의의는[민주주이에 의이는] 뭘까요?

3. 자음 교육[19]

일반적으로 한국어 음운론에서는 자음 체계를 초성체계와 종성체계로 구별하지는 않는다. 종성 [ㅂ]은 /ㅂ/의 변이음이지 독립된 음소가 아닌데 종성체계를 별도로 제시하는 것은 음소의 수를 늘리는 결과가 되고 경제적이지 못하기 때문이다.

그러나 발음교육에서는 초성과 종성으로 나누는 것이 정확한 음가의 이해와 습득을 위해 더 효율적이다. 그 까닭은 무엇보다 초성과 종성의 발음 방법이 달라서 '가'의 'ㄱ'과 '악'의 'ㄱ', '나'의 'ㄴ'과 '안'의 'ㄴ'은 음가가 다르기 때문이다. 일반적으로 'ㅁ, ㄴ'은 초성과 종성의 음가가 같다고 본다. 그러나 음절 말 외파의 정도는 언어마다 달라서 불어 'madame, jeune'의 음절 말 [m, n]과 비교해 보면, 한국어 음절 말 'ㅁ, ㄴ'은 [pˀ, tˀ, kˀ]과 마찬가지로 닫음소리임을 알 수 있다. 그러므로 외국인을 위한 한국어 교재에서 음절 말 'ㅁ, ㄴ'의 음가를 초성과 같이 제시하는 것은 오류 발음을 유발할 수 있다. 또한 자음은 초성이냐 종성이냐에 따라 목록 수도 다르다.

자립적으로 발음할 수 있는 최소 단위는 음절인데, 한국어 음절을 이루는 필수 요소는 모음이다. 자음은 모음에 기대지 않고는 음절을 형성하지 못하고, 특히 파열음의 경우 단독으로 발음할 수 있다 하더라도, 모음이 뒤따르지 않으면 가청력이 약화되어 소통이 어렵다. 그러므로 자음 발음교육을 위한 자료는 모음과 결합된 음절 형태여야 한다. 따라서 자음에 앞서 단모음에 대한 교육이 먼저 이루어져야 한다. 또 종성보다 초성 교육이 먼저 이루어져야 한다. 이는 범언어적으로 종성보다 초성이 우선시되기 때문이다. 그래서 CV 음절이 있고 VC 음절은 없는 언어는 있지만, VC 음절이 있고 CV 음절은 없는 언어는 없다.

---

19) 3.1.은 필자의 (2004ㄴ), 3.2.는 (2005ㄴ), (2006)을 고쳐 쓴 것이고 여기서 인용한 것은 출처를 따로 밝히지 않았다.

3.1. 초성

3.1.1. 초성체계에 대한 이해

한국어 초성을 변별하는 요인은 조음위치, 조음방법, 발성방법이다. 자음(닿소리, consonant)은 기류가 조음부의 특정 위치에서 상당한 방해를 받으면서 나는 소리이다. 기류가 공깃길을 통과할 때 최대한 방해를 받는 위치를 조음위치(place of articulation)라 한다. 조음부 윗부분을 고정부, 아랫부분을 능동부라 하는데 조음위치의 이름은 대체로 고정부의 이름에 따라 지어졌다.

(1) 조음위치에 따른 초성 분류와 용어

용어			고정부	능동부	우리말 예
순우리말	한자말	영어			
입술소리	순음(脣音) 양순음(兩脣音)	bilabial	윗입술	아랫입술	ㅂ, ㅃ, ㅍ ㅁ
잇몸소리 혀끝소리	치조음(齒槽音) 치경음(齒莖音) 설단음(舌端音)	alveolar	잇몸	혀끝	ㄷ, ㄸ, ㅌ ㅅ, ㅆ ㄴ, ㄹ
센입천장 소리	경구개음 (硬口蓋音)	palatal	센입천장	전설	ㅈ, ㅉ, ㅊ
여린입천장소리	연구개음 (軟口蓋音)	velar	여린입천장	후설	ㄱ, ㄲ, ㅋ ㅇ
목청소리	후음(喉音) 후두음(喉頭音) 성문음(聲門音)	glottal	목청	목청	(ㅎ)

(1)은 조음위치에 따라 초성을 분류하고 각각의 용어를 든 것이다. 조음위치가 같아도 기류 방해의 정도 또는 방법이 다르면 음가가 달라지는데, 이를 조음방법(manner of articulation)이라 한다. 해당 조음위치에서 능동부과 고정부 간 거리가 가까울수록 기류 방해의 정도는 심해진다.

(2) 조음방법에 따른 초성 분류와 용어

순우리말		한자말	영어	조음방법		예
				입길	콧길	
터짐소리 터뜨림소리		파열음(破裂音) 폐쇄음(閉鎖音) 정지음(停止音)	stop plosive	닫기	닫기	ㅂ, ㅃ, ㅍ ㄷ, ㄸ, ㅌ ㄱ, ㄲ, ㅋ
콧소리		비음(鼻音)	nasal	닫기	열기	ㅁ, ㄴ, ㅇ
흐름 소리	혀옆소리	유음	설측음 (舌側音) lateral	혀옆 열기	닫기	ㄹ
	두들김 소리		탄설음 (彈舌音) tap, flap	조금 닫기	닫기	ㄹ
갈이소리		마찰음(摩擦音)	fricative	조금 열기	닫기	ㅅ, ㅆ, ㅎ
붙갈이소리		파찰음(破擦音)	affricate	닫기+ 조금 열기	닫기	ㅈ, ㅉ, ㅊ

(2)는 한국어 초성을 조음방법에 따라 분류하고 각각의 용어를 정리한 것이다. 예사소리, 된소리, 거센소리는 발성방법(phonation type)에 따라 변별된다. 성대 진동의 유무에 따른 유성음, 무성음의 차이는 한국어의 음소 변별에는 관여하지 못하지만 변이음 차원에서 음가의 정확성을 결정하는 데는 필요하다.

(3) 발성방법에 따른 초성 분류와 용어

순우리말		한자말	영어	예
울림소리		유성음(有聲音)	voiced	ㅁ, ㄴ, ㄹ 유성음 간 ㅂ, ㄷ, ㄱ, ㅈ
안울림소리		무성음(無聲音)	unvoiced	ㅌ, ㅋ, ㅃ, ㄲ, ㅅ 등
센 소 리	거센소리	격음(激音) 유기음(有氣音)	aspirated	ㅍ, ㅌ, ㅋ, ㅊ
	된소리	경음(硬音), 후두긴장음(喉頭緊張音) 무기음(無氣音)	glottalized	ㅃ, ㄸ, ㄲ, ㅉ, ㅆ
예사소리		평음(平音)	lenis	ㅂ, ㄷ, ㄱ, ㅈ, (ㅅ)

(3)은 한국어 초성을 발성방법에 따라 분류하고 각각의 용어를 정리한 것이다.

(4) 초성의 결합변이음

음소 변이음	p	pʼ	pʰ	t	tʼ	tʰ	k	kʼ	kʰ	tɕ	tɕʼ	tɕʰ	s	sʼ	h	m	n	ŋ	ɾ
유성음	b			d			g			dʑ					ɦ				
불파음	p̚			t̚			k̚												
경구개음													ɕ	ɕʼ	ç		ɲ		ʃ

(4)는 상보적분포를 보이는 결합변이음을 간추린 것인데, 결합변이음이 실현되는 데도 규칙성이 있음을 알 수 있다. 이를 (변)이음규칙이라 한다. 자음은 모음보다 변이음이 더 다양하다.

변이음 [b, d, g, dʑ, ɦ]는 각각 'ㅂ, ㄷ, ㄱ, ㅈ, ㅎ'가 유성음 사이에서 유성음화한 것으로 설명된다. 유성음화는 경음과 격음에서는 일어나지 않고 평음에만 적용된다. 'ㅎ'도 '전화'에서처럼 유성음 사이에서 유성음 [ɦ]로 실현되지만 [ɦ]는 거의 들리지 않는다. 다만, 평음 중 'ㅅ'은 유성음화하지 않는다. 그 까닭은 1) 'ㅅ'이 유성음화하면 [z]로 되는데 이 소리는 한국인에게 'ㅅ'이 아니라 'ㅈ'으로 인식된다. 2) 'ㅅ'은 성문 열림도가[20] 격음에 가까울 만큼 커서 후두 조건이 유성음화하기에 적당하지 않다. 3) 'ㅅ'은 심리적으로는 평음이지만 2항 대립하므로 3항 대립하는 경우보다 음역이 넓어서 음성학적으로 격음의 성질도 있기 때문이다.

[ɕ, ɕʼ, ɲ, ʃ, kʲ, kʼʲ, kʰʲ]는 치경음 'ㅅ, ㅆ, ㄴ, ㄹ'과 연구개음 'ㄱ, ㄲ, ㅋ'이 전설-경구개에서 발음되는 [i, j]를 만나 구개음화(센입천장소리되기, palatalization)한 변이음이다. 'ㅎ'이 [ç]로 실현되는 것도 구개음화이다. 다만, 'ㅎ'은 본디 고정자리가 없다. (4)의 구개음화는 음소 간 바뀜이 아니라 한 음소 내

---

20) 양순임(2001ㄱ)에서는 어두음의 성문 열림도는 '유성음(모음, 공명자음) 〈 경음 〈 ㅂ, ㄷ, ㄱ, ㅈ 〈 격음, ㅅ, ㅎ', 어중 유성음 사이에서 성문 열림도는 '유성음(모음, 공명자음, 유성음화한 ㅂ, ㄷ, ㄱ, ㅈ, ㅎ) 〈 ㅃ, ㄸ, ㄲ, ㅉ 〈 ㅅ, ㅆ 〈 격음'으로 보았다.

에서의 변이이므로 이음규칙으로서의 구개음화다. 이에 비해 '굳이, 같이'가 [구지, 가치]로 발음되는 것처럼 치경음 'ㄷ, ㅌ'이 'ㅈ, ㅊ'으로 구개음화하는 것은 한 음소가 다른 음소로 바뀌는 현상이어서 언중들이 소리 바뀜을 인식할 수 있고 이는 이음규칙이 아니라 변동규칙이다.

3.1.2. 학습자언어

초성에서 오류가 가장 빈번한 것은 발성방법에 따른 '평음, 경음, 격음'의 대립일 것이다. 한국어 '평음, 경음, 격음'은 어두에서는 모두 무성음으로 발음되므로 유성성은 비관여적이다. 외래어 표기법 제4항에는 '파열음 표기에는 된소리를 쓰지 않는 것을 원칙으로 한다.'고 규정되어 있다. 이는 대부분의 외국어에서 파열음은 2항 대립하는데 한글은 3항이 있어서 자소 중 한 계열은 필요 없게 되었고 그래서 'ㅃ, ㄸ, ㄲ'을 쓰지 않겠다는 규정이다. '평음, 경음, 격음'의 3항 대립은 한국어 특수성이 강함을 알 수 있다.

3항 대립의 특수성으로 인해 외국어와 한국어 간 대응 관계는 음소 범주 간 경계가 겹치면서 복잡하다. 평음은 음운론적으로 [-경음성, -격음성]이므로 경음, 격음에 비해 무표적이어서 더 쉽게 습득할 것으로 생각하기 쉽다. 평음은 문자로도 병서자(竝書字)인 경음이나, 가획자(加劃字)인 격음보다 기본적 형태라는 점도 이런 인식에 영향을 미친다. 그러나 발성방법의 3항 대립에 대한 인지와 발음 난도는 학습자의 모어에 따라 다르다.

(5) 한국어와 중국어의 파열음 대조

ㅃ	ㅂ	ㅍ
b		p

(5)는 한국어와 중국어 파열음의 대략적인 대응 관계를 나타낸 것이다. 가장 복잡한 대응 관계를 보이는 것은 평음 계열이다. 격음성으로 2항 대립하는 중국어를 모어로 하는 학습자들은 격음의 음가를 가장 쉽게 습득한다. 중국어의 送氣音 'p, t, k'는 우리말 격음과 유사하다. 1, 4성 음절의 'b, d, g'는 한국어의 경음과 유

사하다. 불어, 스페인어의 'p, t, k'도 한국어 경음과 유사하다.

　이들은 평음의 음역을 설정하는 데 가장 어려움을 겪는다. 대부분의 언어에서 유성음은 어두에서도 완전 유성음이거나 불완전 유성음이어도 격음성은 없어서 한국어 어두 평음에 대응하는 발음은 찾기 어렵다. 한국어 어두 평음은 무성음이면서 약한 격음성을 지니고 있어서 격음과 변별하기도 어렵다. 또 초성 자리의 경음과 격음은 음운 환경에 따른 변이음이 없지만, 평음은 유성음 사이에서 유성음화한 변이음이 있다는 점도 평음 습득을 어렵게 만드는 원인 중 하나다. 특히 중어권 학습자들은 어중 유성 파열음 'ㅂ, ㄷ, ㄱ, ㅈ'을 무성음으로 발음하는 경우가 많은데 '아가, 부경'의 'ㄱ'을 완전 무성음으로 발음하면 한국인에게 [아까, 북경]처럼 들린다.

　유성성으로 2항 대립하는 영어의 어두 무성음 'p, t, k'는 [+격음성]이어서 'ㅍ, ㅌ, ㅋ'과 음가가 유사하고 영어권 학습자들은 격음 습득에 큰 문제를 보이지 않는다. 그러나 어두 평음 'ㅂ, ㄷ, ㄱ'도 'p, t, k'에 대응시켜 평음의 음역을 격음과 분리하지 못하는 경우가 많다. 이에 비해 어중에서 유성음화한 'ㅂ, ㄷ, ㄱ'을 발음하는 데는 별 문제를 보이지 않는다. 'apple, happy, open'처럼 무강세 음절이나 'spring, spike'에서처럼 's' 뒤의 'p, t, k'는 경음으로 발음된다. 그러나 경음에 대응하는 음가가 있어도 영어권 학습자의 어두 경음 오류가 많다. 이는 영어에서 경음은 무성음의 변이음이지 독립된 음소가 아니기 때문이다.

　일본어 어두 무성 파열음은 강세를 동반할 경우 격음에 가깝고, 무강세 음절일 경우 평음에 가깝게 발음된다. 이런 이유로 일본인 학습자들은 어두에서 격음과 평음의 대립을 습득하는 데 어려움을 겪는다. 어두 평음보다 어중 유성 변이음 [ㅂ, ㄷ, ㄱ][21]를 더 쉽게 습득한다. 'がっこう'처럼 促音 /っ/ 뒤나 '…てすか'에서처럼 어중 무성 파열음의 음가는 경음과 유사하다.

　(6) 거기부터[거기부떠], 영토[연또], 비판[비빤], 전체[전쩨], 같은[가뜬]

　이런 이유로 일본인 학습자들은 (6)처럼 어중 격음을 경음처럼 발음하는 오류를

---

21) [ˌ]는 IPA에서 유성음화(voiced)를 나타내는 부가 기호이다.

많이 보인다. (6)은 일본인 고급 학습자의 발음 오류이다. 일본어에 한국어 평음, 경음, 격음에 해당하는 음이 있지만 음소 차이가 아니어서 심리적으로는 구별되지 않고, 한국어 평음, 경음, 격음 중 어느 항과도 정확하게 대응하지 않는다.

말레이·인도네시아어의 'p, t, k'는 우리말 'ㅃ, ㄸ, ㄲ'과, 'b, d, g'는 'ㅂ, ㄷ, ㄱ'과 유사하다. 그래서 이 언어권 학습자언어에는 격음 오류가 많이 나타난다. 특히 '아파요'처럼 어중 격음을 [아빠요]로 발음하는 경우가 많다.

마찰음 'ㅅ, ㅆ'은 파열음보다 조음 난도가 높고 더 늦게 습득된다. 유아들이 '사랑해요'를 [따양예요]처럼 발음하는 것으로 보아 모어로도 'ㅅ, ㅆ'은 파열음보다 뒤에 습득된다.[22] 외국어로서의 한국어 습득 과정에서도 파열음의 '평음:경음'보다 마찰음 'ㅅ:ㅆ'의 변별 오류가 더 많이 나타난다.

이는 파열음보다 마찰음의 조음적 난도가 더 높다는 일반 음성학적 이유 때문이기도 하지만, L1의 영향이기도 하다. 'site, see, song'처럼 어두에서 홑자음으로 발음될 때는 [sʰ]로, 'spring, sky, small'처럼 자음군으로 발음될 때는 [s]로 발음된다. 그러나 [sʰ]와 [s]도 음소 간 대립이 아니라 변이음 차이여서 둘의 음가 차이를 심리적으로 구별하기는 어렵기 때문이다. 그래서 '사서'를 [싸서]처럼 발음하는 경우가 많다.[23] 'ㅅ'은 평음이지만 유성음화하지 않는데, 일어권 학습자들은 'ㅅ'도 유성음화하는 오류를 보이기도 한다.

한어병음자모 'x'는 'i'와만 결합하는 경구개음인데 평음 'ㅅ'에 가깝게 발음한다. 이에 비해 치경음 또는 치음에 해당하는 's'는 경음 'ㅆ'에 가깝게 발음하는데 특히 1, 4성일 경우 경음성이 강하다. 그래서 중국인 학습자들은 '씨'를 [시]로 발음하고, '사, 서, 수, 스' 등을 [싸, 써, 쑤, 쓰]로 발음하여 'ㅅ'과 'ㅆ'을 변별하지 못하는 오류를 보인다. 또한 '세, 새, 쎄, 쌔'를 [ɕje]처럼 발음하여 한국인에게는 [시에]처럼 들린다. 이는 중국어에 'ㅔ, ㅐ'에 대응하는 모음이 없어서 유사한 음절 'xie'에 대응시켜 발음하였기 때문으로 해석된다.

---

22) 한국어 모어 화자의 음소 습득 순서에 대해서는 김영란·백혜선(2012) 참조.
23) 낙동강 동쪽에 위치하는 일부 동남 방언에서도 'ㅅ'과 'ㅆ'이 변별되지 않아서 '쌀:살, 쌈:삼'이 최소대립어를 형성하지 못하는 지역도 있다. 이는 한국어에서도 'ㅅ:ㅆ'의 대립이 'ㅂ:ㅃ, ㄷ:ㄸ, ㄱ:ㄲ'의 대립보다 특수함을 뜻한다.

일어권 학습자들은 유성음 사이의 'ㅎ'을 어두 'ㅎ'과 유사한 마찰소음을 내는 경우가 많다. 한국어에서는 '혼자, 화분'처럼 어두의 'ㅎ'과 달리, '결혼, 전화'처럼 유성음 사이의 'ㅎ'은 유성음화하여 약화된다. 중국어권 학습자들은 'ㅎ'을 후행 모음의 위치와 상관없이 연구개 마찰음 [x]로 발음하는 경향을 보인다. 한국어 'ㅎ'은 고정된 조음위치 없이 후행 모음의 위치에서 조음된다. 예를 들어 '화, 훗일'처럼 원순모음이 뒤따를 때는 입술에서, '혀, 힘'처럼 전설 고모음이나 반모음이 뒤따를 때는 센입천장에서 조음된다.

파찰음 'ㅊ:ㅈ:ㅉ'은 일반 음성학적으로 파열음보다 더 습득의 난도가 높은 편이고 결합제약도 심한 편이다. 모어 습득 과정에서도 파열음보다 파찰음의 출현이 늦다. 한국어 파찰음은 경구개음이고 /j/와 결합하지 못하므로, '가져'의 표준발음은 [가저]인데, 이러한 결합제약은 언어마다 다르다. 일본어는 '打つ〈때리다〉'처럼 무성 치경 파찰음 'つ'는 /ɯ/와만, 'ちず〈地図〉, しゃちょう〈社長〉'처럼 무성 경구개 파찰음 'ち'는 /i, j/와만 결합한다. 한어병음자모 'j, q'는 경구개음이지만 韻腹 /i/ 또는 韻頭 /j/로 발음하는 'i'와만 결합한다. 한어병음자모 'z, c'는 'i' 외의 모음과 결합하지만 치경음이거나 그보다 더 앞이어서 한국어 파찰음과는 조음위치가 다르다. 영어권 학습자는 'ㅈ, ㅉ, ㅊ'을 [ʧ, ʤ]와 대응시키지만 영어의 [ʧ, ʤ]는 원순성이 가미되는 경우가 많아서 '지'를 [쥐]처럼 발음하는 오류를 보이기도 한다.

초성 'ㄹ'은 탄설음 [ɾ]로 발음되는데, 모어로서도 늦게 습득되는 음소 중 하나다. 이는 탄설음이 조음하기 어려운 소리임을 뜻한다. VC보다 CV가 더 보편적 구조이고 언어 습득 과정에서도 초성이 종성보다 먼저 습득된다. 그러나 'ㄹ'만은 종성인 설측음이 초성인 탄설음 습득보다 먼저 이루어진다. 초성 'ㄹ'은 'ㅅ, ㅆ'과 더불어 자음 중 가장 늦게 습득된다. 외국어로서 한국어 학습자들도 모어와 상관없이 'ㄹ' 습득에 어려움을 겪는데, 이는 'ㄹ' 특히 탄설음의 조음적 난도가 더 높다는 음성학적 이유 때문이다.

'ㄹ' 습득을 어렵게 하는 것은 이러한 음성학적 이유 때문이기도 하고, L1의 영향이기도 하다. 유음은 대부분의 언어에 존재하지만, 각 언어별로 듣고 인식할 수 있을 정도의 음가 차이가 있고 결합제약도 다르다. 중국어는 초성 위치에 탄설음은 실현되지 않고 설측음 [l]이 실현된다. 이러한 L1의 영향으로 중국인 학습자는

'사람, 달아요[다라요]'의 'ㄹ'을 탄설음으로 발음하지 못하고 [l]로 발음한다. 이는 한국인에게 '살람, 달라요'로 인식되고 소통에 방해될 만큼 심각한 오류가 된다. 영어에서 'radio, very'의 'r'은 혀끝이 치경에 닿지 않는 권설 접근음(retroflex approximant)이어서 한국어 초성 'ㄹ'과는 음가가 많이 다르다.

3.1.3. 초성 교육

설명 1 초성 목록

푸, 뿌, 부, 무
테, 떼, 데, 네, 쎄, 세, 레, 헤
치, 찌, 지
카, 까, 가

자음은 성절성이 없어서 모음과 결합한 형태로 들려주고 발음해야 하는데, 유사한 위치에서 발음되는 모음과 결합한 형태를 제시해야 으뜸 변이음의 위치 변이를 막을 수 있다. 외래어를 표기할 때 원 발음을 보존하면서 한국어 음절구조 제약을 지키기 위해 원 발음에 없는 모음을 삽입할 때 '피츠버그(Pittsburgh[pitsbə:g])'에서처럼 주로 'ㅡ'를 쓴다. 그러나 조음위치가 경구개이거나 이에 가까운 [ʧ, ʤ] 등은 'ㅣ'를 쓰는데24) 이것도 자음과 모음의 위치를 고려한 것이다.

입술소리인 'ㅍ, ㅃ, ㅂ, ㅁ'은 'ㅜ'와, 잇몸소리인 'ㅌ, ㄸ, ㄷ, ㄴ, ㅅ, ㅆ, ㄹ'과 고정자리가 없는 'ㅎ'은 'ㅔ' 또는 'ㅐ'와, 센입천장소리인 'ㅈ, ㅉ, ㅊ'은 'ㅣ'와 여린입천장소리인 'ㅋ, ㄲ, ㄱ'은 'ㅏ'와 결합하여 제시한다. 만약 후행 모음을 하나로 통일하고 싶다면 'ㅏ'가 가장 적합하고 'ㅣ'나 'ㅜ'가 가장 부적합하다. 'ㅣ'는 선행 자음의 조음위치를 경구개로 동화시키는 힘이 강하고, 'ㅜ'는 선행 자음을 순

---

24) 외래어 표기법 제3장 제1절 영어 표기 제4항 1.에서는 "어말 또는 자음 앞의 [ts], [dz]는 '츠', '즈'로 적고, [ʧ], [ʤ]는 '치', '지'로 적는다."로 규정하고 'Keats[ki:ts]키츠, odds[ɔdz]오즈, switch[swiʧ]스위치, bridge[briʤ]브리지, Pittsburgh[pitsbə:g]피츠버그, hitchhike[hiʧhaik]히치하이크'를 예로 들었다.

음화(labialization)하는 힘이 강하기 때문이다. 자음의 음가를 교육할 때 CV 음절형으로 제시하고 모음은 자음과 유사한 조음위치의 것을 선택하는 경우가 많다. 예를 들어 중국어도 센입천장소리인 j[tɕ], q[tɕʰ], x[ɕ]는 모음 'i'와, 입술소리인 'b, p, m'는 'u'와 결합한 형태로 교육한다.

설명 2 초성체계

조음방법 \ 조음위치		순음 (脣音)	치조음 (齒槽音)	경구개음 (硬顎音)	연구개음 (軟顎音)
파열음 (塞音)	격음(送氣音)	ㅍ	ㅌ		ㅋ
	경음(緊音)	ㅃ	ㄸ		ㄲ
	평음(不緊音)	ㅂ	ㄷ		ㄱ
마찰음 (擦音)	경음(緊音)		ㅆ		
	평음(不緊音)		ㅅ		
		ㅎ			
파찰음 (塞擦音)	격음(送氣音)			ㅊ	
	경음(緊音)			ㅉ	
	평음(不緊音)			ㅈ	
향음 (響音)	비음(鼻音)	ㅁ	ㄴ		
	유음(流音)		ㄹ		

  초성체계를 제시할 때 대립에 관여하는 조음위치, 조음방법, 발성방법은 학습자의 모어로 번역하는 것이 좋다. 위 표에서는 중국어 번역을 번체자로 병기하였다.
  음소체계를 제시할 때 각 음소의 음가를 나타내는 방법에 대해 고민할 필요가 있다. 한국어 교재에서는 로마자를 이용하여 음가를 표기하는 경우가 많지만, 이는 득보다 실이 많다고 생각된다. 그 이유는 로마자를 사용하고 있는 국가가 많은데 학습자들은 로마자를 자신의 모어 음가로 받아들이기 때문이다. 이런 문제점은 로마자를 기본으로 해서 만든 국제음성기호(IPA, international phonetic alphabet)도 마찬가지다. 예를 들어 'ㅂ, ㄷ, ㄱ'의 음가를 [p, t, k]로 표기하는

경우가 많지만 이 문자의 음가는 언어마다 다르다. '비누'의 음가를 [pinu]로 제시
하면 영어권 학습자는 [피누], 불어권 학습자라면 [삐누]처럼 읽을 것이다.

한글을 자질 문자(featural alphabet)라 부르기도 하듯이 한글 자형은 자의적
인 것이 아니라 변별자질이 반영되어 있는 경우가 대부분이다.25) 음소 교육은 한
글 교육과 함께 이루어진다는 점에서도 한글을 문자로서만이 아니라 음가를 나타
내는 도구로도 활용할 수 있다.26) 다만, 변이음의 차이는 한글에 드러나지 않으므
로 어중 유성 변이음과 종성은 한글을 변형하거나 한글에 부가기호를 붙여서 나타
내어야 한다. 이 책에서는 'ㅂ, ㄷ, ㄱ, ㅈ'의 유성 변이음은 부가기호 [ˌ]를 써서
[ㅂˌ], 종성은 [˺]를 부가하여 [ㅂ˺]처럼 나타낸다.27)

설명 3 조음위치 변별

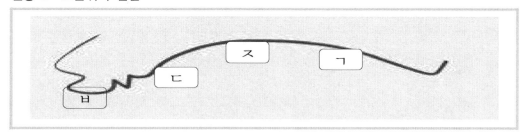

조음위치의 변별은 구강 측면도나 구강 모형을 활용해서 보여줄 수 있다. 위 그

---

25) 자질 문자라는 용어는 Sampson(1990)에서 사용되었다. 한글의 자질 문자적 특성에
    대해서는 이미 알려진 바대로 다양하다. 'ㅍ, ㅌ, ㅋ, ㅊ'은 'ㅂ, ㄷ, ㄱ, ㅈ'에 가획한
    것으로 거센소리의 [격음성]과 관련된다. 재출자 'ㅑ, ㅕ, ㅛ, ㅠ'는 'ㅏ, ㅓ, ㅗ, ㅜ'에
    가획한 것으로 /j/계 이중모음이다. 병서자 'ㅃ, ㄸ, ㄲ, ㅉ, ㅆ'은 중첩자음처럼 지속
    시간이 길고 [후두 긴장성]을 지닌 소리다. 'ㅗ, ㅏ'처럼 위, 오른쪽에 'ㆍ'가 합자된
    것은 양성모음, 'ㅜ, ㅓ'처럼 아래, 왼쪽에 합자된 것은 음성모음으로 쓰인다.
26) 한글은 한자음을 적는 발음기호로도 사용되었고 외국어 학습서인 『朴通事諺解』 등에
    서도 이러한 용법이 관찰된다. 국제한글음성문자(IKPA, International Korean
    Phonetic Alphabet)는 한글로 만든 국제음성기호이다. 이것이 처음 발표된 것은
    1971년 한글학회 창립 50돌 기념 국제언어학자대회에서였다(이현복: 2011). 이 책에
    서도 한글을 발음 표기 도구로도 활용한다는 점에서는 이와 같다.
27) [˺]는 IPA에서 불파음(no audible release)을 나타내는 부가 기호이다.

림에서 'ㅂ'은 'ㅂ, ㅃ, ㅍ, ㅁ', 'ㄷ'은 'ㄷ, ㄸ, ㅌ, ㅅ, ㅆ, ㄴ, ㄹ', 'ㅈ'은 'ㅈ, ㅉ, ㅊ', 'ㄱ'은 'ㄱ, ㄲ, ㅋ'의 조음위치를 대표하는 것으로 썼다.

장애음의 조음방법은 조음 난도를 고려했을 때 파열음, 마찰음, 파찰음의 순으로 제시하는 것이 좋다.

설명 4 격음과 평음의 변별

변별자질을 활용하여 발성방법에 따른 3항 대립을 변별할 수 있게 하는 교육에 주력해야 한다.

격음과 평음의 변별에는 [격음성]의 정도를 활용해야 한다. 입에서 나오는 날숨의 양이 가장 많고 강한 소리는 격음(ㅍ, ㅌ, ㅋ, ㅊ)이고, 그 다음은 평음(ㅂ, ㄷ, ㄱ, ㅈ), 경음(ㅃ, ㄸ, ㄲ, ㅉ)의 순서이다. 얇은 휴지나 손바닥을 입 앞에 대고 '파, 타, 카'를 발음하면서 휴지나 손바닥에 와 닿는 기류의 세기를 관찰하면서, 격음성을 강화하여 발음하는 연습을 하도록 한다. '파'는 강한 격음이어서 휴지가 펄럭일 정도의 기류가 나온다. '바'는 '파'에 비해서 약하다. 경음 '빠'는 무기 무성음이어서 날숨을 거의 느낄 수 없을 정도다.

어두 평음은 격음보다는 약하지만 격음성이 있어서 음향적으로 평음과 격음의 성대진동 지연시간(VOT, voice onset time)이 겹치는 경우도 있다.[28] 그래서 [격음성]으로 격음과 평음을 구별하기 어려운 경우도 생긴다. 이 경우 평음과 격음

---

28) VOT는 [아파]에서 [ㅍ]의 마지막 조음 과정인 파열 단계가 이미 이루어졌는데, 후행 모음의 성대 진동이 이루어지지 않고 지연되는 동안을 말한다.

의 변별에 피치(pitch)를 이용할 수 있다(김윤자: 2010). 특히 일본어처럼 악센트를 쓰는 언어권 학습자들에게 유용하다. 피치는 주로 음의 높이와 관련된다. 피치는 장애음에는 실현되지 않기 때문에 평음, 경음, 격음으로 인한 피치 차이는 뒤따르는 모음에 실현된다. 센소리(fortis, strong consonant)인 경음, 격음에 비해, 예사소리(평음, lenis, weak consonant)를 뒤따르는 모음의 피치가 낮다. 따라서 '짜, 차'가 '파' 정도의 높이라면 '자'는 '미' 정도로 더 저조로 발음하게 한다.

설명 5 경음과 평음의 변별

빠, 따, 까, 짜, 싸		
바, 다, 가, 자, 사		
후두 긴장		
빠		방
딸		달
까다	**+** **−**	가다
짜다		자다
싸다		사다

경음과 평음의 변별에는 [긴장성]의 유무를 활용해야 한다. '빠'는 '바'를 발음할 때보다 입술 접촉면이 더 넓다는 것을 알려줌으로써 경음의 조음부 긴장성을 교육할 수 있다. 경음은 '평음, 경음, 격음' 중 폐쇄·지속 단계, 음향적으로는 묵음 구간이 가장 길다.[29] 이런 점에서 경음은 장자음인데 이를 병서자인 한글을 발음기호로 활용하여 장자음으로 발음하게 하는 것도 효과적이다. 무거운 물건을 들어 올리며 '빠, 따, 까'를 발음하게 하는 것도 후두 긴장성을 교육하는 방법이다.

L1과 L2의 음소가 일대일로 대응하고 음가가 유사한 경우 목표음을 L1의 것과 대응시켜 줌으로써 음가를 교육할 수 있다. 예컨대 영어권, 중국어권 학습자에게 'ㅍ, ㅌ, ㅋ'를 각각 'p, t, k'와 대응시켜 주는 것이다. 이때 어두 초성 음가를 활

---

29) 이에 비해 격음은 폐쇄·지속 단계가 아니라 파열 단계 이후에 실현되는 기 소음 (aspiration noise)이 가장 길다.

용하는 것이 좋다. 어중 초성은 인식적으로 어두 초성과 별개의 범주를 형성치 못하고 어두음의 결합변이음인 경우가 대부분이다.[30]

　모어와 목표어의 일대일 대응은 학습을 쉽게 하지만 한편으로는 미세한 오류가 화석화되는 원인이 되기도 한다는 점에서 주의를 요한다. 음소 단위로 대응하더라도 음가에 미세한 차이가 있거나, 유사한 음가가 있더라도 어중의 결합변이음인 경우가 그렇다. 예를 들어 'ㅃ, ㄸ, ㄲ'와 중국어 'b, d, g'는 음소 단위로 대응된다. 그러나 중국어에서 'b, d, g'는 1성이나 4성 음절일 경우 경음에 해당하지만 2성, 3성일 경우 긴장성이 약화되어 평음에 가깝게 들린다. 'b, d, g'는 본래의 성조를 잃고 가볍고 짧게 輕聲으로 발음될 때는 평음과 유사하지만 이는 음소 내 변이음 차이여서 학습자들은 그 차이를 심리적으로는 인식하지 못하는 경우가 대부분이다. 일본인 학습자에게 '따, 까'와 'まったく, すっかり'처럼 촉음 뒤의 'た, か'와 대응시켜도 이는 결합변이음이어서 어두에서의 음가와 심리적으로 구별하지 못하는 경우가 많다.

설명 6　초성 'ㄹ'의 음가

> 혀끝으로 윗니 뒤를 가볍게 톡 치면서 발음한다.
> 'water, get up'에서 [t]가 약화된 발음과 비슷하다.

　음운론적으로 'ㄹ'은 'ㄷ, ㄴ'과 마찬가지로 혀끝소리(치경음)이다. 그러나 음성학적으로 봤을 때 [ɾ]를 발음할 때 능동부는 다른 치경음과는 구별된다. 다른 치경음은 설단(blade of the tongue)으로 발음하는 반면 [ɾ]는 혀의 가장 끝 뾰족한 부분인 설첨(舌尖, tip of the tongue)으로 발음한다. 그래서 [ɾ]는 혀가 고정부에 붙는 면적이 가장 좁다. 이런 이유로 [ɾ]는 자음 중 지속 시간이 가장 짧다.

　로마자 'r'은 언어별로 발음 차이가 있어서 'ㄹ'의 음가를 [r]로 제시하는 것은 오히려 오류를 유도할 수 있다. 초성 유음의 음가는 언어별 차이가 커서 학습자 모어 정보를 활용하는 것보다 조음방법에 대한 직접 교육이 더 유용하다.

---

30) 음소 분석을 할 때도 자음은 어두 초성 음가를 으뜸 변이음으로 삼아서 음소 표기하고, 어중음은 결합변이음으로 처리한다.

과제 ❶ 초성의 발음에 주의하여 아래 단어를 읽어 보세요.

푸 푸 푸:	푸르다, 풀, 포도주, 파리, 팔, 패션, 퍼센트, 프랑스, 피아노
뿌 뿌 뿌:	뿌리, 뽀뽀, 빨리, 빵, 빨간색, 빨래, 뺨, 뼈
부 부 부:	부자, 보고서, 바다, 바람, 배, 버스, 베개, 블라우스, 비누
무 무 무:	무, 무늬, 무궁화, 모두, 마사지, 마음, 매일, 머리, 미국
태 태 태:	태권도, 텔레비전, 토요일, 투표, 탁구, 터널, 트럭, 티셔츠
때 때 때:	때때로, 딸기, 땅, 떡, 또는, 뚜껑, 뚱뚱하다, 뜻
대 대 대:	대학, 대만, 대중교통, 다리, 다섯, 더, 도로, 뒤, 등산, 디자인
째 째 째:	싸다, 쌀, 쌍둥이, 쏘다, 쓰레기, 씨앗
새 새 새:	사다, 새, 사과, 서울, 세탁기, 수요일, 스포츠, 시간
해 해 해:	해, 행복, 하루, 하나, 허리, 호텔, 후배, 힘
내 내 내:	내년, 내일, 넷, 나무, 나비, 노래, 노래방, 너, 눈, 느낌
래 래 래:	라면, 러시아, 레몬, 레스토랑, 로비, 로봇, 리듬
치 치 치:	치과, 차이, 채소, 처음, 체육, 초대, 추석, 층
찌 찌 찌:	찌다, 찌개, 짜다, 짝지, 쪽
지 지 지:	지금, 자동차, 자전거, 재능, 저녁, 조금, 주문, 중국, 증거
카 카 카:	카메라, 칼, 커피, 컴퓨터, 코, 콜라, 캠퍼스, 크다, 키
까 까 까:	까치, 껌, 꼬마, 꿈, 꾸다, 끈, 끼
가 가 가:	가수, 가운데, 거리, 거울, 고양이, 구월, 개학, 그림, 기도

초급 학습자용 어휘이되 어두음이 CV 음절로 된 것을 선택한다. 이때 C는 초성 교육 목표음이고 V는 단모음이다. '르'이 어두음으로 된 단어는 '라면, 러시아, 레몬, 레스토랑, 로비, 리듬'과 같은 외래어뿐이다. 연습용 어휘로 이런 외래어를 선택해도 좋고, '나라, 우리, 유리'처럼 모음 사이에 'ㄹ'이 쓰인 단어를 사용해도 된다. '권력, 생산력, 능력, 국력'처럼 'ㄹ 외의 자음][ㄹ' 연쇄에서는 음운변동이 일어나므로 초성 'ㄹ' 발음 연습용으로 쓸 수 없다.

과제 ❷ 초성의 발음에 주의하여 아래 문장을 읽어 보세요.

ㅍ: 파티에 쓸 포도주를 샀어요.
ㅃ: 빨리 가서 빵을 사 오세요.
ㅂ: 버스를 타고 병원에 가요.
ㅁ: 매일 머리를 감아요.

ㅌ: 이번 주 토요일은 투표일이에요.
ㄸ: '때때로'가 무슨 뜻이에요?
ㄷ: 대학에서 디자인을 전공했어요.
ㄴ: 노래방에서 노래 불러요.
ㅆ: 쌀이 싸요.
ㅅ: 스포츠는 스트레스 해소에 좋아요.
ㅎ: 오늘 하루는 휴식합시다.
ㄹ: 로봇이 리듬에 맞춰 춤을 춰요.

ㅊ: 치과는 2층에 있어요.
ㅉ: 찌개가 너무 짜요.
ㅈ: 잠을 자요.

ㅋ: 커피도 있고 콜라도 있어요.
ㄲ: 좋은 꿈을 꾸었어요.
ㄱ: 구월에 개학합니다.

불이 났어요.   풀이 났어요.
달이 떴어요.   우리 딸이 달을 그렸어요.
사과를 사요.   사과가 싸요.
아이가 자요.   국이 너무 짜요.
문구점에서 자를 샀어요.   차 한 대에 얼마 정도 해요?

과제 ❸   듣고 보기에서 단어를 찾아 쓰세요.

[보기]   비서, 피서 / 불, 뿔, 풀 / 가지, 가치 / 자, 차 /

달, 딸, 탈 / 사다, 싸다

① 저는 <u>비서</u>실에서 일해요.
② 탈을 쓰고 춤을 춰요.
③ 사과 값이 <u>싸서</u> 좀 많이 <u>사</u> 왔어요.
④ 음력 1월 15일에는 우리 <u>딸</u>과 함께 <u>달</u>구경을 갈 거예요.
⑤ 이렇게 못생긴 <u>가지</u>는 상품 <u>가치</u>가 없어요.
⑥ 이 <u>차</u>는 앞부분이 짧네요. <u>자</u>로 한번 재어볼까요?
⑦ 불이 났다고 하는지 풀이 났다고 하는지 잘 모르겠어요.

과제 ❹ 왕정 씨와 비슷한 경험을 한 적이 있습니까? 여러분의 경험을 이야기해 보세요.

다은: 왕정 씨, 여기 좀 보세요. 풀이 났어요.
왕정: 예? 불이 났다고요?

과제 ❺ 다음 시를 읽어보세요. 밑줄 친 음절의 성모(聲母)를 한국 한자음과 비교해 보고 공통점과 차이점을 찾아보세요.

春望(춘망)
<u>國</u>破山河在(국파산하재) 城春草木深(성춘초목심)
<u>感</u>時花濺淚(감시화천루) 恨<u>別</u>鳥驚心(한별조경심)
<u>烽</u>火連三月(봉화연삼월) 家書抵萬金(가서저만금)
<u>白</u>頭搔更短(백두소갱단) 渾欲<u>不</u>勝簪(혼욕불승잠)

과제 5는 중국인 학습자용이다. 중국어의 'p, b, t, d, k, g'가 한국어 파열음과 어떤 대응 관계를 보이는지 탐구하게 하는 과제이면서 전통 문화 교육과 관련지을 수도 있다.

설명 유성음 사이의 'ㅂ, ㄷ, ㄱ, ㅈ, ㅎ'

'ㅂ, ㄷ, ㄱ, ㅈ, ㅎ'은 어중 유성음 사이에서는 유성음화한다.

> 예를 들어 '다리'의 'ㄷ'은 무성음이지만 '아들'의 'ㄷ'은 유성음이다.
> 'ㅎ'은 유성음화하면 거의 들리지 않을 정도로 약화된다.

　평음 중 'ㅅ'을 제외한 'ㅂ, ㄷ, ㄱ, ㅈ'은 어중 유성음 사이에서는 유성음화한다. 따라서 유성음 사이의 'ㅂ, ㄷ, ㄱ, ㅈ'을 어두의 것과 섞어 제시하면 유성성에 민감한 일어, 영어권 학습자들에게 혼란을 줄 수 있다. 유성과 무성의 차이는 한국어에서는 비변별적이지만 '아들'의 'ㄷ'을 무성음으로 발음하면 'ㄸ'으로 들리는 경우가 많다.

　어두 'ㅎ'은 약화되거나 탈락되지 않는 반면, 어중 유성음 사이의 'ㅎ'은 약화되어 들리지 않는 경우가 많다. 어두 'ㅎ'은 유성음 사이에서와는 달리 입 밖으로 나오는 기류의 양을 손바닥에 느낄 수 있을 정도다. '혼자'와 '결혼'의 'ㅎ'은 '풀'과 '뿔'의 격음성 차이와 유사한 차이를 보인다. '학교:대학', '행복:은행', '호박:간호', '화장:문화', '희망:환희'로 쌍을 지어 어두 'ㅎ'과 유성음 간 'ㅎ' 음가 차이를 연습하게 할 수 있다.

과제 ❶　유성음 사이에 있는 'ㅂ, ㄷ, ㄱ, ㅈ, ㅎ'의 발음에 주의하여 아래 단어를 읽어 보세요.

[ㅂ]	아버지, 지붕, 가방
[ㄷ]	어디, 면도, 바다, 그런데, 반대
[ㄱ]	모기, 용감하다, 한강, 소금, 친구, 전교, 전국, 성공
[ㅈ]	언제, 바지, 감자, 요즘, 경제, 긴장
[ㅎ]	말하다, 결혼, 간호사, 은행, 시험, 천천히, 문화

과제 ❷　유성음 사이에 있는 'ㅂ, ㄷ, ㄱ, ㅈ, ㅎ'의 발음에 주의하여 아래 문장을 읽어 보세요.

> 아버지는 바다를 좋아해요.
> 달이 어디에 있어요?
> 감나무 위로 용감하게 올라갔다.

제사가 언제예요?

지금 바지 사러 가요.

혼자 결혼할 수는 없잖아요?

　과제 2의 각 문장은 목표음이 어두 무성음으로 발음되는 어절과, 유성음 사이에서 유성음으로 발음되는 어절을 포함한 것이다.

설명　유성음 사이의 '경음, 격음, ㅅ'

> 'ㅂ, ㄷ, ㄱ, ㅈ'과 달리, 어중의 '경음, 격음, ㅅ'은 어두 음가와 같다.

　경음, 격음, 'ㅅ'은 유성음 사이에서도 어두음과 음가 차이가 없다. 그런데 중국어권 학습자들은 '시끄러워요'를 [시그러워요], '10년까지'를 [심년가지]처럼 어중 경음을 평음처럼 약화시켜 발음하는 경우가 많다. 일본어, 말레이·인도네시아어권 학습자들은 어중 격음을 경음처럼 발음하는 경우가 많다. 예를 들어 '아파'를 [아빠], '나타났다'를 [나따나따], '거기부터'를 [거기부떠]로 발음하는 식이다.

과제　발음에 주의하여 아래 문장을 읽어 보세요. 어중의 '경음, 격음, ㅅ'도 어두와 같이 발음하세요.

> ① 어떤 카드를 갖고 있어요?
>
> 　신용카드하고 현금카드가 있어요.
>
> ② 짝퉁이 뭐예요?
>
> 　가짜나 모조품이라는 뜻이에요.
>
> ③ 아빠, 배 고파요. 빵 사 주세요.
>
> 　그럼 빵집에 가자.
>
> ④ 우리는 한국 드라마를 사랑해요. '별에서 온 그대' 재미있어요.
>
> 　우리 드라마를 사랑해 주셔서 감사합니다.

3.2. 종성

3.2.1. 종성체계에 대한 이해

표기형 종성은 홑자음 16개, 겹자음 11개가 쓰여 초성보다 더 많다. 그러나 발음형 종성은 /ㅂ, ㄷ, ㄱ, ㅁ, ㄴ, ㅇ, ㄹ/ 7개뿐이다. 이는 장애음이 음절 끝에서는 /ㅂ, ㄷ, ㄱ/ 중 하나로 되는 평폐쇄음화(종성규칙, 음절 끝소리 규칙, 음절 말 중화) 때문이다.

「발음법」 제8항 받침소리로는 'ㄱ, ㄴ, ㄷ, ㄹ, ㅁ, ㅂ, ㅇ'의 7개 자음만 발음한다.31)

「발음법」 제9항 받침 'ㄲ, ㅋ', 'ㅅ, ㅆ, ㅈ, ㅊ, ㅌ', 'ㅍ'은 어말 또는 자음 앞에서 각각 [ㄱ, ㄷ, ㅂ]으로 발음한다.

「발음법」 8, 9항은 이에 대한 것이다. 장애음 중 입술소리 'ㅂ, ㅃ, ㅍ'은 /ㅂ/로, 잇몸소리인 'ㄷ, ㄸ, ㅌ, ㅅ, ㅆ'과 센입천장소리인 'ㅈ, ㅉ, ㅊ'은 /ㄷ/로, 여린입천장소리인 'ㄱ, ㄲ, ㅋ'은 /ㄱ/로 중화된다.32) 공명음과 달리 장애음은 /ㅂ, ㄷ, ㄱ/만 종성으로 쓰일 수 있다. 종성에는 센입천장소리와 목청소리, 파찰음, 마찰음, 경음, 격음이 실현되지 않는다. 이는 종성을 개방하지 않는 한국인의 발음 습관 때문이다. 공명음은 조음부를 개방하지 않아도 비음은 코로, 유음은 혀옆으로 에너지가 나오기 때문에 그 음가를 인지할 수 있다. 그러나 장애음인 'ㄱ, ㄲ, ㅋ'을 발음할 때 뒤혀로 여린입천장을 폐쇄한 채 끝내면 평음, 경음, 격음이 서로 구별되지 않는다. 또한 능동부를 개방하지 않고 끝내면 마찰음과 파찰음도 실현될

---

31) 「발음법」에서 '받침소리'는 발음형, '받침'은 표기형의 종성을 말한다. 이 책에서 '종성'은 발음형을 가리키고, 표기형일 때는 '표기형 종성' 또는 '받침'이라 할 것이다.

32) 다만 'ㅎ'은 '낳다, 쌓고[나타, 싸코]'에서처럼 평음 앞에 있을 때는 격음화 규칙이 적용된다. 따라서 종성 'ㅎ'의 발음은 별도로 교육하는 것이 더 효율적이다. 종성 'ㅎ' 관련 변동규칙에 대해서는 3장 6.에서 상술할 것이다.

수 없다.

　종성 'ㅁ, ㄴ, ㅇ, ㄹ'도 조음부를 개방하지 않고 끝내는 닫음소리지만 비음은 코로, 유음은 혀옆으로 공기가 지속적으로 유출되고, 성대가 진동하는 음성이라는 점에서 장애음보다 가청력이 강하다. 그래서 [p˺, t˺, k˺] 각각을 구별하여 인식하는 것은 종성 'ㅁ, ㄴ, ㅇ' 각각을 구별하여 인식하는 것보다 어렵다.

　(7) 파열음의 조음과정과 조음방법

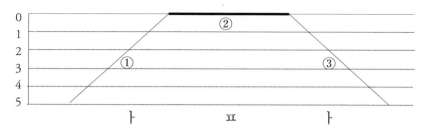

　(7)은 '아파'의 [ㅍ]처럼 모음 사이에 있는 자음의 조음과정을 도식화한 것이다. ①단계는 모음을 조음할 때 벌린 입을 폐쇄하는 단계이고, ②단계는 앞 단계의 폐쇄를 순간적으로 지속하는 단계이고, ③단계는 후행 모음을 발음하기 위해 폐쇄를 개방하는 단계이다. 따라서 모음 사이에 있는 파열음은 '폐쇄-폐쇄·지속-파열'의 세 단계를 거쳐 조음된다. 파열음의 개방 단계에서는 음향적으로 파열 소음(burst noise)이 실현되므로 '파열 단계'라고 한다.

　세 단계 조음과정 중 해당 음성의 본질적인 특성은 ②단계인 폐쇄·지속 단계이다. '폐쇄-폐쇄·지속-파열'의 3단계 조음과정 중 폐쇄단계와 파열단계의 실현 여부는 음운 환경에 따라 가변적이다. '빵, 바위, 파도'에서처럼 어두의 파열음을 입을 닫은 채로 시작하면 폐쇄 단계는 실현되지 않을 수도 있다. '잎, 잎도'에서처럼 음절 끝에서는 ③단계 개방(파열)을 실현하지 않고 폐쇄·지속 단계로 끝내거나, 개방하더라도 그에 따른 음가를 인식하기 힘들 정도로 개방에 따른 소음이 약한 소리다.

　③단계가 실현되지 않는 소리를 불파음(미파음, unreleased sound)이라 하고 국제음성기호로는 [p˺, t˺, k˺]으로 표기한다. 그런데 파열음뿐 아니라 종성 'ㅁ, ㄴ, ㅇ, ㄹ'도 개방 단계가 실현되지 않는 소리라는 점에서는 같다. '불파음'이라는

용어가 축자적으로는 파열음 [p˺, t˺, k˺]만 가리키는 것으로 해석될 수 있어서 7종성 전부를 이를 때는 닫음소리(닫힘소리)라 부르기도 한다.33) 닫음소리는 '개방 단계가 실현되지 않은 소리'로 종성 /ㅂ, ㄷ, ㄱ, ㅁ, ㄴ, ㅇ, ㄹ/는 모두 이에 해당한다.

　종성을 개방 단계 없이 발음하는 것은 타 언어와 대조해 봤을 때 한국어의 특징 중 하나다. 영어는 'stopped'의 'p'처럼 거의 파열 소음이 들리지 않는 경우도 있지만, 'cake, cat'에서 어말음의 파열 소음은 인지 가능하다. 불어는 'madame[madam]'처럼 유성 자음도 거의 항상 외파된다. 한국인은 '앞, 밭, 부엌, 사감, 산, 강, 호텔'의 종성을 모두 닫음소리로 발음하지만, 영어권 사람이라면 '앞, 밭, 부엌'의 종성을 개방시켜 파열 소음이 들리게 발음할 것이고, 불어권 사람이라면 '앞, 밭, 부엌, 사감, 산, 호텔'의 종성을 모두 개방 단계를 실현시켜 이에 해당하는 음가가 들리게 발음할 것이다. 음절 끝 파열음 개방의 정도성은 '불어 〉 영어 〉 한국어'의 순이 될 것이다.

　평폐쇄음화는 '부엌도'[부억또], '부엌안'[부어간]에서처럼 한 음소 내에서 변이음의 바뀜이 아니라, 음소 간 바뀜인 음운변동 현상이다. 평폐쇄음화는 초성에서 대립되던 음소가 종성에서는 대립되지 않기 때문에 중화 현상이기도 하다. 평폐쇄음화가 적용된 /ㅂ, ㄷ, ㄱ/에 모음이 뒤따르면 '부엌안'[부어간]처럼 [g]로 실현되므로 표면 음성에서 불파음으로 실현되는 것은 '부엌(도)[부억(또)]'처럼 연음되지 않는 경우이다. 연음되지 않고 종성으로 발음되면 불파음화(不破音化)하여 [k˺]으로 실현된다. 'ㅋ'이 'ㄱ'으로 바뀌는 평폐쇄음화는 음소 간 바뀜인 반면, [k]가 [k˺]으로 바뀌는 불파음화는 변이음끼리의 바뀜이다(양순임: 2001ㄴ).

3.2.2. 학습자언어

---

33) 이 책에서는 불파음을 닫음소리와 같은 뜻으로 쓴다. 콧길이 열려 있다는 점은 다르지만 구강 내 조음 작용은 폐쇄음과 동일하다는 점에서 음성학적으로는 비음도 폐쇄음의 일종이다. 이는 'ㅁ, ㄴ'의 변이음 또는 방언형으로 어두에 [ᵇm], [ᵈn]가 존재하는 까닭이기도 하다(이병근: 1980, 곽충구: 2007). 유음도 조음부 열림도가 0도라는 점에서는 폐쇄음, 비음과 같다(양순임: 2002).

일본어, 중국어처럼 개음절어에 속하는 언어권 학습자들에게 한국어 종성은 습득하기 어려운 발음이다. 또 영어, 불어처럼 폐음절어라 해도 종성을 닫음소리로 발음하는 한국어와 달리 대부분 종성도 개방하고 끝낸다는 점에서 조음방법이 다르다. 이는 외국인 학습자들이 정확한 음가대로 발음하고 변별하여 인지하기 어렵다는 것을 의미하고, 실제로 종성의 발음과 인지 오류가 빈번하다.

(8) ㄱ. kept   hot dog   back door
    ㄴ. 앞도:ㅏㅍㄷㅗ   밭도:ㅂㅏㅌㄷㅗ   부엌도:ㅂㅜㅓㅋㄷㅗ

영어권 학습자의 경우, 종성 [p¬, t¬, k¬]을 닫음소리로 발음하지 않고 'cheap, cat, cake'의 'p, t, k'처럼 파열 소음을 내는 오류를 자주 보인다. 그러므로 '앞, 밭, 부엌'의 발음형이 [아ㅍ, 바ㅌ, 부어ㅋ]가 아님을 주지시켜야 한다. 영어에도 한국어처럼 자음 앞에서 닫음소리 [p¬, t¬, k¬]이 실현되기 때문에 영어권 학습자에게는 (8)처럼 영어와 한국어 자료를 비교 제시하여 음가에 대한 이해를 도울 수 있다. 'cat'의 't'와는 달리 'cat food'의 't'는 개방 소음이 거의 들리지 않아 한국어 '밭보다'의 [t¬]과 닫음소리라는 점에서 음가가 비슷하다. 특히 같은 조음위치의 자음이 연결되는 'hot dog, look good'과 같은 예에서는 거의 항상 한국어처럼 닫음소리로 실현된다(Henderson, J. B. & Repp, B. H.: 1982).

(9) ㄱ. 대기업[대기어], 저녁[저녀], 수업시간[수어시간], 복습도[보슨또], 탁자[탈짜]
    ㄴ. 당연하지[다~연하지], 도서관에서는[도서과~에서는], 다양한[다~야한], 웅성거
       리며[운선거리며]

중국어를 모어로 하는 학습자일 경우 종성 [p¬, t¬, k¬]에 해당하는 목록이 없어 모어 정보를 이용할 수 없다. 중국어권 학습자들은 (9)처럼 종성을 탈락시키거나 다른 자음으로 대치하는 경우가 많다. 종성 [ㄴ, ㅇ]에 대응하는 음은 있지만 (9)ㄴ 처럼 다른 종성과 거의 차이가 없을 만큼 오류가 발생한다. 이는 'an, en, ang, eng'를 중성과 종성의 결합이 아니라 하나의 운모로 인식하는 데다 운미 'n'과 'ng'는 'a[a], e[ə]' 등 몇몇 모음과만 연결되기 때문이다. 더구나 很好hěn hǎo,

韓國Hángúo의 'n'이 후행 자음에 위치 동화되어 [ŋ]으로 발음되는 것처럼 [nˈ]
과 [ŋ]이 서로 같은 자리에서 교체되는 경우도 있다. (9)ㄴ에서 보듯이 비음은 실
현되지 않는 대신 인접모음을 비모음화하는 경우가 많다.

　일어의 /っ/는 'にっぽん[nipˈpʼoŋ], あさって[asatˈtʼe], かっこう[gakˈkʼoː]'처
럼 종성 /ㅂ, ㄷ, ㄱ/과 유사한 음가를 가지고 있다. 그러나 일본인에게 [pˈ, tˈ, k
ˈ]은 /っ/의 변이음이어서 한 음소로 인식되므로, 각각을 구별하여 인식하는 데 어
려움을 겪는다. 또한 일어의 /っ/는 감탄과 같은 특별한 경우가 아니고서는 어말
에서는 실현되지 않고 어중에 오는 것이 원칙이다. 그러므로 '김밥, 세 시까지 올
것, 미역국'의 [pˈ, tˈ, kˈ]처럼 어말 자료에 대한 것은 연습을 더 강화해야 한다.

　중국어와 일본어는 둘 다 개음절어에 속한다. 그러나 한국어 종성 오류는 다른
양상을 보인다. 중국어에서는 우리말 종성에 해당하는 것을 중성과 합쳐서 하나의
운모로 인식하는 것과 달리, 일본어에서는 독립된 모라를 형성한다. 따라서 '박'을
중국어 모어 화자는 종성을 탈락시키는 경향이 강하고 일본어 모어 화자는 [바꾸]
처럼 2음절로 늘려 발음하는 경우가 많다.

　⑽ 당시[단시], 경제[견제], 정부[점부], 900년[구밴년]

　⑽의 오류는 일본인 학습자가 모어의 영향으로 인해 자음 위치동화를 과잉 적용
한 것이다. 일어의 /ん/은 'さんま[samˈma], あんない[anˈnai], てんき[deŋkˈi]'
처럼 후행 자음의 조음위치에 따라 [mˈ, nˈ, ŋ]으로 실현되어 우리말 종성 'ㅁ,
ㄴ, ㅇ'과 유사한 음가를 가지고 있다. 그러나 /っ/와 마찬가지로 일본어에서 [m],
[n], [ŋ]은 모두 /ん/의 변이음으로 하나의 음소로 인식된다.

　한국어에도 자음 위치동화 현상이 있지만, C1이 C2보다 위치 강도가 낮을 때
만 역행적으로 동화된다. 한국어의 위치 강도는 '여린입천장 〉입술 〉잇몸'의 순
이다. 그래서 '듣고, 건강, 문법, 밥그릇, 감기'는 [득꼬, 겅강, 뭄법, 박끄를, 강기]
로 발음하는 경우가 있지만 '닦다가, 입는다, 국보다'를 [닫따가, 인는다, 굽뽀다]
로 발음하는 경우는 없다. 또한 위치 강도 조건이 충족되어도 일어나지 않는 경우
도 많다. 예를 들어 '집과, 손톱과, 입가, 없기'를 [직꽈, 손톡꽈, 익까, 억끼]로 발
음하는 경우는 거의 없다. '-습니다/-ㅂ니다'는 '말했습니다[말해씀미다], 말합니다

[말함미다]'와 같이 순행적 위치동화가 일어나기도 한다.[34] 다만, 이는 단일 형태소 '-습니다/-ㅂ니다' 내부의 소리 바뀜이다.

자음 위치동화는 수의적 변동이고 표준발음으로 인정되지 않는다. 'indirect, incomplete'와 달리 'impossible'의 영어 접두사 'im-'은 같은 조음위치의 'p, m'과 결합하는데 이 또한 자음 위치동화를 표기에 반영한 것이다. 이처럼 자음 위치동화는 보편성이 높은 현상이지만 한국어에서는 일본어와 달리 동화가 일어나는 조건이 까다로워서 학습자의 오류가 빈발하는 원인이 된다.

학습자언어에는 '학당에[한땅에], 닭지[닫찌], 밥그릇과[받끄르꽈], 학비[한삐]'와 같은 오류가 자주 관찰되는데, 이는 종성 /ㄱ, ㅂ/을 /ㄷ/으로 발음한 것이다. 이는 종성 /ㄷ/이 중립위치(neutral position)의 음이고 여린입천장소리보다 조음 난도가 낮은 소리라는 데서 원인을 찾을 수 있다. '침대'를 [친대]로, '양말'을 [얌마]로 발음하는 것처럼 자음이 연속될 때 둘의 위치를 일치시키거나 종성을 탈락하는 오류는 모어 습득 과정에도 빈번하게 관찰된다. 이는 김태경(2009)처럼 유표성 제약(markedness constraint) 또는 유표성 차이 가설(markedness differential hypothesis)로 해석 가능하다. 그러나 '밥그릇과[받끄르꽈], 학비[한삐]'와 같은 오류 예는 자음 위치동화만으로는 설명하기 어렵고 종성의 중립위치도 관여함을 알 수 있다. 오류의 원인은 대부분 복합적이다.

종성 'ㄹ'의 음가는 학습자 모어 정보를 활용하지 않는 것이 오히려 낫다. 대응 항목이 있더라도 미세한 차이가 있어서 어색한 발음을 만들어 내기 때문이다. 종성 'ㄹ'이 탈락된 '할까요[하까요], 울렸다[우려따], 불편해요[부편해요]'와 같은 오류가 많이 발생한다. 탈락되지 않더라도 음가가 부정확한 경우가 많은데 대개 모어 간섭으로 인한 오류이다. 종성 위치에서 'ㄹ'에 대응하는 음이 없는 일본어를 모어로 하는 학습자들은 대개 る[ru]로 발음하는 오류를 보인다.

대부분의 한국어 교재에서 유독 종성 'ㄹ'만 초성과 다른 기호 [l]로 발음을 표시한다. [l]이 외국인에게 익숙한 기호이긴 하지만 각 언어권에서 문자 'l'에 대응되는 음가도 다르고, 한국어 종성 'ㄹ'과 결합제약도 달라서 오히려 오류 발음을

---

34) 학습자에게 발음형을 제시할 때는 위치동화가 일어난 형태가 더 발음하기 쉽다는 점에서 [말해씀미다]로 제시해도 좋다.

유도할 가능성이 크다. 중국어, 베트남어에서는 설측음 [l]이 있지만 한국어와 달
리 초성에서만 나고 종성으로는 실현되지 않는다는 점에서 결합제약이 다르다. 영
어에서는 'hotel, feel'처럼 어말이거나 'film, milk'처럼 후행 자음이 있는 'l'은
'dark l'로 불리는 연구개음화한 유음 [ɫ]로서 혀를 뒤로 당기고 혀끝을 치경에 붙
이지 않은 채 접근음으로 발음한다. 불어에서는 'elle'의 'l'처럼 개방 단계를 실현
시켜 발음한다. 북경말의 특징인 儿化韻은 혀끝을 경구개 쪽으로 말아서 발음하는
권설음(retroflex)이어서 한국어 종성 'ㄹ'과는 음가 차이가 크다.

3.2.3. 종성 교육

설명 1 종성 목록

표기형	보기	발음
ㅂ	비읍[비읍]	
ㅍ	피읖[피읍]	[ㅂ˺]
ㅄ	값도[갑또]	
ㄷ	디귿[디귿]	
ㅌ	티읕[티읃]	
ㅅ	시옷[시옫]	[ㄷ˺]
ㅆ	있다[이따]	
ㅈ	지읒[지읃]	
ㅊ	치읓[치읃]	
ㄱ	기역[기역]	
ㄲ	밖[박]	[ㄱ˺]
ㅋ	키읔[키윽]	
ㄺ	흙[흑]	
ㅁ	미음[미음]	[ㅁ˺]
ㄻ	젊다[점따]	
ㄴ	니은[니은]	[ㄴ˺]
ㄵ	앉다[안따]	
ㅇ	이응[이응]	[ㅇ˺]
ㄹ	리을[리을]	
ㄼ	여덟[여덜]	[ㄹ˺]
ㄾ	핥다[할따]	

104

종성 목록을 표기형과 관련지어 제시함으로써 종성 위치에서는 대립 관계가 중화됨을 알려줄 수 있다. 보기 단어는 대부분 자모 이름이다. 자모 이름은 향후 메타언어로도 사용되고, 이름에 해당 자소의 초성과 종성 음가가 들어 있다.[35]

로마자를 써서 음가를 표시하는 문제점은 3.1.3. 초성 교육에서 이미 언급한 바 있다. 자국어에 로마자를 사용하는 학습자들은 자국어의 음가로 받아들이려 한다. 예를 들어 '달'의 음가를 [tal]로 제시하면 영어권 학습자는 [l]을 연구개 접근음으로 발음하는 식이다. 종성의 발음이 초성과 다르다는 것을 표시하기 위해 [ㄹ˥]처럼 모두 해당 자소의 어깨에 [˥]를 부가하여 초성과 음가가 다른 닫음소리임을 나타냈다.[36]

설명 2 종성체계

조음방법＼조음위치	순음	치경음		연구개음
무성음	ㅍ ㅃ —ⓑ ㅂ	ㅌ ㄸ ㅆ ㄷ ㅅ	ㅊ ㅉ —ⓓ ㅈ	ㅋ ㄲ —ⓖ ㄱ
유성음	ⓜ	ⓝ ⓡ		ⓞ

종성체계를 제시할 때는 초성체계와 같은 방법을 쓰되 발성방법 자질은 필요 없다. 위 도식이 알려주는 정보는 1) 종성 위치의 무성음은[37] 자소가 달라도 음가가

---

35) 이는 다른 언어도 마찬가지다. 예를 들어 독어에서는 자소 'b, d, g, w'를 각각 'be, de, ge, ve'라 부르는데 이 이름은 각각 자소에 대응하는 음소를 담고 있다.
36) 종성 'ㅇ'은 이것을 부가하는 것이 잉여적이긴 하나 베트남어처럼 [ŋ]이 초성에 오는 언어도 있고, 종성의 공통점을 나타내기 위해 'ㅇ'에도 [˥]를 부가했다.
37) 음운론에서는 장애음과 공명자음으로 분류한다. 그러나 '장애음, 공명음'이라는 용어보다 '무성음, 유성음'이 학습자에게는 더 쉽게 이해되는 용어다.

같은 경우가 있다. 2) 'ㅂ, ㅃ, ㅍ'는 [ㅂ], 'ㄷ, ㄸ, ㅌ, ㅅ, ㅆ, ㅈ, ㅉ, ㅊ'는 [ㄷ], 'ㄱ, ㄲ, ㅋ'은 [ㄱ]으로 된다. 3) 유성음은 종성에서도 각각 구별된다. 4) 종성은 동그라미로 표시한 것처럼 [ㅂ, ㄷ, ㄱ, ㅁ, ㄴ, ㅇ, ㄹ] 7개만 발음된다는 것이다.

설명 3 종성은 닫음소리

7종성은 모두 닫음소리로 발음해야 한다.

종성 /ㅂ, ㅁ/은 입술을 닫은 채로 끝낸다.

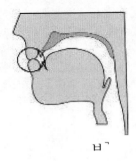 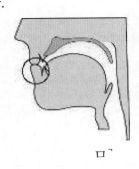

ㅂ ̚   ㅁ ̚

종성 /ㄷ, ㄴ, ㄹ/은 혀끝으로 윗니 뒤쪽을 닫은 채로 끝낸다.

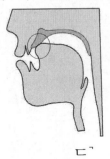 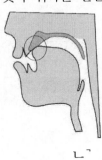 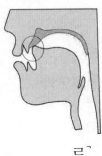

ㄷ ̚   ㄴ ̚   ㄹ ̚

종성 /ㄱ, ㅇ/은 뒤혀로 연구개를 닫은 채로 끝낸다.

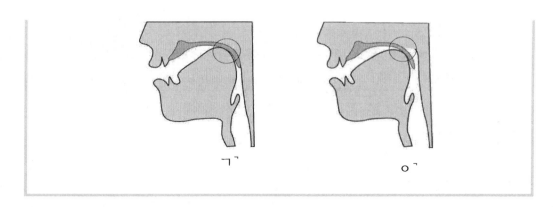

종성은 특히 언어 간 오류가 빈발한다는 점에서 음가에 대한 직접 교육이 필요하다. 이미 'CV' 음절 형태로 초성을 학습한 상태이므로 초성과 차이점에 주목하게 하는 것이 좋은데 종성 특성은 모두 해당 조음위치에서 능동부를 고정부에 붙인 채로 끝내는 닫음소리라는 데 있다.

설명 4　종성 /ㄴ/과 /ㅇ/, /ㄷ/과 /ㄱ/ 구별

앞에 있는 모음이 같다면 종성 /ㅇ/은 /ㄴ/보다, /ㄱ/은 /ㄷ/보다 입을 더 크게 벌린다.

작다	입 벌림	크다
간		강
연		영
산		상
반	＜	방
옷		옥
윷		육
밭		밖
있다		익다

　한국인 아동을 포함하여 대부분의 외국인 학습자들이 종성 [ㄴ⌐]과 [ㅇ⌐], [ㄷ⌐]과 [ㄱ⌐]을 변별하는 데 어려움을 겪는다. 이들은 조음위치로 구별되는 쌍인데 능

동부가 모두 혀여서 위치 구별이 잘 안 되는 것이 일차적인 원인일 것이다. 또한 일어나 러시아어처럼38) L1의 간섭 현상도 많이 발생한다.

종성 [ㄴ˺]과 [ㅇ˺], [ㄷ˺]과 [ㄱ˺]의 조음위치를 구별할 수 있도록 하되, 부수적으로 입 벌림의 차이를 강조하여 지도할 수 있다. 조음위치가 더 뒤쪽인 [ㅇ˺], [ㄱ˺]은 [ㄴ˺], [ㄷ˺]보다 입을 더 많이 벌린 채 조음 과정이 끝난다.39) 단, 이는 선행모음이 같을 때만 비교 가능하다.

설명 5 종성 'ㄹ'의 발음

> 혀끝으로 윗니 뒤쪽을 막은 채로 끝낸다.
> 혀끝을 뒤로 구부리지 말고 앞으로 펴서 발음한다.

과제 ❶ 종성 발음에 유의하여 아래 단어를 읽어 보세요.

암 암 암:	암, 엄마, 사람, 감사, 감초, 잠시, 음료수
안 안 안:	안, 언니, 온도, 운전, 미안, 현재, 건배, 문제, 연구, 이어폰
앙 앙 앙:	중앙, 앙코르, 엉덩이, 여행, 예정, 교통, 성공, 왕자, 영화
알 알 알:	알, 얼마, 해결, 실례, 스타일, 열차, 출발, 호텔
	일, 칠, 팔, 이십일, 삼십칠, 사십팔 / 기말, 주말, 월말, 연말
압 압 압:	앞, 압침, 지갑, 업무, 아홉, 웹사이트, 접수, 예습, 복습, 호흡
앋 앋 앋:	씨앗, 얻다, 옷, 인터넷, 무엇, 끝, 꽃, 있다, 웃다, 빛, 티켓
악 악 악:	수박, 악수, 역, 소식, 매력, 휴식, 부엌, 약국, 역사, 치약

VC 음절에서 모음 'ㅏ'를 우선 선택했다. 종성은 개구도 0도인 닫음소리이기

---

38) 러시아어에서는 'Maksim(Максим)막심, Stefan(Стефан)스테판'처럼 종성 'ㅁ, ㄴ'에 대응하는 음은 있지만, 종성 'ㅇ'은 'ㄴ'의 변이음이다.

39) 일본인 학습자에게는 'にほんも, にほんに, にほんが'에서 /ん/이 각각 변이음 [m˺], [n˺], [ŋ]으로 실현되는 것을 이용하여 종성 'ㅁ, ㄴ, ㅇ'의 차이를 인식하는 데 도움을 줄 수도 있다. 그러나 이는 일본어에서 음소 차이가 아니라 변이음 차이여서 효과는 제한적이다.

때문에 개구도가 가장 큰 모음과 결합했을 때 그 차이가 잘 드러나기 때문이다. 이후 다양한 모음과 결합된 초급 학습자용 어휘를 제시한다. 초성과 달리 종성 발음교육용 어휘는 목표음이 어두보다 어말음인 경우가 목표음의 음가를 느끼게 하는데 더 낫다. 또 '건강'처럼 한 단어 안에 종성 종류가 여럿인 것보다 '사람, 성공'처럼 종성이 하나만 들어있는 단어를 우선 제시하는 것이 좋다.

과제 ❷ 어말 음절의 발음과 의미에 유의하여 아래 단어를 읽어 보세요.

국:	한국(韓國), 중국(中國), 미국(美國), 영국(英國)
습:	예습(豫習), 복습(復習), 학습(學習)
원:	승무원(乘務員), 직원(職員), 점원(店員), 사원(社員), 회원(會員)
장:	반장(班長), 과장(科長), 부장(部長), 사장(社長), 회장(會長)
통:	두통(頭痛), 치통(齒痛), 복통(腹痛), 요통(腰痛)
감:	책임감(責任感), 사명감(使命感), 공감(共感), 예감(豫感)
점:	서점(書店), 식품점(食品店), 백화점(百貨店), 면세점(免稅店)
품:	상품(商品), 식품(食品), 작품(作品), 공예품(工藝品)
말:	주말(週末), 월말(月末), 기말(期末), 연말(年末)
출:	수출(輸出), 외출(外出), 지출(支出), 구출(救出)

한·중·일 삼국의 한자어는 결합관계의 차이가 있긴 하나 의미의 유사성이 있고, 발음도 예외가 있으나 일정한 대응 관계가 존재한다.[40] 한자 문화권 학습자들에게는 과제 2를 활용하여 한자어 어휘 학습과 종성 발음 학습을 병행함으로써 교육 효과를 높일 수 있다. 한자음(sound of Sino-Korean character) 교육이 한자어 교육에 효과적임은 牧野美希·유석훈(2012), 김유정(2013)에서도 논의된 바 있다. 한자음 관련 발음교육은 3장 7.4.와 9.3.에서도 논의될 것이다.

---

40) 예컨대, '國', '長'은 한·중·일 삼국의 발음이 [국, guó, こく], [장, zhǎng, ちょう]로 대응한다.

과제 ❸ 종성 발음에 유의하여 아래 구, 문장을 읽어 보세요.

① 휴식 시간[휴식시간]

　휴식 시간이 얼마나 돼요?

② 특별 요리[특뼐요리]

　이 식당의 특별 요리를 먹어본 적 있어요?

③ 한국 음식점[한국음식쩜]

　한국 음식점에 가본 적 있어요?

④ 밀감 껍질[밀감껍찔]

　밀감 껍질은 까서 여기 두세요.

⑤ 문학 작품[문학작품]

　한국 문학 작품을 많이 읽었어요.

과제 ❹ 종성 발음이 같은 것끼리 모아 보세요. 표기형과 발음형 사이에 어떤 규칙이 있는 지 찾아보세요.

| 기역 니은 디귿 리을 미음 비읍 시옷 이응 |
| 지읒 치읓 키읔 티읕 피읖 히읗 |
| 밥 밭 달 앞 낮 꽃 부엌 감 맛 |

ㅂ	ㄷ	ㄱ	ㄱ	ㅁ	ㄴ	ㅇ	ㄹ

과제 ❺ 잘 듣고 받침을 써서 단어를 만들어 보세요.

① 마푸서　　　　　　　(말풍선)

② 시푸저　　　　　　　(식품점)

③ 사며가　　　　　　　(사명감)

④ 오리피　　　　　　　(올림픽)

⑤ 가꺼지　　　　　　　(감껍질)

과제 ❻ 잰말놀이(tongue twister)를[41] 해 봅시다. 아래 문장을 읽어 보세요. 여러분 나라에는 어떤 잰말놀이가 있습니까?

> 간장 공장 공장장은 심 공장장이고 된장 공장 공장장은 김 공장장이다.

---

41) '잰말'은 『사전』에 등재되지 않은 말이다.

4. 음소 결합제약

음절구조와 음운변동은 음소가 가로로 결합하면서 형성되는 것이다. 음소가 결합되어 음절, 음절이 결합되어 형태소, 형태소가 결합되어 단어, 단어가 결합되어 문장을 형성하는 것처럼 언어 단위들은 가로로 결합한다. 언어 단위 간의 결합에는 일정한 규칙과 제약이 있는데 이를 결합관계라 한다.

(1) ㄱ. [난벌, 너나들이, 갓밝이, 앙짜, 옴니암니, 곰비임비]

ㄴ. [듀베리, 러플, 져지, 브로마이드, 뉴스]

(1)ㄱ의 형태로 발음되는 단어들은 그 뜻을 몰라도 고유어일 수 있다고 판단한다. 이에 비해 (1)ㄴ의 형태로 발음되는 단어들은 의미를 알든 모르든 고유어에서 결합될 수 없는 음소끼리 연결되었기 때문에 외래어이거나 외국어식 발음임을 알수 있다.

음소는 다른 음소와 결합될 때 특정한 제약이 있다. 음소 결합제약(phoneme combination constraint)은 언어 지식의 일부이다. 음소 결합제약은 형태론적 정보와는 무관한 음절 내부에서의 제약과 형태론적 정보와 관련된 제약으로 나눌수 있다.

4.1. 음절 내부 제약

한 음절 내부에서 초성과 중성, 중성과 종성의 결합에 제약이 있는 것을 음절 내부 제약이라 한다. 이는 형태론적 정보와는 무관하다. 단모음은 초성과의 결합에 별다른 제약이 없는 반면, 이중모음 중에는 초성과의 결합에 제약을 보이는 것들이 있다.

‘ㅒ, ㅖ’는 초성과 결합에 제약이 많다. ‘ㅒ’는 표기형에서도 ‘걔’와 같은 예를 제외하면 거의 없다. ‘예, 례’를 제외하면, ‘ㅖ’의 통용음은 [ㅔ]이고, 「발음법」에서도 이를 허용하므로 계발(啓發)의 표준발음은 [계:발/게:발]이다. 따라서 ‘계발:개발’은 음소 ‘ㅖ’와 ‘ㅐ’의 변별적 기능에 의한 최소대립어이다. 통용음에서는 초성과 결합한 ‘ㅖ’는 거의 [ㅔ]로 발음한다.

음절 내부에서 ‘ㅢ’는 어떤 경우에도 초성과 결합되지 않는다. ‘희망, 널리리야, 띄어쓰기, 틔우다, 씌우다, 무늬’와 같은 단어가 있지만 [ㅢ]로 발음되지 않고 [ㅣ]로 발음된다.42)

「발음법」 제5항 ‘ㅑ ㅒ ㅕ ㅖ ㅘ ㅙ ㅛ ㅝ ㅞ ㅠ ㅢ’는 이중모음으로 발음한다.
다만 1. 용언의 활용형에 나타나는 ‘져, 쪄, 쳐’는 [저, 쩌, 처]로 발음한다.
　　가지어→가져[가저], 찌어→쪄[쩌], 다치어→다쳐[다처]
다만 2. ‘예, 례’ 이외의 ‘ㅖ’는 [ㅔ]로도 발음한다.
　　계시다[계:시다/게:시다], 시계[시계/시게](時計), 연계[연계/연게](連繫), 개폐[개폐/개페](開閉), 혜택[혜:택/헤:택](惠澤), 지혜[지혜/지헤](智慧)
다만 3. 자음을 첫소리로 가지고 있는 음절의 ‘ㅢ’는 [ㅣ]로 발음한다.
　　무늬, 띄어쓰기, 씌어, 틔어, 희어, 희망, 유희
다만 4. 단어의 첫음절 이외의 ‘의’는 [ㅣ]로, 조사 ‘의’는 [ㅔ]로 발음함도 허용한다.
　　주의[주의/주이], 협의[혀븨/혀비], 우리의[우리의/우리에], 강의의[강:의의/강:이에]

「발음법」 5항은 이중모음의 발음에 관한 조항인데, ‘다만’은 초성과 이중모음의 결합제약 때문에 규정된 것이다. 다만 1은 ‘ㅈ, ㅉ, ㅊ’과 결합한 ‘ㅕ’에 대한 것이고, 다만 2는 ‘ㅖ’와 관련된 것이고, 다만 3, 4는 ‘ㅢ’와 관련된 것이다.

센입천장소리는 ‘줘’처럼 /ㅜ/계 이중모음과의 결합에는 제약이 없지만, /ㅣ/계

---

42) 형태소 경계에서는 초성과 /ㅢ/가 결합하는 경우도 있다. 예를 들어 ‘무늬’는 [무니]로 발음하지만, ‘문의(問議), 협의(協議)’는 [무:늬], [혀븨]로 발음함이 원칙이다. 그러나 통용음에서는 거의 [무:니], [혀비]로 발음하고 이도 표준발음으로 허용된다.

이중모음과는 결합하지 못한다. 이는 센입천장-전설 위치에서 발음되는 반모음 [j]는 모음 [i]와 비슷한 조음부 형상에서 단모음으로 이동하면서 음가가 발생하는데, 같은 위치의 센입천장소리와 결합하면 과도가 거의 없어서 [j]의 음가가 드러나지 않기 때문이다. 용언 활용형에 '가져, 쪄, 다쳐'와 같은 표기형이 있으나 이는 '가지어, 찌어, 다치어'의 준말임을 나타내기 위한 것이고 표준발음은 [가저, 쩌, 다처]이다. '붙이어, 잊히어, 굳히어, 돋치어'의 준말 표기인 '붙여, 잊혀, 굳혀, 돋쳐'도 [부처, 이처, 구처, 도처]로 발음한다.

> 「맞춤법」 제39항   어미 '-지' 뒤에 '않-'이 어울려 '-잖-'이 될 적과 '-하지' 뒤에 '않-'이 어울려 '-찮-'이 될 적에는 준 대로 적는다. (적잖은, 변변찮다)
> 외래어 표기법 제3장 제1절 제3항 3.   어말 또는 자음 앞의 [ʒ]는 '지'로 적고, 모음 앞의 [ʒ]는 'ㅈ'으로 적는다. (vision[viʒən] 비전)
> 외래어 표기법 제3장 제1절 제4항 2.   모음 앞의 [tʃ], [dʒ]는 'ㅊ', 'ㅈ'으로 적는다. (chart[tʃɑːt] 차트)

「맞춤법」 39항과 위의 외래어 표기법도 센입천장소리와 /ㅣ/계 이중모음의 결합제약으로 인한 규정이다. 「맞춤법」 39항은 '-지 않-'과 '-하지 않-'이 준 것은 아예 표기도 '쟎, 챦'으로 하지 않고 '잖, 찮'으로 한다는 것이다. 외래어 표기법 3장 1절 3, 4항은 소리대로 적는 것이 원칙이므로 '비젼, 챠트'가 아니라 '비전, 차트'로 표기해야 한다는 것이다.

4.2. 형태론적 정보와 관련된 제약

두음법칙으로 알려진 'ㄹ'과 'ㄴ'의 제약은 '어두'라는 형태론적 조건에서만 발생하는 어두음 제약이다. 두음법칙은 세 가지 유형 1) /i, j/ 앞에서 'ㄹ' 탈락, 2) /i, j/ 이외의 모음 앞에서 'ㄹ'이 'ㄴ'으로 대치, 3) /i, j/ 앞에서 'ㄴ' 탈락 현상으로 나눌 수 있다.

⑵ ㄱ. 하류(下流), 진리(眞理), 개량(改良)

　　ㄴ. 유수(流水), 이치(理致), 양심(良心)

⑶ ㄱ. 근로(勤勞), 쾌락(快樂), 미래(未來)

　　ㄴ. 노동(勞動), 낙원(樂園), 내일(來日)

⑷ ㄱ. 은닉(隱匿), 남녀(男女), 당뇨(糖尿)

　　ㄴ. 익명(匿名), 여자(女子), 요소(尿素)

'ㄹ'이 초성인 한자음은 많지만, 두음법칙 때문에 어두음으로는 쓰이지 않는다. ⑵ㄴ처럼 /i, j/ 앞에서는 'ㄹ'이 탈락하고, ⑶ㄴ처럼 /i, j/ 이외의 모음 앞에서는 'ㄹ'이 'ㄴ'으로 대치된다. 'ㄴ'도 어중에서는 /i, j/와 결합하는 데 제약이 없지만, 어두에서는 ⑷ㄴ처럼 'ㄴ'이 탈락한다.

다만, '리(里), 리(理)', '년(年)'과 같은 의존명사에는 두음법칙이 적용되지 않는다. 의존명사는 띄어 쓰지만 끊어 발음하지는 않기 때문이다. '그럴 리가', '삼 년 만에'는 한 단어처럼 붙여서 [그럴리개], [삼년마네]로 발음한다.

현대국어에서 두음법칙은 한자어에 적용된다. 'ㄹ'이 어두음으로 쓰인 고유어는 'ㄹ'의 이름 '리을'이 유일하므로 적용 예가 없다. 15세기 자료에도 'ㄹ'이 고유어의 어두 초성으로 쓰인 '러울, 라귀'와 같은 단어가 있긴 하나 이런 예는 아주 드물었다. 'ㄹ'의 어두음 제약 즉 'ㄹ' 두음법칙은 15세기 이전에 이미 적용되었던 것으로 보인다.

'ㄴ' 두음법칙도 마찬가지다. '니, 님금, 닉다, 녀름, 녀느'와 같은 15세기 단어들이 'ㄴ'의 구개음화와 탈락으로 19세기 초 즈음에 '이, 임금, 익다, 여름, 여느'로 되었다. 그 결과 현대국어에서 'ㄴ'과 /i, j/가 결합한 음절이 어두음으로 쓰이는 고유어는 거의 없다. 다만 '년, 녘, 닢, 님, 녀석'과 같은 의존명사와 '냠냠, 니글니글'처럼 음절이나 어근 전체를 반복(복제)하거나 일부를 반복하는 방법으로 만들어진 시늉말에 간혹 나타나기도 한다. 'ㄴ'의 이름 '니은', 비표준어이긴 하나 광범위하게 사용되는 2인칭 대명사 '니'도 'ㄴ'와 'ㅣ'의 결합이다.

외래어에서는 어두음 제약이 없다. '리어카, 류머티즘', '라면, 라디오, 룸살롱, 로그인'처럼 외래어에서는 'ㄹ'이 어두 초성으로 쓰이는 데 제약이 없다. 'ㄴ'과 /i, j/ 결합제약도 없어서 '니켈, 니트, 뉴스'처럼 쓰인다.

입술소리인 'ㅂ, ㅃ, ㅍ, ㅁ'과 'ㅡ'가 결합한 음절은 어두에 쓰이지 않는다. 어중에서는 '아프다, 예쁘다'와 같은 예가 있으나, 이 경우 발음은 [프, 쁘]인지 [푸, 뿌]인지 구별하기 어렵다. 그러나 형태소 경계에서는 가능하다. '짐을'을 [지물]로, '집을'을 [지불], '짚을 때'를 [지풀때]로 발음하지는 않는다.

현대국어에서 어두에 'ㅂ, ㅍ, ㅃ, ㅁ'과 고모음 'ㅡ'가 결합하지 못하게 된 것도 통시적인 순음화 때문이다. 15세기에는 이런 제약이 없어서 '블, 믈, 플, 쓸, 브텨'로 쓰였으나, 18세기 초 순음화가 일어난 결과 이들은 모두 '불, 물, 풀, 뿔, 붙여'로 변화하였다. 한자음에는 'ㅡ'가 없다. 외래어에서는 'ㅂ, ㅃ, ㅍ, ㅁ'과 'ㅡ'의 결합에 제약이 없어서 '브라만, 프랑스'와 같은 단어가 많다.

형태소가 결합하여 단어나 어절과 같은 더 큰 언어 단위를 형성할 때 앞 형태소의 끝 음소와 뒤 형태소의 첫 음소의 결합에 제약이 있는 경우가 많다. 예를 들어 '먹다가[-따-], 먹고[-꼬], 잡지[-찌], 잡소[-쏘]'의 경음화는 폐쇄음과 평음의 결합에 제약이 있다고 설명할 수 있고, '먹는[멍-], 잡는[잠-]'의 비음화는 폐쇄음과 비음의 결합제약으로 설명할 수 있다.

형태소 경계의 음소 결합제약은 '국][만, 국][도, 밟][는다'처럼 자음과 자음이 결합할 때 주로 나타난다. 조음부 열림도가 작은 자음과 큰 모음이 번갈아 연결되면 발음하기도 쉽고, 각 음소의 음가가 제대로 청자에게 전달되기 때문에 결합제약이 심하지 않다. 이에 비해, 자음 연쇄는 발음하기도 어렵고 들을이에게 각각의 음가가 제대로 전달되기도 어렵다. 이렇게 형태소와 형태소가 결합될 때 형태소 경계에서 나타나는 음소 결합제약은 제3장에서 변동규칙으로 다룬다.

제 **3** 장
변동규칙

'꽃이[꼬치], 꽃도[꼳또], 꽃만[꼰만]'에서 명사 '꽃'의 발음형은 각각 [꼬ㅊ, 꼳, 꼰]이다. 이들은 뜻이 같으므로 하나의 형태소로 추상화할 수 있고 {꽃}을 대표형태로 잡는다. 모음으로 시작하는 형식형태소와[1] 결합할 때는 [꼬ㅊ], 음절 끝에서는 [꼳], 비음 앞에서는 [꼰]으로 실현된다. 형태소는 다른 형태소와 결합할 때 음운론적 조건, 형태론적 조건에 따라 형태가 달라지는 일이 많다. 형태소를 구성하는 음운이 음운론적 차원에서 달라지는 현상을 음운변동이라 한다.[2]

(1) ㄱ. 꽃이[꼬치], 있어요[이써요], 앞에서[아페서], 닦아요[다까요]
    ㄴ. 꽃도[꼳또], 있고요[읻꼬요], 앞[압], 닦고요[닥꼬요]
    ㄷ. 꽃만[꼰만], 있는데요[인는데요], 앞만[암만], 닦는데요[당는데요]

{꽃}이 이형태 [꼬ㅊ], [꼳], [꼰]으로 실현되는 조건은 용례별로 기억 저장되는

---

1) 형태소는 구체적이고 실질적인 뜻의 유무에 따라 실질(어휘) 형태소와 형식(문법) 형태소로 나눈다. 형식형태소는 파생접사(파생 접두사, 파생 접미사)와 굴절접사(조사, 어미)이고, 나머지는 실질형태소이다. 자립형태소(명사, 대명사, 수사, 부사, 관형사, 감탄사 등)와 의존형태소(용언 어간, 어미, 조사, 파생접사)는 자립성 유무에 따른 분류이다.

2) 제3장 1은 필자가 (2004ㄱ), (2012ㄱ), (2013), (2014ㄱ), (2014ㄴ)에서 변동규칙 교육에 대해 논의해 왔던 것을 정리한 것이다.

것은 아니고 규칙의 형태로 저장된다. 이것뿐 아니라 동일한 조건에 있는 수많은 용례들이 동일한 변동을 보이기 때문이다. 예를 들어 (1)에서 형태소 {있-}, {앞}, {닭-}은 {꽃}과 같은 조건에서 같은 변동을 보인다.

　모음으로 시작하는 형식형태소가 올 때는 연음되어 [꼬츠], [이씨], [아프], [다끼]로, 음절 끝에서는 종성규칙이 적용되어 [꼳], [읻], [압], [닥]으로, 비음 앞에서는 비음화되어 [꼰], [읻], [암], [당]으로 실현된다. 이처럼 다양한 음운변동 현상 이면에는 규칙이 존재한다. 이를 변동규칙(음운규칙, phonological rule)이라 하는데 규칙은 무엇이 변동하는지, 무엇으로 변동하는지, 어떤 조건에서 변동하는지에 대한 정보를 담고 있다.

1. 변동규칙에 대한 이해와 교육 원리

1.1. 발음교육을 위한 개념 재정립

생성 음운론에서는 음운변동을 기저형과 표면형 단계를 설정한 뒤, 기저형에 일련의 규칙을 적용시켜 표면형을 도출하는 과정으로 설명한다. 기저형(underlying form)은 머릿속에 언어 지식의 일부로 저장되어 있는 형태소 즉 대표형태에 대한 소리 정보를 담고 있다. 이 기저형에 규칙이 적용되어 도출된 결과가 바로 표면형(음성형, 발음형, surface form)이다.

음운론이나 음운교육에서는 대표형태(기본형태, basic morph)의 소리 정보를 기저형이라 하고 각 이형태의 실현 과정을 변동규칙으로 설명한다. 그러나 「발음법」에서는 기저형이 아니라 표기형을 기준으로 이것을 어떻게 발음하는가를 기술한다. 이는 어문 규정의 예상 독자가 한국어 전공자만이 아니라 언중 모두이기 때문이다. 유사한 이유로 발음교육 현장에서도 변동규칙의 개념에 대한 새로운 접근이 필요하다. 교육 현장에서 '기저형, 대표형태, 이형태' 개념을 도입하기 어렵기 때문이다.

변동규칙의 개념을 정의하는 것은 교육내용을 선정하는 것과 직접적으로 관련된다. 발음교육에서는 기저형 대신 표기형을 활용하고, 변동규칙의 개념은 표기형과 발음형을 매개하는 기제로 설정할 필요가 있다. 그 근거는 다음과 같다.

첫째, 「맞춤법」 총칙에 따라 '어법에 맞도록' 쓴 표기형은 의미 단위인 형태소를 표상한다는 점에서 표기형에 대한 지식은 필수적이다. '깊었어요'를 사전에서 검색하려면 '깊-'을 가려낼 수 있어야 한다. 표기는 쓰기 기능 교육을 위한 기초 필수 요소라는 점에서도 표기형의 도입은 필수적이다.

둘째, 표기형과 변동규칙을 관련짓는 것은 발음교육의 목표를 명료화하고, 교육

내용의 선명성을 높이는 데 유용하다. '어법에 맞게' 적은 표기형은 기저형과 일치하고 이는 변동규칙을 전제로 한다. 변동규칙이 매개되지 않으면 형태소 단위를 표상하는 어법에 맞게 적은 표기형에서 올바른 발음형이 산출될 수 없다.

(2) 변동규칙(표기형이 기저형과 동일한 경우)

원인	규칙	보기
음절 구조	① 연음	옷을[오슬], 앉아서[안자서]
	② 겹자음탈락	값[갑], 앉고[안꼬]
자음 연쇄	③ 경음화	잡지[잡찌], 드실 분[드실뿐], 감기[감끼], 결정[결쩡]
	④ 비음화	먹는다[멍는다], 없네[엄네]
	⑤ 자음 위치동화	신문[심문], 손가락[송까락]
'ㅎ'	⑥ /ㅎ/탈락	좋아요[조아요], 싫어요[시러요]
	⑦ 격음화	좋고[조코], 싫다[실타]
'ㄹ'	⑧ 유음화	설날[설랄], 권력[궐력]
	⑨ 'ㄹ'의 비음화	생산력[생산녁], 능력[능녁], 국력[궁녁]
'ㅣ'	⑩ 구개음화	붙이다[부치다], 밭이[바치]
	⑪ /ㄴ/첨가	부산역[부산녁], 할 일[할릴]
	⑫ /j/첨가	피어[피어/피여], 미시오[미시오/미시요]

(2)는 표기형이 변동규칙이 적용되는 기저형과 일치하는 경우로 「발음법」의 규정과도 맥을 같이 한다. 연음규칙은 보편적인 음절구조를 지향하는 과정에서 발생한 것이다. 겹자음탈락 규칙은 음절구조 제약으로 인한 변동이다. 종성규칙도 음절구조와 관련된 것이지만 이 책에서는 종성체계로 따로 다루었다.

경음화, 비음화, 자음 위치동화는 자음에 의한 자음 동화이다. 이 중 위치동화는 표준발음이 아니고, 수의변동이라는 점에서 제외할 수도 있겠다. 그러나 지역적, 사회적 변인과 상관없이 발생 빈도가 높은 통용음이고 이로 인한 학습자 오류도 발생한다. 예를 들어 일본인 학습자의 경우 자음 위치동화와 관련된 오류 발생 빈도가 높다(2장 3.2 참조).

/ㅎ/탈락과 격음화는 'ㅎ', 유음화와 'ㄹ'의 비음화는 'ㄹ'의 특수성으로 인해 발생하는 변동이다. 구개음화, /ㄴ/첨가, /j/첨가는 'ㅣ'가 동인이 되어 일어나는 변동이다. 변동이 일어나는 근본적 원인이 'ㅎ', 'ㄹ', 'ㅣ'의 특수성에 있다는 점에서 'ㅎ', 'ㄹ', 'ㅣ'로 인한 변동이라는 분류는 음성·음운론적인 근거를 지닌다. 'ㅎ'은 조음위치에서, 'ㄹ'은 조음방법에서 체계상 짝 없는 음소다. 전설 고모음 'ㅣ'도 인접음을 자신의 위치로 동화시키는 힘이 강하다. 발음교육에서 'ㅎ', 'ㄹ', 'ㅣ'로 인한 변동이라는 분류는 음성·음운론적인 근거 외에 자소와의 관련성이 중요하다는 점에서도 그 타당성이 확보된다.3)

(2)의 변동은 규칙이 표기형과 발음형을 매개하는 기제로 작동할 수 있어야 한다. '먹는다, 붙이다, 먹고'에서 이형태 '멍-, 부ㅊ-, -꼬'는 표기에 반영하지 않고 대표형태 '먹-, 붙-, -고'로 고정하고 각각 비음화, 구개음화, 경음화 규칙을 적용하여 발음형을 이끌어내기 때문이다. 따라서 (2)의 변동규칙은 한국어 발음교육에서 중요하게 다루어져야 한다.

'살고~사는'에서 표기형 '사-'는 '어법에 맞게'의 예외에 해당하고 기저형과 일치하지 않는다. 표기형과 발음형 간에 인과관계가 없거나 규칙성이 약해서 변동규칙을 상정할 수 없기 때문에 이형태를 표기에 직접 반영하는 경우이다. 발음 때문에 다르게 표기했지만 '살-'과 '사-'는 의미가 같은 형태소의 이형태이므로 음운론이나 음운교육론에서는 기저형을 /살-/로 단일화하고, 표면형 [사-]를 'ㄹ' 탈락 규칙으로 설명할 수도 있다. 그러나 기저형이 아니라 표기형에서 출발하는 발음교육에서 '살고, 사는'은 쓰인 대로 발음되기 때문에 변동규칙으로 교육할 대상은 아니다.

---

3) 발음교육에서 자소의 중요성에 대해서는 1장 2.1.2.1. 참조.

(3) ㄱ. 사는~살고, 좁니다~졸다가

　　ㄴ. 둬라~두어라, 봤다~보았다, 먹였다~먹이었다, 폈다~피었다

　　ㄷ. 예뻐요~예쁘고, 꺼요~끄고, 잠가요~잠그고

　　　　보니까~잡으니까, 본~잡은, 보세요~잡으세요

　　ㄹ. 가~잡아, 갔다~잡았다, 서~먹어, 셌다~세었다, 갰다~개었다

　　ㅁ. 막아라~먹어라, 막았다~먹었다

　　ㅂ. 유수~하류, 노동~근로, 익명~은닉

　(3)은 이형태를 표기에 반영하는 즉, 표기형을 기준으로 보면 변동이 없는 경우이다. (3)은 규칙적(regular)인 현상이라 하더라도 규칙(rule)으로 보기는 어려운 예들이다. (3)ㄱ은 어간 말 'ㄹ'이 특정 어미와 결합할 때 탈락한 것이고, (3)ㄴ은 모음과 결합하는 어간 말 모음 'ㅜ, ㅗ'는 반모음 /w/로, 'ㅣ'는 /j/로 되어 음절 축약이 일어난 것이다. (3)ㄷ의 '예쁘-, -니까'는 어간 끝이나 어미 첫 모음 'ㅡ'가 모음과 결합할 때 탈락한 것이고, (3)ㄹ은 어간 끝 모음이 'ㅏ, ㅓ, ㅔ, ㅐ'일 때 어미 모음 'ㅏ, ㅓ'가 탈락한 것이고, (3)ㅁ의 '-아라, -았-'은 어간 말 모음이 'ㅏ, ㅗ'일 때만 'ㅏ' 계통의 어미와 결합하는 예로서 현대국어에 남아있는 모음조화이다. (3)ㅂ의 '유, 노, 익'은 'ㄹ'과 'ㄴ'의 어두음 제약으로 인한 변동을 표기에 반영한 것이다.

　'꽃이, 꽃도, 꽃만'에서 표기형 '꽃'은 기저형과 일치하고 어법에 맞게 적은 것이다. 이는 변동규칙이 표기형과 발음형을 매개해야 하는 경우로 (2)류에 속한다. '나무만, 구름, 훨씬'처럼 표기형과 발음형이 일치하는 경우는 변동규칙을 적용할 필요가 없다. 이처럼 (3)의 '살고~사는, 막아라~먹어라'에서 '살-/사-, -아라/-어라' 등도 표기형대로 발음된다는 점에서 (2)의 변동규칙과는 구분된다.

1.2. 변동규칙 분류

　음운변동을 결과에 따라 분류하면 한 음소가 다른 음소로 바뀌는 대치(교체, 바

꿈, alternation), 두 음소가 하나로 줄거나 두 음절이 한 음절로 주는 축약(줄임, coalescence), 음소가 없어지는 탈락(없앰, deletion), 없던 음소가 덧나는 첨가 (덧나기, addition)로 나눌 수 있다.

(4) 비음화   '국물' → [궁물]
     유음화   '난로' → [날로]
     구개음화   '밭이' → [바치]
     경음화   '국밥' → [국빱]
     자음 위치동화   '감기' → [강기]

(4)는 대치의 예다. '국물'에서 'ㄱ'이 같은 위치의 비음 [ㅇ]으로, '난로'에서 'ㄴ' 이 유음 [ㄹ]로, '밭이'에서 'ㅌ'이 센입천장소리 [ㅊ]로, '국밥'에서 '밥'의 초성 'ㅂ'이 경음 [ㅃ]로, '감기'의 'ㅁ'이 여린입천장소리 [ㅇ]으로 각각 대치되었다.

(5) 격음화   '먹히다' → [머키다]
     반모음화   '두어' → [둬]

(5)는 축약의 예다. 격음화는 두 음소가 한 음소로, 반모음화는 두 음절이 한 음 절로 축약된다.

(6) 겹자음탈락   '닭' → [닥]
     /ㅎ/탈락   '좋아서' → [조아서]
     /j /탈락   '가져' → [가저]

(6)은 표기형에 있는 음소가 탈락되는 예다. '닭'에서는 겹자음 중 'ㄹ', '좋아서'에 서는 어간 말음 'ㅎ'이 탈락된다. '가져'는 /가지어/의 축약형인데 반모음이 탈락하 여 [가저]로 된다.

(7) /ㄴ/첨가   '한여름' → [한녀름], '물약' → [물냑 →물략][4]

/j/첨가   ‘피어’ → [피여]

(7)은 표기형에 없는 음소가 첨가된 예다. ‘한여름’, ‘물약’에서는 /ㄴ/, ‘피어’에서는 반모음 /j/가 첨가되었다.

　음운변동은 그것이 일어나는 원인에 따라 분류할 수도 있다. 원인에 따른 분류는 여러 가지가 가능한데, 먼저 음절구조 제약 때문에 일어나는 변동과 음소 결합 제약으로 인한 변동이 있다.

(8) ㄱ. 겹자음탈락　　　　‘값’ → [갑]
　　 ㄴ. 경음화　　　　　 ‘각도’ → [각또]
　　　　 비음화　　　　　 ‘국물’ → [궁물]
　　　　 유음화　　　　　 ‘난로’ → [날로]

(8)ㄱ의 겹자음탈락은 음절구조 제약으로 인한 변동이다. ‘값’의 겹자음 중 ‘ㅅ’가 탈락하는 것은 발음형에서 허용되는 최대 음절구조가 CVC이기 때문이다. 이에 비해 (8)ㄴ은 음소 결합제약으로 인한 변동이다. 예를 들어 경음화는 불파음과 평음, 비음화는 파열음과 비음이 결합할 수 없기 때문에 생긴 변동이고, 유음화는 초성 ‘ㄹ’의 선행 자음으로는 ‘ㄹ’만 결합 가능하기 때문에 일어난 변동이다.

　변동을 말할이가 발음을 편하게 하기 위해서 일어나는 것과 들을이에게 똑똑하게 전달하기 위해 일어나는 것으로 나누는 것도 원인에 따른 분류이다. 동화, 축약, 탈락은 대부분 발음의 편의를 위해 일어나는 현상이고, 첨가, 이화는 대부분 의미 변별을 확실히 하기 위해 일어나는 변동이다.

　동화(닮음, assimilation)는 음성적 특성이 다른 음소가 가로로 결합하면서 한 음운이 다른 음운의 성질을 닮아서 일어나는 변동이다. 동화는 다시 동화주와 피동화주의 순서에 따라 역행동화와 순행동화, 동화주와 피동화주의 거리에 따라 인접동화와 원격동화, 동화주(trigger)와 피동화주(피동화음, target)가 닮아지는 정도에 따라 완전동화와 부분동화(불완전동화)로 나눈다.

---

4) ‘물약’에서 /ㄴ/가 첨가된 [ㄹㄴ]는 순행적 유음화가 일어나 [ㄹㄹ]로 발음된다.

(9) ㄱ. 역행동화   '선로' → [설로]
    순행동화   '달나라' → [달라라]
    ㄴ. 인접동화   '국물' → [궁물]
    원격동화   '잡히다' → [*재피다]
    ㄷ. 완전동화   '선로' → [설로]
    부분동화   '국물' → [궁물]

(9)의 '선로'[설로], '달나라'[달라라]는 'ㄹ'이 동화주가 되어 일어난 유음동화이
다. 동화주 'ㄹ'이 피동화주 뒤에 있는 '선로'[설로]는 역행동화이고, 동화주 'ㄹ'이
앞에 있는 '달나라'[달라라]는 순행동화다. 역행동화는 다음에 올 소리를 미리 예
측하고 발음하면서 일어나는 현상이고, 순행동화는 앞소리의 잔상이 뒷소리에 영
향을 미치면서 일어나는 현상이다. '국물'[궁물]처럼 동화주와 피동화주가 인접해
있을 때는 인접동화, '잡히다'[재피다]처럼 동화주와 피동화주 사이에 다른 음소가
끼어 있을 때는 원격동화라 한다. '선로'[설로]처럼 피동화주가 동화주와 같은 음
운이 되는 것을 완전동화, '국물'[궁물]처럼 피동화주가 동화주의 특정한 음성 자
질만 닮게 되는 것은 부분동화라 한다.

(10) ㄱ. 자음에 의한 자음동화   '난로' → [날로]
    ㄴ. 모음에 의한 자음동화   '맏이' → [마지]
    ㄷ. 모음에 의한 모음동화   '잡히다' → [*재피다]
    ㄹ. 자음에 의한 모음동화   '고추장' → [*꼬치장]

(10)은 동화를 동화주와 피동화주가 자음이냐 모음이냐에 따라 나눈 것이다. (10)ㄱ
의 유음화는 동화주 'ㄹ'과 피동화주 'ㄴ'이 모두 자음이다. (10)ㄴ의 구개음화에서 동화주
는 모음 'ㅣ', 피동화주는 자음 'ㄷ'이다. (10)ㄷ의 /ㅣ/역행동화와 (10)ㄹ의 전설모음화는 표
준발음은 아니다. (10)ㄷ에서 동화주 'ㅣ'와 피동화주 'ㅏ'는 모두 모음이다. (10)ㄹ에서 동화
주는 자음 'ㅊ'이고 피동화주는 모음 'ㅜ'인데, 이는 '아츰 〉 아침'과 같은 통시적 전설
모음화와 같은 원인에 의한 것이다.

⑾ ㄱ. 집게[집께], 초가집 고치기[초가집고치기]

　　ㄴ. 설날[설랄], 통일 노래[통일로래], 큰일 났어요[크닐라써요]

변동규칙은 그 적용 영역이 최소자립형식인 어절 경계 내부인 경우도 있고, 어절 경계를 넘어서 적용되는 경우도 있다. ⑾ㄱ에서 '집게'에 적용되는 경음화는 '초가집 고치기'에는 적용되지 않는다(이호영, 1996: 157). ⑾ㄴ의 '설날'에 적용되는 유음화는 '통일 노래', '큰일 났어요'에도 적용된다. 그러므로 경음화보다 순행적 유음화의 적용 영역이 더 넓다.

⑿ ㄱ. '신문' → [신문~심문], '감기' → [감기~*강기]

　　ㄴ. '먹이다' → [머기다~*메기다]

음운변동을 말할이의 의도 개입 가능성에 따라 필수변동과 수의변동(임의변동)으로 나누기도 한다. 필수변동은 말할이의 의도와 상관없이 항상 일어나는 변동이고, 수의변동은 말할이의 의도에 따라 일어날 수도 있고 그렇지 않을 수도 있다. 수의변동 예로는 ⑿ㄱ의 자음 위치동화와 ㄴ의 /ㅣ/역행동화를 들 수 있는데, 둘다 표준발음으로 인정하지 않는다.

그러나 발음교육에서 변동규칙의 하위분류는 음운론이나 음운교육에서와는 다른 기준도 필요하다. 발음교육에서 변동규칙 분류는 교육내용을 배열하고, 학습자의 오류를 예측하고, 오류 수정 단계를 결정하는 데 유용해야 하기 때문이다. 발음교육에서 변동규칙을 분류할 때는 '보편성, 단순성, 생산성'을 고려할 필요가 있다.

첫째, 규칙의 '보편성…특수성' 정도에 따라 분류하고 배열할 필요가 있다. 더 많은 언어에 동일한 규칙이 존재할수록 보편성이 강하고, 한국어만의 개별 언어 규칙일수록 특수성이 강해진다. 한국어 교실에서는 한국어와 학습자 모어의 대조 분석을 통해 두 언어에 공통적으로 존재하고 규칙 내용의 일치도가 높을수록 보편성이 강한 것으로 간주해야 할 것이다. 보편성은 원칙적으로 한국어와 모든 학습자 모어의 비교·대조를 전제로 하지만 이는 개별 연구가 축적되어야 가능하다. 보편 언어학이 개별 언어학의 연구 결과를 필요로 하는 것과 같다. 보편성이 강할수록 학습자는 더 빨리 더 쉽게 습득하는 경향을 보인다. 예를 들어 연음규칙은 /ㄴ/첨가보다 보편성이 강하다.5)

둘째, 규칙의 '단순성…복잡성' 정도에 따라 분류할 필요가 있다. 규칙은 동화주와 피동화주가 자연류를 이룰수록 단순하고 투명하다. 또 적용 조건이 단순할수록 규칙의 단순성도 높아진다. 음운론적 조건만 필요한 경우도 있고, 형태론적 조건까지 필요한 경우도 있고, 음운론적, 형태론적 조건뿐 아니라 어휘론적 조건까지 필요한 규칙도 있다.6) 규칙 조건이 복잡할수록 적용 예는 한정되고 규칙성은 약화된다. 복잡한 규칙일수록 습득에 어려움을 겪고 오류도 많이 발생한다. 보편성과 단순성은 비례하는 경향을 보인다. 그러나 규칙의 보편성과 단순성이 늘 비례하는 것은 아니다.

예를 들어 결과적으로 동일한 경음화 변동을 보이더라도 규칙의 단순성에 따라 하위분류가 필요하다. '잡지, 드실 분, 감기, 결정, 산길'류7) 중 단순성의 정도로 본다면, 사잇소리현상이 표기에 반영되지 않은 채 경음화하는 '산길[산낄]'류가 가장 낮고, 다음이 한자음 'ㄹ' 뒤에서 'ㄷ, ㅈ, ㅅ'가 경음화하는 '결정[결쩡]'류이다. 단순성이 가장 높은 것은 불파음 뒤에서 경음화하는 '잡지[잡찌]'류이다. 그러므로 '산길'류의 경음화 교육보다 '잡지'류 교육이 선행되어야 한다.

셋째, 규칙의 생산성에 따른 분류가 필요하다. 생산성도 보편성, 단순성과 비례하는 경향을 보인다. 예를 들어 뒷말이 형식형태소이든 실질형태소이든 상관없이 적용되는 비음화는 뒷말이 실질형태소일 때만 적용되는 /ㄴ/첨가보다 생산성이 높다.

그러나 생산성이 보편성, 단순성과 늘 일치하는 것은 아니다. 예컨대 구개음화는 /ㄴ/첨가보다 보편성, 단순성이 강하지만 생산성이 높다고 단언하기는 어렵다.

---

5) 허 용(2012)에서도 외국인 학습자의 오류는 음운현상으로서의 자연성과 한국어 음운규칙의 복잡성에 따라 결정되는 경향을 보인다고 했다.

6) 음운규칙(phonological rule)과 형태음운규칙(morphophonemic rule) 분류와 관련된다. 음운론적 조건만 필요한 경우가 음운규칙에 해당한다.

7) '드실 분'류는 관형사형 어미 '-(으)ㄹ', '감기[감끼]'류는 어간 말음 'ㄴ, ㅁ' 뒤에서 평음의 경음화를 뜻한다(3장 4 참조). '산길'류의 경음화는 3장 9 참조.

공시적으로 생산성이 높은 규칙은 어미나 조사와의 결합에서 적용된다는 점을 고려하면, 'ㅣ'가[8] 형식형태소일 때 적용되는 구개음화가 /ㄴ/첨가보다 생산적일 것으로 생각된다. 그러나 구개음화의 피동화주인 'ㄷ, (ㄸ), ㅌ'로 끝난 형태소가 한국어에 별로 없기 때문에 적용 예는 /ㄴ/첨가보다는 적다.[9] 이런 점에서 생산성은 '발생 빈도'의 뜻일 때와 '적용 예'의 뜻일 때로 나누어 연구될 필요가 있다. 변동규칙의 발생 빈도와 적용 예에 대해서는 말뭉치(corpus)를[10] 활용한 좀 더 객관적인 검증이 필요하다.

1.3. 변동규칙 교육 원리

변동규칙은 명시적으로 제시하고, 의식적으로 형태에 집중하도록 교수·학습되어야 할 필요성이 있다. 암시적 설명, 무의식적 습득, 원어민과의 자연스런 상호작용 활동만으로 소통은 이루어지더라도 정확한 발음형 습득은 어렵다. 예를 들어 '국만, 입만, 밭만', '권력, 생산력, 능력, 국력'의 발음형에 특별히 주목하지 않으면

---

8) /ㄴ/첨가의 음운론적 조건은 '자음][i, j'인데, /i/보다 /j/일 때 더 활발하게 일어난다. 그러나 /j/는 변동규칙으로서 구개음화의 동화주가 되지 못하는데 이는 /j/로 시작하는 형식형태소가 없어서일 뿐이다.

9) 이석재 외(2007)에서 사용한 코퍼스 L2KSC에 따르면 17개의 음운현상 중 구개음화와 'ㄹ' 겹치기의 발생 빈도가 가장 낮다. 이 연구에서는 '서울역[서울력]'의 변동을 '부산역[부산녁]'의 변동과 별개의 현상으로 보았다. 둘 다 /ㄴ/첨가로 보면 구개음화 발생 빈도가 가장 낮다.

10) 말뭉치(corpus)는 언어 연구를 위해 텍스트를 컴퓨터가 읽을 수 있는 형태로 모아놓은 언어 자료를 말한다. 매체, 시간, 공간, 주석 단계 등의 기준에 따라 다양한 종류가 있다. 표준 말뭉치는 언어 사회 구성원들의 표준적인 언어 사용을 보여주는 것으로 교재나 사전 개발, 교육용 어휘 목록 선정 등에 활용될 수 있다. 참조 말뭉치는 교사 언어, 교안, 교재, 시험 등의 지문, 사전 등 각종 규범적 텍스트로 이루어져 있어서 교수·학습을 지원하는 데 사용될 수 있다(이승연 2012: 206~207).

표기형과 발음형의 차이를 토대로 음운변동을 규칙화하지 못하고 표기형대로 발음
하게 된다. 따라서 일정한 정도 형태에 대해 주목하게 하고 관심을 기울이게 할
필요가 있다.

변동규칙은 표기형과 발음형을 매개하는 기제이다. 따라서 변동규칙 교육의 주
요 목표는 표기형과 발음형 간의 상호 전환성(convertibility)을 높이는 데 있다.

⒀ 표기형과 발음형의 상호 전환

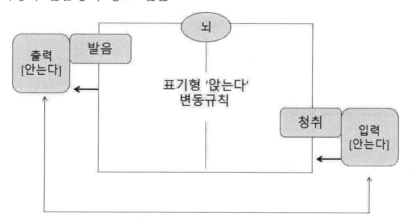

⒀은 표기형과 발음형의 상호 전환성을 도식화한 것이다. 입력된 [안는다]는
'앉][는다'라는 표기형을 가진 의미 정보로 해석·저장된다. 이는 듣기 기능으로 구
현되고, 또한 발음과는 달리 '앉는다'로 표기된다는 쓰기 기능으로도 구현된다.
'앉][는다'를 [안는다]로 출력하는 것은 기억·저장된 변동규칙인 자음군단순화를 적
용하여 말하기 또는 읽기(낭독) 기능으로 구현된다.11) ⒀은 변동규칙 교육이 표기
법 교육과 연계되어야 함을 나타낸다.

---

11) 듣기와 읽기는 이해, 말하기와 쓰기는 표현 활동이라는 점에서 공통적이다. 말하기
와 듣기는 음성언어, 쓰기와 읽기는 문자언어를 매체로 한다는 점에서 공통적이다.
이 두 기준으로는 말하기와 읽기, 듣기와 쓰기가 한 범주로 묶이지 않는다. 그러나
읽기를 낭독의 뜻으로 한정하면 말하기와 읽기는 음성 산출이라는 점에서 공통적이
다. 또 쓰기를 표기의 뜻으로 한정하면, 듣기와 쓰기는 음성 인식, 의미 해석이라는
점에서 공통적이다.

(14) ㄱ. 책을 덮으세요.

  ㄴ. 눈을 감으세요.

  ㄷ. 신문을 읽으세요.

초급 과정에서라면 (14)처럼 곡용형과 활용형의 연음규칙 교육과 타동사문, 명령문 교육을 같이 할 수 있다. 변동규칙은 문법교육과도 통합되어야 하기 때문이다. 변동규칙은 형태소가 결합할 때 적용되므로 가장 전형적이고 생산성이 높은 변동규칙은 어절 단위인 곡용형과 활용형에 나타난다. 따라서 곡용형과 활용형에 나타나는 변동규칙은 곡용어미, 활용어미의 문법교육과 연계된다.

변동규칙은 어휘교육과 통합되어야 한다. 복합어에만 나타나는 변동규칙은 곡용형이나 활용형에도 적용되는 규칙보다 적용 환경이 복잡하지만, 복합어는 형태적, 의미적 유연성을 지니고 있어서 어휘를 확장하기에 유용하다. 그러나 복합어의 형태적 공통성은 대부분 표기형에 국한되고 발음형은 변동규칙으로 인해 다양한 이형태로 교체된다. 따라서 변동규칙 교육 없이는 복합어에 있는 형태적 공통성을 포착하기 어렵다. 변동규칙 교육은 어휘교육과 통합될 때 서로 상승 작용을 일으킬 것이고, 특히 의미적 유연성, 형태적 공통성에 기초한 어휘장을 활용하는 경우에 있어서는 더욱 그러하다.

(15) ㄱ. 권력, 인력, 생산력, 능력, 국력 / 분량, 생산량, 교통량, 감량, 연습량

  ㄴ. 첫여름, 한여름, 지난여름

  ㄷ. 술값, 반찬값, 쌀값, 금값, 평균값

    산길, 손길, 지름길, 시골길, 불길

    대가(代價), 생산가(生産價), 원가(原價), 물가(物價)

(15)ㄱ의 유음화와 'ㄹ'의 비음화에 대한 교수·학습은 '-력(力), '량(量)'이 포함된 어휘교육과 통합될 때 효과적이다. (15)ㄴ의 /ㄴ/첨가는 '-여름' 복합어와, (15)ㄷ의 사잇소리로 인한 경음화는 '값, 길, -가(價)' 복합어 어휘교육과 통합되어야 교육 효과를 높일 수 있다.

변동규칙 교육은 표기, 어휘, 문법 교육뿐 아니라 '말하기, 듣기, 읽기, 쓰기' 교

육과 통합되어야 한다. 변동규칙 교육도 결국 외국어 교육의 가장 큰 목표인 의사
소통능력 향상에 기여할 수 있어야 하기 때문이다. 변동규칙이 적용된 어절은 유
의미한 상황 속에서 의사소통 행위로 사용되어야 단기 기억이 장기 기억으로 전환
될 수 있다. 따라서 기능 교육과 통합하여 듣고 읽는 이해 활동과 말하고 쓰는 표
현 활동 교육으로 이어져야 한다.

⒃ 통합 교육

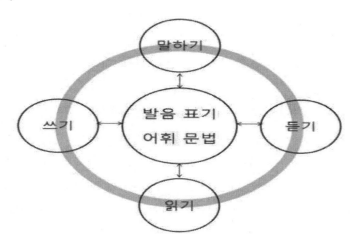

⒃에서 '발음, 표기, 어휘, 문법'이 머릿속에 기억·저장되는 '언어 지식'이라면,
'말하기, 듣기, 읽기, 쓰기'는 '언어 사용'이다.12) 의사소통을 위해 언어 지식과 사
용은 서로 맞물려 돌아가야 동력을 전달하는 톱니바퀴처럼 불가분의 관계이다.

⒄ ㄱ. 못 가요[몯까요], 못 나가요[몬나가요], 못 해요[모태요],
　　 못 읽어요[몬닐거요]

---

12)　구조주의　언어학,　변형생성　문법이　랑그(langue),　언어능력(linguistic
competence)이라는 이름으로 '언어 지식'에 대한 연구에 주력했다면, 기능주의 언
어학, 화행이론을 포함한 화용론, 담화 분석, 사회 언어학 등은 '언어 사용' 또는 언
어활동, 언어 수행(linguistic performance)에 관심을 기울인다.

ㄴ. 먹을 거[머글꺼] 주세요, 읽을 수[일글쑤] 없어요.

변동규칙 교육은 정확성뿐 아니라 유창성도 함께 고려해야 한다. ⑰의 일 음절 부사나 의존명사는 일반적 발화상황이라면 항상 앞뒤 말과 붙여 발음한다. ⑰을 띄어쓰기 단위로 끊게 되면 유창성에 심각한 문제를 유발하는 것은 물론이고, '못 가요'에 경음화, '못 나가요'에 비음화, '못 해요'에 격음화, '못 읽어요'에 /ㄴ/첨 가가 적용되지 않아 정확성에도 문제가 생긴다. 초급 학습자 발화에서는 말하기는 물론이고 읽기 활동에서조차 어절마다 끊어 읽는 경우가 많다. 문장 내부에서 끊 어 발음하는 위치를 조절하여 변동규칙 적용 영역을 최대화하는 활동은 유창성을 높이는 주요 요인이 된다.

2. 연음

2.1. 연음에 대한 이해[13]

'옷이[오시], 깎아[까까], 덮이다[더피다], 앉으세요[안즈세요]'에서처럼 표기형에서는 앞 형태소의 종성이던 것이 발음형에서 다음 형태소의 초성으로 발음되는 현상을 연음(連音, 소리 이음)이라 한다. 연음은 음운 자체의 대치나, 축약, 탈락, 첨가 등이 일어난 것은 아니다. 다만 표기형에서 음절 종성이던 것이 발음형에서는 초성이 되어 음절 경계가 달라진다. '앉아'는 VCC·V인데, 겹자음 중 뒤 자음이 다음 음절의 초성으로 옮겨간 [안자]는 VC·CV가 되었다.

> 「발음법」 제13항 홑받침이나 쌍받침이 모음으로 시작된 조사나 어미, 접미사와 결합되는 경우에는, 제 음가대로 뒤 음절 첫소리로 옮겨 발음한다.
> 깎아[까까], 옷이[오시], 있어[이써], 낮이[나지], 꽂아[꼬자], 꽃을[꼬츨], 쫓아[쪼차], 밭에[바테], 앞으로[아프로], 덮이다[더피다]
> 「발음법」 제14항 겹받침이 모음으로 시작된 조사나 어미, 접미사와 결합되는 경우에는, 뒤엣것만을 뒤 음절 첫소리로 옮겨 발음한다.(이 경우, 'ㅅ'은 된소리로 발음함.)
> 넋이[넉씨], 앉아[안자], 닭을[달글], 젊어[절머], 곬이[골씨], 핥아[할타], 읊어[을퍼], 값을[갑쓸], 없어[업ː써]

연음이 일어나는 조건은 형태소 말음이 모음으로 시작하는 형식형태소와 결합할

---

13) 2.1, 3.1, 4.1, 5.1, 8.1은 필자가 쓴 (2012ㄱ)의 일부를 고쳐 쓴 것이다.

때이다. 「발음법」 13항은 홑자음, 14항은 겹자음의 연음규칙에 관한 것이다. 규정에서 말하는 '조사나 어미, 접미사'는 형식형태소이다. 겹자음 'ㄳ, ㄽ, ㅄ'에서 연음된 'ㅅ'은 경음으로 발음한다.

뒤의 형태소 첫소리가 모음이라도 형식형태소가 아닐 경우 그대로 연음되지 않고 7종성 중 하나로 된 다음 연음된다. '맛이'처럼 '이'가 조사일 경우 'ㅅ'이 그대로 연음되어 [마시]로 발음되지만 '맛없다'처럼 '없다'가 실질형태소일 경우 'ㅅ'이 7종성으로 된 다음 연음되어 [마덥따]로 발음한다. '닭이'에서는 '이'가 조사이므로 '닭'의 말음이 연음되어 [달기]라고 발음한다. 그러나 '닭 앞에'에서는 '앞'이 실질형태소이므로 'ㄺ'에 겹자음탈락이 적용된 다음 연음되므로 [다가페]로 발음한다.

> 「발음법」 제15항   받침 뒤에 모음 'ㅏ, ㅓ, ㅗ, ㅜ, ㅟ'들로 시작되는 실질형태소가 연결되는 경우에는, <u>대표음으로 바꾸어서</u> 뒤 음절 첫소리로 옮겨 발음한다.
> 밭 아래[바다래], 늪 앞[느밥], 젖어미[저더미], 맛없다[마덥따], 겉옷[거돋], 헛웃음[허두슴], 꽃 위[꼬뒤]
> 다만, '맛있다, 멋있다'는 [마싣따], [머싣따]로도 발음할 수 있다.
> [붙임] 겹받침의 경우에는, 그 중 하나만을 옮겨 발음한다.
> 넋 없다[너겁따], 닭 앞에[다가페], 값어치[가버치], 값있는[가빈는]

「발음법」 15항은 'C][V', 'CC][V'에서 후행 모음이 실질형태소일 때 발음에 대한 규정이다. 휴지 앞에서처럼 7종성으로 된 다음 연음되는 것을 '대표음으로 바꾸어서'라 표현했다. '다만'은 '맛있다, 멋있다'에서 '있다'가 실질형태소이므로 'ㅆ'이 종성규칙에 의해 /ㄷ/로 된 다음 연음된 [마딛따, 머딛따]가 원칙적인 발음이지만 통용음을 존중하여 [마싣따], [머싣따]도 표준발음이다.

홑자음일 때 연음이 일어나는 까닭은 음절핵인 중성을 중심으로 음절을 형성할 때 종성보다는 초성 자리를 채우는 것이 더 우선되기(onset first principle) 때문이다. 겹자음일 때 연음이 일어나는 까닭은 기저형의 음소를 보존하면서 음절구조제약을 위반하지 않기 위해서다. 표기형에서는 종성 자리가 두 개이지만 발음형에서는 하나뿐이기 때문에 겹자음 중 하나가 다음 음절의 비어있는 초성 자리로 연음된다.

「발음법」제16항　한글 자모의 이름은 그 받침소리를 연음하되, 'ㄷ, ㅈ, ㅊ, ㅋ, ㅌ, ㅍ, ㅎ'의 경우에는 특별히 다음과 같이 발음한다.

디귿이[디그시], 디귿을[디그슬], 디귿에[디그세]

피읖이[피으비], 피읖을[피으블], 피읖에[피으베]

히읗이[히으시], 히읗을[히으슬], 히읗에[히으세]

「발음법」16항에서는 한글 자모 이름의 받침을 연음할 때의 발음형에 대해 따로 규정하고 있다. 자모 이름 표기형은 대표형태를 반영한 것이 아니어서 일반적인 연음규칙이 적용되지 않기 때문이다. 표기형 '피읖이'에 일반적 규칙을 적용하면 [피으피]가 되어야 하는데 표준발음은 [피으비]이다. 자음 이름은 최세진의 『훈몽자회』 범례에 처음 보이는데, 초성종성통용팔자(初聲終聲通用八字)의 이름은 해당 자음을 'ㅣ'의 초성, 'ㅡ'의 종성에 배치한 2음절어이다. 이를 1933년 「맞춤법」에서부터 모든 자음에 적용한 것이다. 다만 '기역, 디귿, 시옷'만 그 작명법이 달라진 것은 한글이 보편화되지 않았던 당시 한자의 음을 빌려 자모 이름을 표시했는데 [윽, 읃, 읏] 음을 가진 한자가 없었기 때문이다. 한글 자모 이름은 대표형태를 반영한 것이 아니라 그 작명 원리에 따른 것이다.

2.2. 학습자언어

연음은 말할이의 의도와 상관없이 필연적으로 일어나고, 특정한 음운론적 조건만 충족되면 보편적으로 적용되는 규칙이다. 한국어를 포함한 영어, 불어 등의 폐음절어에서는 거의 항상 연음규칙이 발견된다.

(1) ㄱ. 안에[안네], 그림을[그림믈]

　　ㄴ. 학당에[하따~에], 상영할[사~여할], 사진이에요[사지~이예요]

　　ㄷ. 미국에[미구에], 저녁에[저녀게], 소설요[소서요]

　　ㄹ. 대학에서[대학에서], 음악을[음아글], 물음에[무름에]

　　ㅁ. 늦어서[느t̥ ㅓ서], 책을[채k ㅡㄹ], 서울역으로[서우려k ㅡ로], 찍은[찌k ㅡ ㄴ]

　(1)은 중국인 학습자언어이다(양순임: 2007). 중국어처럼 개음절어는 연음규칙이 적용될 환경이 거의 없어서 이런 언어권 학습자는 연음규칙과 관련한 오류가 빈번한 편이다.

　(1)ㄱ은 '유성자음][모음' 환경에서 동일 자음을 첨가하여 중첩자음으로 발음한 것이다. (1)ㄴ은 '비음][모음' 환경에서 비음이 탈락되고 인접 모음이 비음화된 예들이다.14) (1)ㄷ은 모음 앞에 있는 자음을 연음하지 않고 탈락시켰고, (1)ㄹ은 연음하지 않고 음절별로 끊어서 발음한 것이다. '음악을[음아글], 물음에[무름에]'는 한 어절에 연음규칙이 적용되는 자음이 둘 일 때 하나만 적용한 것인데 이는 학습자가 연음규칙을 이해했지만 여전히 오류가 발생한 것으로 연습이 필요함을 보여준다. (1)ㅁ은 'ㅂ, ㄷ, ㄱ, ㅈ'을 연음했지만 무성음으로 발음하여 한국인의 귀에 'ㅃ, ㄸ, ㄲ, ㅉ'에 가깝게 들린 예들이다.

　한국어에서는 후행 모음이 이중모음일 때도 '오백원[오배권], 국왕[구광]'처럼 연음된다. 이에 비해 연음규칙이 활발하게 일어나는 영어에서도 'backwater'의 'k', goodwill'의 'd'는 연음하지 않는 게 보통이다. 이는 음소 결합 시 /w, j/가 한국어에서는 모음처럼 기능하는 반면, 영어에서는 자음처럼 기능하기 때문일 것이다. 초급 학습자라면 '원, 월'과 같은 단위 명사를 이용해서 '오백 원[오배권], 칠 월[치뤌]'의 형태로 연습이 필요하다.

2.3. 연음규칙 교육

---

14) 비음 탈락과 모음의 비음화는 동화와 축약을 동시에 보이는 융합(coalescence) 현상으로 [비음성]의 자립 분절적 특성에 기인한다. 발음형은 한글로 전사하고, 한글로 전사할 수 없는 경우에는 IPA를 사용했는데, '~'는 앞뒤 모음이 비음화했음을 뜻하고, '늦어서[느t̥ ㅓ서]'에서 't̥'는 유성음으로 발음될 환경인데 무성음으로 발음되었음을 뜻한다.

도입 밑줄 친 말의 발음에 주의하면서 읽어 보세요.

> 책을 덮으세요.

'도입'은 학습자가 학습목표를 알아차리게 하는 역할을 한다. 목표 발음에 학습자들이 주의를 집중할 수 있도록 밑줄로 텍스트를 강화한다.

설명 연음규칙

> 앞 음절 종성이 뒤 음절의 초성으로 연음된다.
> 초성 자리에 표기된 'ㅇ'은 음가가 없다.
>
>

해당 규칙이 어떤 조건에서 무엇이 무엇으로 변동하는지에 대한 설명이다. 메타언어를 최소화하면서도 해당 규칙의 핵심을 정확하고 쉽게 전달하는 역할을 한다. 그래서 도식을 최대한 활용할 필요가 있다.

과제 ❶ 규칙을 사용하여 아래 단어를 발음해 보세요.

> ① 옷을[오슬], 꽃을[꼬츨], 낮에[나제], 밤에[바메], 앞에[아페]
> ② 닫아요[다다요], 좁아요[조바요], 있어요[이써요], 먹어요[머거요], 덮어요[더퍼요]
> ③ 닫으면[다드면], 좁으면[조브면], 있으면[이쓰면], 먹으면[머그면], 덮으면[더프면]
> ④ 앉아요[안자요], 넓어요[널버요], 없어요[업써요],[15) 읽어요[일거요]

학습한 규칙을 사용할 수 있도록 목표 규칙이 적용되는 전형적인 단어 또는 어

---

15) 겹받침 'ㅄ, ㄳ, ㄽ'의 'ㅅ'은 연음할 때 [ㅆ]로 발음하는 것이 표준발음이지만 [ㅅ]로 연음하든 [ㅆ]로 연음하든 의미 대립이 없고 한국인의 발음에서도 [ㅆ]는 폐쇄음보다는 긴장성이 약하기 때문에 학습자에게 그리 강조할 필요는 없다.

절을 주의 깊게 선택해서 충분히 제공하는 것이 중요하다. 표기형을 보고 해당 규칙에 대한 이해를 바탕으로 발음해 보게 한 후, 발음형을 제시한다.

과제 ❷ 규칙을 사용하여 아래 문장을 발음해 보세요.

> 책을 덮으세요.[채글 더프세요]
>
> 눈을 감으세요.[누늘 가므세요]
>
> 책을 읽으세요.[채글 일그세요]
>
> 잘 들어 보세요.[드러보세요]
>
> 저는 일본 사람이[일본사라미] 아니라 중국 사람입니다.[중국사라밈미다]
>
> 저는 중국 사람이[중국사라미] 아니라 한국 사람입니다.[한국사라밈미다]
>
> 이건 음악 책이[으막채기] 아니라 국어 책입니다.[구거채김미다]

규칙 사용 과제로서의 문장은 동일한 문형(sentence pattern)을 많이 사용하여 문법 학습과 병행하는 것이 좋다. 과제 2는 서술어가 타동사인 명령문과, '__이 아니라 __이다.' 문형이다.[16]

---

16) 문형(文型)은 여러 가지 의미로 사용된다. 첫째, 필수 문장성분이 단문을 이루는 유형의 뜻으로 쓰인다. 이때 문형은 'sentence structure'의 뜻이다. 무엇을 필수 성분으로 보는가에 따라 문형 분류는 다양해진다. 주어, 목적어, 서술어 외에 보어를 필수 성분으로 보기도 하고, 필수적 부사어를 두기도 하고, 이중 주어문을 문형의 하나로 설정하기도 한다. 또 학교문법에서 '무엇이 무엇이다, 무엇이 어떠하다, 무엇이 어찌하다, 무엇이 무엇을 어찌하다'처럼 서술어의 종류에 따라 문형을 나누는데, 동사나 형용사를 하위분류하여 심리동사, 이동동사, 피동사, 사동사 등으로 세분해 나가면 문형의 종류는 더 늘어난다.

둘째, 종결어미로 드러나는 문장종결법 유형의 뜻으로도 쓰인다. '평서문, 의문문, 명령문, 청유문'이 기본 문형이 된다. 감탄문, 허락문, 약속문을 따로 세우는 경우도 있고, 이들 종결어미는 간접인용문에서 해당 어미 형태를 유지하지 못하고 상대높임법 체계에 빈칸이 많다는 점에서 평서문에 포함하기도 한다.

셋째, 외국어 교육에서는 위의 것보다 개념을 더 확장하여 반복적으로 나타나는 유사한 문장 형태를 모두 문형이라 하기도 한다. 이때 문형은 'sentence pattern'의 뜻

138

과제 ❸ 듣고 빈칸에 알맞은 말을 쓰세요.

① (값이) 너무 비싸요. 좀 (깎아) 주세요.
② 학교 (앞에서) 만나요.
③ (책을 읽어요).
④ 여기에 (앉으세요).
⑤ 이불을 (덮으세요).

　　연음규칙은 보편적인 음절구조를 지향하고 발음의 편의를 위해 일어나는 현상이어서 보편성이 강한 규칙이고, 학습자들은 초기에 습득하는 규칙 중 하나다. 그런데 연음규칙이 적용되면 형태소 경계가 음성 정보에 드러나지 않게 되어 음성을 의미 정보로 해독하는 측면에서는 주의를 요한다.17) 그러므로 초급 단계에서 표기형을 통해 형태소 경계를 복원하는 연습이 필요하다. 이것이 부분적이든 전체적이든 받아쓰기 과제가 필요한 이유이다.

과제 ❹ 연음규칙이 일어나는 것과 그렇지 않은 것으로 나누어 보세요. 연음규칙이 언제 일어나는지 이야기해 보세요.

일월	이월	칠월	구월	십일월	십이월
[　　]	[　　]	[　　]	[　　]	[　　]	[　　]

십 원	백 원	오백 원	천 원	오천 원	만 원
[　　]	[　　]	[　　]	[　　]	[　　]	[　　]

이다. 예를 들어 문형 연습(pattern drill)에서 '문형'은 '부산에 가 본 적이 있다'에서 '-ㄴ 적이 있다'처럼 다른 어절이나 구를 대치하여 새로운 문장을 생성할 수 있는 틀을 뜻한다.

17) 아동들이 모어 습득 과정에서 보이는 '곰이가 낸내해요, 팔이가 아파요'와 같은 오류는 연음규칙으로 인한 형태소 경계 설정 오류로도 해석된다.

  과제 4의 '월, 원'은 사용 빈도가 높으면서 이중모음으로 시작하는 단어여서 연음 관련 오류가 나타나는 것이다. 규칙을 실제 사용해 보고 이를 말로 표현함으로써 규칙을 내재화하도록 하는 활동이다.

설명   연음규칙의 예외

> 종성 'ㅎ, ㅇ'은 연음되지 않는다.
> '좋아요[조아요]'처럼 'ㅎ'은 연음되지 않고 탈락된다.
> '강으로[강으로]'처럼 'ㅇ'은 연음되지 않고 그대로 종성으로 발음된다.

  거의 모든 규칙에는 예외가 있고 예외는 예외대로 작은 규칙을 이루는 경우가 있다. 예를 들어 '좋아요[조아요]'는 연음규칙의 예외이지만 이들끼리 /ㅎ/탈락 규칙을 형성한다. 이와 같은 소규칙은 따로 설명하고 소규칙 설명 뒤에는 주규칙과 별도의 과제를 제시하였다.

과제   규칙을 사용하여 아래 문장을 발음해 보세요.

> 여기는 좋은 사람이[조은사라미] <u>많아요</u>.[마나요]
> 나는 바다가 <u>좋아요</u>.[조아요]
> <u>강으로</u>[강으로] 놀러 갔어요.
> <u>건강이</u>[건강이] 가장 중요해요.

설명   뒷말이 실질형태소일 때

> '자음][모음'에서 모음으로 시작하는 뒷말이 형식형태소인 경우에는 그대로 연음하고, 실질형태소인 경우는 앞 자음을 7종성 중 하나로 바꾼 다음 연음한다.
>
>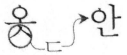

'형식형태소', '실질형태소'와 같은 문법 용어는 학습자에게 직접 제시하기 어려운 경우가 대부분이어서 교실 상황에 맞게 교사의 적절한 대응이 필요하다. 예를 들어 중국인 학습자에게 중국어로 번역해서 '实词, 虚词'로 설명한다든지, '조사, 어미'를 알고 있으면 형식형태소는 '조사, 어미, 접미사', 실질형태소는 '단어'로 바꾸어 설명한다.

과제 ❶ ㄱ과 ㄴ의 차이에 유의하여 발음해 보세요.

ㄱ. 자음]모음(형식형태소)	ㄴ. 자음]모음(실질형태소)
옷이[오시]	옷 안[오단]
숲으로[수프로]	숲 안으로[수바느로]
부엌에서[부어케서]	부엌 앞[부어갑]

과제 ❷ 규칙을 사용하여 아래 대화를 해 보세요.

① 이 옷은[이오슨] 주머니가 없어서 불편할 거 같아요.
　　옷 안쪽에도[오단쪼게도] 주머니가 없어요?
② 꽃이[꼬치] 참 예뻐요.
　　꽃 안에[꼬다네] 벌이 있어요.
③ 저기 숲이[수피] 있네요.
　　숲 안으로[수바느로] 들어가 볼까요?
④ 옷 있어요?[오디써요]
　　아뇨, 옷 없어요.[오덥써요]
⑤ 어제 학교에 왔어요?
　　아뇨, 바빠서 못 왔어요.[모돠써요]

유의미한 상황 속에서 사용된 대화문에 목표가 된 음운변동을 포함시켜 학습자들이 대화 속에서 규칙을 사용하고 내재화할 수 있게 한다.

설명 연음된 'ㅂ, ㄷ, ㄱ, ㅈ'의 음가

연음된 'ㅂ, ㄷ, ㄱ, ㅈ'은 유성음으로 발음한다.

과제   규칙을 사용하여 아래 문장을 발음해 보세요.

입에서[이베서] 피가 나요.
문을 닫으세요.[다드세요]
기억이[기어기] 안 나요.
오늘 낮에[나제] 다쳤어요.

설명   뒷말의 모음이 'ㅢ'인 경우[18]

'자음][ㅢ'에서 자음이 연음되면 'ㅢ'는 [ㅣ]로 발음한다.

과제 ❶   '자음][ㅢ' 발음에 주의하여 아래 단어를 발음해 보세요.

논의[노니], 협의[혀비], 반의어[바니어], 편의점[펴니점]

과제 ❷   '자음][ㅢ' 발음에 주의하여 아래 문장을 발음해 보세요.

편의점은[펴니저믄] 대개 24시간 문을 열어요.
'짧다'의 반의어는[바니어는] '길다'이다.
같이 논의해 봅시다.[노니해봅씨다]

---

18) 「발음법」 제5항에 따르면 '협의'는 [혀븨], [혀비] 둘 다 표준발음인데, 통용음에서는
   거의 [ㅣ]로 발음한다.

3. 겹자음탈락

3.1. 겹자음탈락에 대한 이해

표기형에서는 겹자음 11개(ᆪ, ᆬ, ᆹ, ᆰ, ᆱ, ᆲ, ᆳ, ᆴ, ᆵ, ᆭ, ᆶ)가 사용된다. 그러나 발음형에서는 자음이나 휴지 앞에서 겹자음 중 하나가 탈락하는데 이를 겹자음탈락(자음군 단순화)이라 한다.

(1) 연음과 겹자음탈락의 관계

'겹자음][모음' 연음	'겹자음][휴지, 자음' 겹자음탈락
없어요[업써요]	없다[업따]
맑아요[말가요]	맑다[막따]
굵어요[굴거요]	굵다[국따]
젊어요[절머요]	젊다[점따]
넓어요[널버요]	넓다[널따]
얇아요[얄바요]	얇다[얄따]
앉아요[안자요]	앉고[안꼬]
흙이[흘기]	흙[흑]

(1)처럼 겹자음탈락과 연음규칙은 서로 배타적(상보적)으로 실현된다. 연음규칙은 뒤에 모음이 올 때, 겹자음탈락은 뒤에 자음이나 휴지가 올 때 적용되기 때문이다.

(2) 겹자음탈락 유형

	겹자음	보기
ㄱ.	ㄳ, ㄵ, ㅄ, ㄼ, ㄾ, ㄻ	넋[넉], 앉다[안따], 값[갑], 외곬[외골], 훑다[훌따], 여덟[여덜], 넓다[널따]
ㄴ.	ㄻ, ㄿ, ㄺ	젊다[점따], 읊다[읍따], 흙[흑], 맑다[막따]

(2)는 겹자음탈락이 적용되는 전형적인 예를 C1과 C2 중 어느 것이 탈락하는지에 따라 나눈 것이다. (2)ㄱ은 C2가, (2)ㄴ은 C1이 탈락하는 것이 원칙이다. 'ㄼ'은 '여덟, 넓다'처럼 'ㅂ'이 탈락하지만, '밟다'와 그 활용형, '넓-'으로 표기된 복합어는 'ㄹ'이 탈락한다. 'ㄺ'은 '흙, 맑다'처럼 'ㄹ'이 탈락하는 것이 원칙이지만 '맑고, 맑게, 묽고'처럼 용언이면서 후행 자음이 'ㄱ'일 경우 'ㄱ'이 탈락한다.

「발음법」 제10항   겹받침 'ㄳ', 'ㄵ', 'ㄼ, ㄾ, ㄿ', 'ㅄ'은 어말 또는 자음 앞에서 각각 [ㄱ, ㄴ, ㄹ, ㅂ]으로 발음한다.
    넋[넉], 앉다[안따], 여덟[여덜], 넓다[널따], 값[갑]
  다만, '밟-'은 자음 앞에서 [밥]으로 발음하고, '넓-'은 다음과 같은 경우에 [넙]으로 발음한다.
    (1) 밟다[밥:따], 밟는[밥:는→밤:는], 밟게[밥:께]
    (2) 넓-죽하다[넙쭈카다], 넓-둥글다[넙뚱글다]
「발음법」 제11항   겹받침 'ㄺ, ㄻ, ㄿ'은 어말 또는 자음 앞에서 각각 [ㄱ, ㅁ, ㅂ]으로 발음한다.
    닭[닥], 맑다[막따], 젊다[점:따], 읊고[읍꼬]
  다만, 용언의 어간 말음 'ㄺ'은 'ㄱ' 앞에서 [ㄹ]로 발음한다.
    맑게[말께], 묽고[물꼬], 얽거나[얼꺼나]

「발음법」 10, 11항은 겹자음탈락과 관련된 규정으로 겹자음 중 탈락하는 자음의 앞뒤 위치에 따라 나누어 규정하고 있다. 10항은 C2의 탈락, 11항은 C1의 탈락을 다루고 있다.

「맞춤법」 제21항 명사나 혹은 용언의 어간 뒤에 자음으로 시작된 접미사가 붙어
서 된 말은 그 명사나 어간의 원형을 밝히어 적는다.
2. 어간 뒤에 자음으로 시작된 접미사가 붙어서 된 것
  갉작갉작하다, 갉작거리다, 굵다랗다, 굵직하다, 넓적하다, 늙수그레하다
다만, 다음과 같은 말은 소리대로 적는다.
  (1) 겹받침의 끝소리가 드러나지 아니하는 것
  할짝거리다, 널따랗다, 널찍하다, 말끔하다, 말쑥하다, 말짱하다, 실쭉하다, 실
  큼하다, 얄따랗다, 얄팍하다, 짤따랗다, 짤막하다, 실컷

「맞춤법」 21항도 겹자음탈락 관련 규정이다. '넓적하다'와 '널따랗다'의 표기 차
이는 발음을 기준으로 한 것이다. '넓적하다[넙쩌카다]'처럼 C1이 탈락하면 겹자음
을 표기에 반영하고, /넓다랗다/[널따라타]처럼 C2가 탈락하는 경우 겹자음을 표
기에 반영하지 않고 '널따랗다'로 표기하도록 규정하였다.

3.2. 학습자언어

자음군이 허용되는 영어는 'belt, false, bulb, silk, box, lens'에서 밑줄 친 자
음군을 다 발음한다. 이런 경우 '핥고, 밟고'를 [할ㅌ고], [발ㅂ고]처럼 발음하는 오
류가 나오기 쉽다. 한국어 발음형에서는 자음군이 허용되지 않는다는 것을 교육해
야 한다.
개음절어를 모어로 하는 학습자들이 겹자음탈락에 오류를 보이는 경우는 별로
없다. 그러나 겹자음 중 어느 것이 탈락되는지는 습득하기 어려운 문제다. 이는
규칙의 복잡성으로 인해 한국인의 발음에도 변이가 심하기 때문이다.

(3) ㄱ. 밟다[발따], 넓적하다[널쩌카다]
    ㄴ. 맑다가[말따가], 묽지[물찌]

(3)은 한국인에게서도 자주 나타나는 비표준발음이다. [밥따], [넙쩌카다]가 표준발음인데, [발따, 널쩌카다]로 발음하는 것은 '여덟[여덜], 넓다[널따]'처럼 'ㄼ'은 'ㅂ'이 탈락하는 것이 일반적이기 때문에 나타나는 현상이다. [막따가, 묵찌]가 표준발음인데, [말따가, 물찌]로 발음하는 것은 '맑고[말꼬], 묽고[물꼬]'에서 'ㄱ'이 탈락하는 데 유추된 것이다.

발음교육에서 어느 자음이 탈락하는가를 규칙으로 접근하기는 어렵다. 각 겹자음을 대표할 수 있는 어휘를 정하여 발음형을 학습하게 하는 것이 좋다. 'ㅄ'은 '값[갑]', 'ㄵ'은 '앉고[안꼬]', 'ㄺ'은 '닭[닥]', 'ㄼ'은 '젊다[점따]'로 기억하게 하는 것이다.

3.3. 겹자음탈락 규칙 교육

어떤 자음이 탈락하는지는 복잡하지만 겹자음탈락 조건 자체는 단순하다. 단순성이 높은 규칙은 교사가 규칙을 설명하기보다 학습자들이 직접 자료를 관찰하고 규칙을 세워보는 탐구 과제를 하게 할 수 있다.

과제 ❶ '앉지, 얇지, 젊지'의 발음이 표기와 어떤 차이가 있는지 찾아보세요. '앉으세요, 얇아요, 젊어요'의 발음과 비교해서 어떤 차이가 있는지도 찾아보세요.[19]

> 거기 <u>앉지</u> 말고 여기 <u>앉으세요</u>.
> 이 옷은 <u>얇지</u> 않고 저 옷이 <u>얇아요</u>.

---

19) 관찰·탐구 과제에서는 용언 어간보다 자립형태소인 체언을 제시하는 것이 더 좋지만, 겹자음탈락 규칙에 관한 한 체언을 제시하기 곤란한 면이 있다. '통닭이'는 [통달기]가 표준발음이지만 현실적으로는 [통다기]로 발음한다는 점에서 입말에서는 재어휘화되었다고 보인다. 연음규칙이 적용될 환경에서 겹자음 발음이 외현되지 않으면 적어도 입말에서는 겹자음이라 보기 어렵다. '값이'의 표준발음은 [갑시]가 아니라 [갑씨]로 되어 있어서 일반적 연음규칙과 별도의 추가 설명이 필요하다.

엄마는 <u>젊지</u> 않지만 저는 <u>젊어요</u>.

과제 ❷ 발음 규칙을 만들어 보세요.

표기형은 겹받침이지만, 발음할 때는 둘 중 하나만 발음한다.

과제 1에서는 언어 자료를 관찰·탐구하고, 과제 2에서는 관찰 결과를 바탕으로 규칙을 만들어 본다. 규칙 만들기 과제는 학습자가 도식화하든 언어로 설명하든 직접 해보게 한다. 이런 과제는 학습자의 모어 사용을 허용하여 학습자 간 소통을 강화하는 것이 좋다.

과제 ❸ 규칙을 사용하여 아래 단어를 발음해 보세요.

ㅄ	값[갑], 값과[갑꽈], 값보다[갑뽀다]
ㄵ	앉다[안따], 앉고[안꼬], 앉지[안찌]
ㄺ	닭[닥], 닭과[닥꽈], 닭보다[닥뽀다]
ㄻ	젊다[점따], 젊고[점꼬], 젊지[점찌]
ㄼ	넓다[널따], 넓고[널꼬], 넓지[널찌]
ㄾ	핥다[할따], 핥고[할꼬], 핥지[할찌]
ㄶ	많네[만네], 많습니다[만씀니다]
ㅀ	싫네[실레], 싫습니다[실씀니다]

과제 ❹ 규칙을 사용하여 아래 문장을 발음해 보세요.

밥도 없고[업꼬] 라면도 없어요.

거기 앉지 마세요.[안찌마세요]

통닭도[통닥또] 없어요.

엄마 허리는 굵지 않아요.[국찌아나요]

날씨가 맑지 않아요.[막찌아나요]

엄마는 젊지 않아요.[점찌아나요]

발을 밟지 마세요.[밥찌마세요]

우리 집 거실은 넓지 않아요.[널찌아나요]

이 옷은 얇지 않아요.[얄찌아나요]

이 노래는 싫습니다.[실씀니다]

교실에 학생이 많습니다.[만씀니다]

규칙 사용 과제는 스스로 설정한 규칙을 사용하여 표기형에 적용해보고, 규칙을 내재화하는 활동이다. 규칙 사용 과제는 처음에는 발음형 없이 학습자들이 스스로 해보게 하고, 나중에 발음형을 제시하여 확인하게 하는 것이 좋다. 겹자음탈락 규칙은 '동사+지 마세요, 형용사+지 않아요.'와 같은 문형 교육과 병행할 수 있다. 곡용형은 체언에 휴지나 조사 '도, 과'를 연결하여 '값, 값도, 값과'의 형태로, 활용형은 어간에 어미 '-다, -다가, -지, -고'를 연결하여 '앉다, 앉다가, 앉지, 앉고'의 형태로 문법 교육과 병행할 수 있다.

단, 'ㅎ'이 포함된 'ㄶ, ㅀ'은 여느 겹자음과는 탈락 조건이 다르다. 후행 자음이 평음 'ㄱ, ㄷ, ㅈ'일 경우 탈락하는 것이 아니라, 후행 자음에 격음성 자질로 얹혀 격음화한다. 격음화할 수 없는 환경 즉, 후행 자음이 'ㄴ, ㅅ'일 때만 'ㅎ'이 탈락한다. 그러므로 겹자음탈락 규칙 교육에서는 'ㄶ, ㅀ'에 '-다, -지, -고'를 연결하면 안 되고 '-네, -습니다'와 같은 어미와 결합한 형태로 제시해야 한다.

과제 ❺   듣고 빈칸에 알맞은 말을 쓰세요.

① 신발 (값도) 비싸고 옷도 (값이) 비싸요.

② 제 엄마는 (젊지) 않지만 저는 (젊어요).

③ 거기 (앉지) 말고 여기 (앉으세요).

④ 이 옷은 (얇지) 않고 저 옷이 (얇아요).

⑤ 밥도 (없고) 라면도 (없어요).

⑥ 동생 허리는 (굵지) 않지만 제 허리는 (굵어요).

⑦ 여기는 (밟지) 말고 저기를 (밟으세요).

⑧ 거실도 (넓고) 방도 (넓어서) 좋아요.

⑨ 오늘도 (맑고) 내일도 (맑을) 거예요.

⑩ 여기 (얹지) 말고 여기 (얹으세요).

받아쓰기는 발음형을 표기형으로 바꾸는 활동이다. 이는 표기형이 최소 유의미 단위인 형태소 단위를 표상한다는 점에서 의미 해석과도 관련된다.

4. 경음화

4.1. 경음화에 대한 이해

경음화(glottalization)는 평음 'ㅂ, ㄷ, ㄱ, ㅈ, ㅅ'으로 표기된 것이 각각 경음 [ㅃ, ㄸ, ㄲ, ㅉ, ㅆ]로 대치되는 현상이다. 경음화는 규칙 적용 조건에 따라 네 가지 유형 '잡지[잡찌]', '드실 분[드실뿐], 감기[감끼]', '결정[결쩡]'류로 나뉜다.

'잡지[잡찌]'류는 불파음 [p˺, t˺, k˺] 뒤라는 음운론적 조건만 충족되면 경음화하므로 네 유형 중 가장 광범위하게 일어난다. '드실 분[드실뿐], 감기[감끼], 결정 [결쩡]'류는 유성자음 뒤에서 일어나는 경음화이다. '유성자음][평음'에서 평음은 유성음 사이에 위치하므로 유성음화하는 것이 더 자연스럽다. 따라서 '유성자음] [평음'에서 경음화가 일어나려면 특정한 형태론적 조건이 충족되어야 한다. 음운론적 조건만 필요한 불파음 뒤의 경음화는 형태론적 조건이 추가되어야 하는 유성자음 뒤의 경음화보다 더 단순한 규칙이다. 더 복잡한 규칙일수록 오류는 더 많이 발생하고, 습득에 따른 어려움도 커지므로 더 단순한 규칙을 먼저 교육해야 한다.

'드실 분[드실뿐]'류는 관형사형 어미 중 '-(으)ㄹ' 뒤에서만 적용된다. '감기[감끼]'류는 어간 말음이 'ㄴ, ㅁ'일 때만 적용되는 경음화이므로 음운론적 조건이 같아도 명사 '감기'는 경음화하지 않는다. '결정[결쩡]'류는 2음절 한자어이면서 후행 평음이 'ㄷ, ㅅ, ㅈ'일 때만 적용되는 경음화이다. '결정, 결단, 결석'에서는 경음화가 일어나지만 '결별, 결근'에서는 경음화하지 않는다. '몰상식[몰쌍식], 불세출[불쎄출]'처럼 3음절 한자어에도 이 규칙이 적용되는 경우도 있지만, '몰지각, 과일즙, 수술실'처럼 3음절 이상일 경우 경음화하지 않는 경우도 많다. '결정'류의 경음화는 한자어에만 적용되므로 음운론적 조건이 같아도 '칼도'처럼 고유어가 포함되었을 경우에는 경음화하지 않는다.

「발음법」 제23항　받침 'ㄱ(ㄲ, ㅋ, ㄳ, ㄺ), ㄷ(ㅅ, ㅆ, ㅈ, ㅊ, ㅌ), ㅂ(ㅍ, ㄼ, ㄿ, ㅄ)' 뒤에 연결되는 'ㄱ, ㄷ, ㅂ, ㅅ, ㅈ'은 된소리로 발음한다.

국밥[국빱], 깎다[깍따], 삯돈[삭똔], 닭장[닥짱]

뻗대다[뻗때다], 옷고름[옫꼬름], 있던[읻떤], 꽂고[꼳꼬], 꽃다발[꼳따발], 밭갈이[받까리]

곱돌[곱똘], 덮개[덥깨], 넓죽하다[넙쭈카다], 읊조리다[읍쪼리다], 값지다[갑찌다]

「발음법」 제6장 23항~27항은 모두 규칙적 경음화에 대한 규정이다. 23항은 불파음 뒤에서 일어나는 경음화이다. 받침으로 표기된 'ㄱ, ㄲ, ㅋ, ㄳ, ㄺ'는 모두 [k˺]으로 발음되고, 'ㄷ, ㅅ, ㅆ, ㅈ, ㅊ, ㅌ'는 [t˺], 'ㅂ, ㅍ, ㄼ, ㄿ,ㅄ'는 [p˺]으로 발음된다.

「발음법」 제24항　어간 받침 'ㄴ(ㄵ), ㅁ(ㄻ)' 뒤에 결합되는 어미의 첫소리 'ㄱ, ㄷ, ㅅ, ㅈ'은 된소리로 발음한다.

신고[신ː꼬], 껴안다[껴안따], 앉고[안꼬], 얹다[언따]

삼고[삼ː꼬], 더듬지[더듬찌], 닮고[담ː꼬], 젊지[점ː찌]

다만, 피동, 사동의 접미사 '-기-'는 된소리로 발음하지 않는다.

안기다 감기다 굶기다 옮기다

「발음법」 제25항　어간 받침 'ㄼ, ㄾ' 뒤에 결합되는 어미의 첫소리 'ㄱ, ㄷ, ㅅ, ㅈ'은 된소리로 발음한다.

넓게[널께], 핥다[할따], 훑소[훌쏘], 떫지[떨ː찌]

「발음법」 제26항　한자어에서, 'ㄹ' 받침 뒤에 연결되는 'ㄷ, ㅅ, ㅈ'은 된소리로 발음한다.

갈등[갈뜽], 말살[말쌀], 갈증[갈쯩], 몰상식[몰쌍식], 불세출[불쎄출]

다만, 같은 한자가 겹쳐진 단어의 경우에는 된소리로 발음하지 않는다.

허허실실[허허실실](虛虛實實), 절절-하다[절절하다](切切-)

「발음법」 제27항　관형사형 '-(으)ㄹ' 뒤에 연결되는 'ㄱ, ㄷ, ㅂ, ㅅ, ㅈ'은 된소리로 발음한다.

할 것을[할꺼슬], 갈 데가[갈떼가], 할 바를[할빠를], 할 수는[할쑤는], 할 적에[할
쩌게], 갈 곳[갈꼳], 할 도리[할또리], 만날 사람[만날싸람]
다만, 끊어서 말할 적에는 예사소리로 발음한다.
[붙임] '-(으)ㄹ'로 시작되는 어미의 경우에도 이에 준한다.
할걸[할껄], 할밖에[할빠께], 할세라[할쎄라], 할수록[할쑤록], 할지라도[할찌라도],
할지언정[할찌언정], 할진대[할찐대]

24~27항은 유성자음 뒤에서 일어나는 경음화에 대한 규정이다. 24항은 '감기
[감끼]'류, 26항은 '결정[결쩡]'류, 27항은 '드실 분[드실뿐]'류에 대한 것이다.
25항은 어간 말 겹자음 'ㄼ, ㄾ' 뒤의 경음화를 따로 다룬 것인데, 어간 말음으
로 인한 경음화 규정인 24항과 연이어 명시한 것은 '여덟도[여덜도], 여덟과[여덜
과], 여덟보다[여덜보다]'처럼 체언에서는 경음화하지 않기 때문이다. 홑받침 'ㄹ'
다음에서는 '알고, 알더니, 알지'와 같이 경음화하지 않으므로 이 규정은 겹받침에
한정된다. 25항에는 'ㄼ, ㄾ'만 언급되었지만, '읽고[일꼬]'의 'ㄺ'도 마찬가지다.

4.2. 학습자언어

일단 선행 자음이 불파음으로 발음되면 후행 평음이 경음화하는 것은 음성학적
으로 자연스런 현상이다. 일어에서도 불파음으로 발음되는 /ㄱ/ 뒷소리는 경음성
이 강화되어 '学校(がっこう)'는 [각꼬ː]처럼 들린다.

(1) 십분[시분], 무엇보다도[무어bo다도], 특별히[트bjə리], 있었던[이서dˀn]

(1)처럼 불파음 탈락과 경음화 미적용 오류가 동시에 나타나는 경우가 대부분이
다. 불파음 뒤의 경음화 오류는 불파음의 발음과 밀접한 관련이 있음을 알 수 있
다.
불파음화와 경음화의 상관성을 파악하기 위해 경음화가 적용될 조건을 갖춘

680여 어절의 학습자언어를 분석하여 1) 불파음화와 경음화가 둘 다 일어난 것, 2) 불파음화와 경음화 둘 다 일어나지 않은 것, 3) 불파음화는 실현되었으나 경음화는 일어나지 않은 것, 4) 불파음화는 일어나지 않았는데, 후행 자음이 경음화한 것으로 분류하여 각 유형의 오류 발생률을 살핀 결과, 두 규칙의 적용 여부가 일치하는 1), 2) 유형이 전체의 97%를 차지하였다. 이는 불파음화와 경음화가 밀접한 상관성이 있음을, 즉 C1의 불파음화가 C2의 경음화를 유발하는 음성학적 동인이 됨을 뜻한다(양순임: 2009).

베트남어에는 우리말 7종성에 해당하는 것 중에 [ㄹ˺]만 없다. 그래서 베트남 학습자들은 '드실 분' 유형과 '결정'류의 경음화 오류가 빈발한다. 김영선(2004)에서도 베트남 학습자들이 '술법'의 [ㄹ˺]을 [j] 또는 [n]으로 대치하고 후행음의 경음화도 적용하지 않음에 대해 경음화는 종성 발음과 관계있다고 했다.

불파음 뒤 경음화 교육은 불파음 [p˺, t˺, k˺]을 정확하게 발음하도록 하는 것과 밀접하게 관련된다. [p˺, t˺, k˺]은 능동부를 닫은 채로 끝내야 하고 이로 인해 선행 모음의 성대 진동은 빨리 끝나게 된다.

(2) ㄱ. 아름다운 경치를 볼 수 있을 것이다.[볼수이슬거시다]
    ㄴ. 머리를 감고[감고] 있었어요.
       오만 원도 넘지[넘지] 않아요.
    ㄷ. 경제가 많이 발전[발전]했어요.

'잡고[잡꼬], 압도적[압또적]'으로 발음하는 학습자도 (2)처럼 유성자음 뒤 경음화는 표기형대로 발음하는 오류가 빈번하다. 경음화 오류는 불파음 뒤에서보다 유성자음 뒤에서 더 많이 발생한다. 무엇보다 규칙을 전혀 인지하지 못하는 학습자들이 많다. 학습자들이 규칙에 주의를 집중할 수 있게 해야 한다.

4.3. 경음화 규칙 교육

4.3.1. '잡][지'류

도입 밑줄 친 말의 발음에 주의하면서 읽어 보세요.

손을 <u>잡지</u> 마세요.

설명 '잡지[잡찌]' 유형의 경음화

앞 음절 종성이 /ㅂ, ㄷ, ㄱ/이면, 뒤 자음 'ㅂ, ㄷ, ㄱ, ㅈ, ㅅ'은 각각 [ㅃ, ㄸ, ㄲ, ㅉ, ㅆ]로 발음한다.

ㅂ, ㄷ, ㄱ] [ㅂ, ㄷ, ㄱ, ㅈ, ㅅ

⇓

ㅂ˺, ㄷ˺, ㄱ˺] [ㅃ, ㄸ, ㄲ, ㅉ, ㅆ

과제 ❶ 규칙을 사용하여 아래 단어를 발음해 보세요.

① 밥보다[바뽀다], 입보다[이뽀다], 잎도[입또], 앞도[압또]
② 묻다[무따], 같다[가따], 벗다[버따], 있다[이따], 잊다[이따], 쫓다[쪼따], 찻길[차낄]20)
③ 먹다[먹따], 먹고[머꼬], 먹지[먹찌], 먹습니다[먹씀니다]
   학기[하끼], 학교[하꾜], 학습[학씁], 학생[학쌩]

과제 ❷ 규칙을 사용하여 아래 문장을 발음해 보세요.

밥도 먹지 마세요.[밥또 먹찌마세요]

20) 합성명사에 나타나는 경음화를 표기에 반영하기 위해 앞말 받침으로 쓰는 것이 사이시옷이다. 따라서 언제 'ㅅ'을 받쳐 쓸 것인가는 불규칙적이지만 '찻길'처럼 일단 표기된 사이시옷은 '씻고'의 'ㅅ'과 동일한 음운 과정을 겪는다.

신발을 벗지 마세요.[벋찌마세요]

여기에 서있지 마세요.[서읻찌마세요]

늦게[늗께] 가는 바람에 영화를 못 봤어요.[몯빠써요]

집에서만 왔다가 갔다가 한다.[왇따가 갇따가한다]

신발을 신었다가 벗었다가 한다.[시넏따가 버섣따가한다]

과제 ❸ 다음 중 경음화가 일어나는 단어를 두 개 골라 보세요.

① 현대 ② 롯데리아 ③ 삼성 ④ 맥도널드 ⑤ 햄버거

과제 ❹ 규칙을 사용하여 아래 대화를 해 보세요.

① 뭐 먹고 싶어요?

불고기도 먹고 싶고, 비빔밥도 먹고 싶어요.

② 방학 때 뭐 하고 싶어요?

여행 다니면서 사진을 많이 찍고 싶어요.

③ 뭐 하고 있어요?

음악도 듣고 친구들이랑 카톡도 하고 있었어요.

설명 [ㅂㅃ] = [ㅃ]

/ㅂㅂ/, /ㄷㄷ/, /ㄱㄱ/는 경음화하여 [ㅂㅃ], [ㄷㄸ], [ㄱㄲ]로 발음된다.
[ㅂㅃ]와 [ㅃ], [ㄷㄸ]와 [ㄸ], [ㄱㄲ]와 [ㄲ]는 발음으로는 구별되지 않는다.
'있다'는 [읻따]로 발음해도 되고 [이따]로 해도 된다.
그러나 '각자[각짜]'처럼 종성과 초성이 서로 다른 계열의 자음일 경우 '가짜
[가짜]'와는 다른 의미이고 발음도 구별해야 한다.

중첩자음도 장자음으로 발음되는데 이 경우 평음과는 구별되지만 경음과는 구별
되지 않는다. 왜냐하면 경음은 본디 '평음, 경음, 격음' 중 폐쇄·지속 단계가 가장
긴소리이기 때문이다. 자음의 길이에 대해서는 4장 1.2에서 다시 논의할 것이다.

과제 ❶　규칙을 사용하여 아래 문장을 발음해 보세요.

① 종류가 <u>백 가지</u>[백까지~배까지] 넘어요.
　<u>이따</u>가 봐요.[이따가~인따가]
　여기 잠깐만 <u>있다</u>가[인따가~이따가] 가요.
　손님은 모두 아홉 <u>분</u>[아홉뿐~아호뿐] 오셨어요.
② <u>깍지</u>[깍찌] 낀 손을 높이 들어 올리세요.
　<u>각자</u>[각짜] 문제를 풀어 보세요.

과제 ❷　듣고 빈칸에 알맞은 말을 쓰세요.

① (집보다) 학교에 있는 시간이 더 많아요.
② 전 점심 (먹었습니다).
③ 양말을 (벗지) 마세요.
④ (예습과) 복습을 열심히 했어요.
⑤ (밥도) 있고, (국도) 있어요.
⑥ 여기에 서 (있지) 마세요.
⑦ (복습보다) 예습이 더 어려워요.
⑧ 여기 잠깐만 (있다가) 가요.
⑨ (늦게) 가는 바람에 영화를 못 봤어요.
⑩ (각자) 문제를 풀어 보세요.

과제 ❸　다음 시를 낭송해 보세요. 밑줄 친 부분의 발음에 대해 이야기해 보세요.

서시 - 윤동주

죽는 날까지 하늘을 우러러
한 점 부끄럼 <u>없기</u>를
<u>잎새에</u> 이는 바람에도
나는 <u>괴로워했다</u>.
별을 노래하는 마음으로
모든 죽어가는 것들을 사랑해야지.

> 그리고 나에게 주어진 길을 <u>걸어가야겠다</u>.
> 오늘 밤에도 별이 바람에 스치운다.21)

설명 [ㄷㅅ] = [ㅆ]

> /ㄷㅅ/는 [ㄷㅆ]로 발음하는 경우는 거의 없고, [ㅆ]로 발음하면 된다.

/ㄷㅅ/는 경음화하면 [ㄷˇㅆ]로 발음되어야 하지만, 아주 느리게 발음할 때가 아니라면 [ㅆ]로 발음한다. 이는 「발음법」에 관련 규정도 없고 적용 예도 [ㄷㅅ] 연쇄로 한정된다. 그러나 '-었습니다'처럼 [ㄷㅅ] 연쇄의 발생 빈도는 아주 높다. 발음형을 [ㄷㅆ]로 제시하면 유창성을 방해한다. 같은 조음위치의 자음을 폐쇄와 마찰 연쇄로 발음하는 것은 조음적 노력이 너무 많이 들기 때문이다. 아래 과제처럼 발음형을 병기해 줄 필요가 있다.

과제 규칙을 사용하여 아래 문장을 발음해 보세요.

> 두 개의 모양이 <u>같습</u>니다.[가씀미다]
> 지금 집에 <u>있습</u>니다.[이씀미다]
> 점심을 먹<u>었습</u>니다.[머거씀미다]
> 옛날이야기는 다 잊<u>었습</u>니다.[이저씀미다]
> 옷 사러 서면에 갔는데 너무 비싸서 <u>못 샀</u>어요.[모싸써요]

4.3.2. '드실][분'류

'드실 분'류의 경음화는 적용 조건이 단순한 편이다. 과제 1과 같은 자료를 제시함으로써 학습자가 관찰·탐구하여 규칙을 만들고 사용해 보는 과제를 고안할 수 있다.

---

21) '잎새'는 '잎사귀'의 방언이고, '스치운다'는 '스친다'가 표준어이다.

과제 ① '곳, 분, 것'의 첫소리가 경음화하는 조건을 찾아보세요.

경음화하는 예	경음화하지 않는 예
먹을 곳[머글꼳]	먹는 곳[멍는곧]
	먹은 곳[머근곧]
드실 분[드실뿐]	드시는 분[드시는분]
	드신 분[드신분]
공부할 것[공부할껃]	공부하는 것[공부하는걷]
	공부한 것[공부한걷]

과제 ② '드실 분[드실뿐]'류의 경음화 규칙을 만들어 보세요.

관형사형 어미 '-(으)ㄹ' 뒤의 평음은 경음으로 발음한다.

ㄹ] [ㅂ, ㄷ, ㄱ, ㅈ, ㅅ

⇓

ㄹ] [ㅃ, ㄸ, ㄲ, ㅉ, ㅆ

과제 ③ 규칙을 사용하여 아래 문장을 발음해 보세요.

라면 드실 분[드실뿐] 계세요?
수영할 줄[수영할쭐] 알아요.
라면 드시는 분 계세요?
축구할 줄[추꾸할쭐] 알아요.
피아노 칠 줄[칠쭐] 몰라요.
수영할 수[수영할쑤] 없어요.
탁구 치는 줄 몰랐어요.
축구할 수[추꾸할쑤] 없어요.
피아노 칠 수[칠쑤] 있어요.
만나는 사람이 있어요.
탁구 칠 수[칠쑤] 있어요.
노래 부르실 분[부르실뿐] 계세요?

> 만날 사람이[만날싸라미] 있어요.

4.3.3. '감][기'류

도입 밑줄 친 말의 발음에 주의하면서 읽어 보세요.

> 머리 <u>감기가</u> 어려워요.

설명 '감기[감끼]' 유형의 경음화

> 동사 어간 말음이 'ㄴ, ㅁ'이면, 뒤 자음 'ㅂ, ㄷ, ㄱ, ㅈ, ㅅ'을 [ㅃ, ㄸ, ㄲ, ㅉ, ㅆ]로 발음한다.
>
>
>
> ㅁ, ㄴ_동] [ㅂ, ㄷ, ㄱ, ㅈ, ㅅ
>
> ⇓
>
> ㅁ, ㄴ_동] [ㅃ, ㄸ, ㄲ, ㅉ, ㅆ
>
>

　　어간과 결합할 수 있는 'ㅂ'으로 시작하는 어미나 접미사는 없다. 그렇다고 'ㅂ'을 빼고 설명하는 것은 규칙을 복잡하게 하므로 평음 전부를 제시한다.

과제 ❶ 규칙을 사용하여 아래 단어를 발음해 보세요.

> ① 감고[감꼬], 감지[감찌], 감다가[감따가], 감습니다[감씀니다]
> 　 안고[안꼬], 안지[안찌], 안다가[안따가], 안습니다[안씀니다]
> 　 신고[신꼬], 신지[신찌], 신다가[신따가], 신습니다[신씀니다]
> 　 굶고[굼꼬], 굶지[굼찌], 굶다가[굼따가], 굶습니다[굼씀니다]
> ② 감기[감끼], 신기[신끼], 안기[안끼], 굶기[굼끼]

과제 ❷ 규칙을 사용하여 아래 문장을 발음해 보세요.

> 머리 감기가[감끼가] 어려워요.
> 신발 신기가[신끼가] 쉬워요.

밥을 굶기가[굼끼가] 어려워요.

아기를 안고 있어요.[안꼬이써요]

실을 감고 있어요.[감꼬이써요]

과제 2는 '-기 어렵다/쉽다.', '-고 있어요.' 문형과 연계한 것이다.

과제 ❸   듣고 빈칸에 알맞은 말을 쓰세요.

① 아기를 (안고) 왔어요.

② 밥을 (굶지) 마세요.

③ 양말을 (신고) 있어요.

④ 머리 (감기가) 어려워요.

⑤ 실내에서는 신발을 (신지) 마세요.

4.3.4. '결][정'류

도입   밑줄 친 말의 발음에 주의하면서 읽어 보세요.

한국에 가기로 <u>결정</u>했어요.

설명   '결정[결쩡]' 유형의 경음화

'ㄹ' 뒤에 오는 'ㄷ, ㅈ, ㅅ'은 각각 [ㄸ, ㅉ, ㅆ]로 발음한다.

이 규칙은 한자어에만 적용되기 때문에 '칼도'처럼 한자어 어원이 아닌 말에는 적용되지 않는다.

한자어라도 뒤 음절 초성이 'ㅂ, ㄱ'일 때는 경음화하지 않는다.

ㄹ_漢] [ㄷ, ㅈ, ㅅ

⇓

ㄹ_漢] [ㄸ, ㅉ, ㅆ

과제 ❶   규칙을 사용하여 아래 단어를 발음해 보세요.

경음화하는 예	경음화하지 않는 예
결단(決斷)[결딴] 결정(決定)[결쩡] 결석(缺席)[결썩]	결별(訣別)[결별] 결근(缺勤)[결근]
발동(發動)[발똥] 발전(發展)[발쩐] 발생(發生)[발쌩]	발복(發福)[발복] 발급(發給)[발급]
출동(出動)[출똥] 출장(出場)[출짱] 출석(出席)[출썩]	출발(出發)[출발] 출국(出國)[출국][22]

3음절 한자어는 이 규칙을 따르지 않는 경우가 많기 때문에 2음절 한자어를 중심으로 제시한다.

과제 ❷ 규칙을 사용하여 아래 대화를 해 보세요.

① 전 무슨 일을 할까요?
  회의 일정을[일쩡을] 모두 기록하세요.
② 내일 어떻게 하기로 했어요?
  모두 결근하기로 결정했어요.[결쩡해써요]
③ 카드 결제일이[결쩨이리] 언제예요?
  오늘이 카드 결제일이에요.[결쩨이리에요]
④ 김 과장님 계세요?
  과장님 출장 가시고[출짱가시고] 안 계십니다. 방금 공항으로 출발하셨어요.
⑤ 다음 주까지 끝낼 수 있겠어요?
  다음 주까지는 절대[절때] 불가능합니다.

22) 한자를 병기하는 것은 한자 문화권 학습자들에게 의미를 추측하는 데 도움을 주기 위함이고, 그 외의 학습자들에게는 한자를 병기할 필요는 없다. '결정'류의 경음화는 한자음과 관련되지 의미와는 무관하다.

⑥ 저 건물은 뭐예요?
　원자력 발전소예요.[발쩐소예요]

과제 ❸ '도'가 [도]로 발음되는 경우와 [또]로 발음되는 경우로 나누어 보세요. [또]로 발음되는 경우는 언제인지 이야기해 보세요.

1도	일 도	[	]
2도	이 도	[	]
3도	삼 도	[	]
4도	사 도	[	]
5도	오 도	[	]
6도	육 도	[	]
7도	칠 도	[	]
8도	팔 도	[	]
9도	구 도	[	]
10도	십 도	[	]

　과제 3에는 '6도, 10도'처럼 불파음 뒤의 경음화와 '1도, 7도, 8도'처럼 한자어에서 'ㄹ' 뒤 경음화가 섞여 있다.

과제 ❹ 아래 그림을 보고 날씨 뉴스를 만들어 낭독해 보세요.

162

오늘 서울 지역은 구름 많고 낮 최고기온은 17도로 예상됩니다.

_____

_____

_____

과제 4에도 '11도[시빌또], 17도[십칠또]'처럼 '결정'류의 경음화가 적용되는 예도 있도, '잡지'류의 경음화가 적용되는 '16도[심뉵또]'도 있다.

5. 비음화

5.1. 비음화에 대한 이해

비음화(nasalization)는 '폐쇄음][비음' 연쇄에서 폐쇄음이 비음으로 대치되는 현상을 말한다. 비음화가 일어나는 조건은 /ㅂ, ㄷ, ㄱ/ 뒤에 비음이 올 때다. 따라서 비음화는 역행적 동화이고 자음에 의한 자음 동화다. 비음화는 음운론적 조건만 충족되면 형태론적 조건과 상관없이 일어나는 변동이고, '밥 먹는다[밤멍는다]'처럼 붙여서 발음하면 어절 경계를 넘어서도 적용된다.

「발음법」 제18항 받침 'ㄱ(ㄲ, ㅋ, ㄳ, ㄺ), ㄷ(ㅅ, ㅆ, ㅈ, ㅊ, ㅌ, ㅎ), ㅂ(ㅍ, ㄼ, ㄿ, ㅄ)'은 'ㄴ, ㅁ' 앞에서 [ㅇ, ㄴ, ㅁ]으로 발음한다.
　먹는[멍는], 깎는[깡는], 키읔만[키응만], 몫몫이[몽목씨], 긁는[긍는], 흙만[흥만]
　닫는[단는], 짓는[진ː는], 옷맵시[온맵씨], 있는[인는], 맞는[만는], 젖멍울[전멍울],
　쫓는[쫀는], 붙는[분는], 놓는[논는]
　잡는[잠는], 밥물[밤물], 앞마당[암마당], 밟는[밤ː는], 읊는[음는], 없는[엄ː는]
[붙임]　두 단어를 이어서 한 마디로 발음하는 경우에도 이와 같다.
　책 넣는다[챙넌는다], 흙 말리다[흥말리다], 옷 맞추다[온마추다], 밥 먹는다[밤멍
　는다], 값 매기다[감매기다]

「발음법」 18항은 비음화에 관한 규정이다. 비음화는 기저형, 표기형에 있는 '비음'이 동화주가 되어 일어난 동화 현상이다.
　그러나 '생산력[생산녁], 능력[능녁], 국력[궁녁]'류에 나타나는 'ㄹ'의 비음화는 기저형, 표기형에 비음이 없고 비음으로 인한 비음화가 아니다. 'ㄹ'의 비음화는

'ㄹ'의 음성적 특수성과 이로 인한 결합제약 때문이다. 규칙이 적용된 결과 비음이 아닌 소리가 비음화했다는 점에서 '생산력[생산녁], 능력[능녁], 국력[궁녁]'류도 비음화라 부르지만 '먹는'류와는 변동 발생 원인이 다르다. 'ㄹ'의 비음화는 3장 7에서 따로 다룰 것이다.

5.2. 학습자언어

'폐쇄음][비음' 연쇄에서도 비음화가 일어나지 않는 언어를 모어로 하는 학습자에게 비음화는 새로이 학습해야 할 대상이다.

　(1) ㄱ. **pop music, hot money, good news, nickname, Big-Mac**
　　　ㄴ. 팝뮤직[팜뮤직], 핫머니[한머니], 굿뉴스[군뉴스], 닉네임[닝네임], 빅맥[빙맥]

　(1)ㄱ의 예는 영어에서 일반적으로 비음화가 일어나지 않는다.23) 이에 비해 한국인이 외래어로 발음할 때는 비음화를 적용하여 (1)ㄴ처럼 발음한다.

　(2) ㄱ. 맛있습니다[마시슴니다~마시슴미다]
　　　ㄴ. 한국 노래요[한국 노래요], 한국 남자들[한국 남자들]

　(2)는 태국인 학습자의 발화인데, 한 대화에서 7회 이상 사용된 어절이다. 한 형태소 내부에서 비음화한 '-습니다'는 여러 번 발화하면서도 [슴니다/슴미다]로 발음했다. 이에 비해 단어 경계가 있는 (2)ㄴ은 전부 비음화하지 않고 끊어서 발음했다. 영어권 학습자들도 '밥물'을 발음할 때 '밥'과 '물'에 각각 강세를 두고 끊어 발음하는 경향을 보인다. '밥물, 한국 노래, 밥 먹는다' 따위를 붙여 발음하면서

---

23) 영어에서도 폐쇄음의 비음화가 실현되는 경우도 있지만 이 발음은 교육받지 못한 사람의 발음으로 인식된다(전상범, 2005: 508).

규칙을 적용하는 연습이 필요하다.

(3) ㄱ. 상영할[사~여할]
    ㄴ. 무슨 일을[무스~이르]
    ㄷ. 안 와요[아~와요], 원본이에요[원보~이에요], 전년에 비해[전녀~에비해]

   폐쇄음의 비음화는 표준발음인 반면, 비음과 인접한 모음의 비모음화는 표준발음이 아니다. 비모음화는 동남 방언에서는 빈번하게 일어나는 현상이다. (3)은 비음과 인접한 모음이 비모음화한 학습자언어의 예다. 특히 (3)ㄷ처럼 연음되어야 할 비음이 연음되지 않고 인접 모음에 비음성 자질로 얹히는 경우가 많다.

5.3. 비음화 규칙 교육

도입 밑줄 친 말의 발음에 주의하면서 읽어 보세요.

> 손을 <u>잡아요</u>.
> 손을 <u>잡는다</u>.

설명 비음화 규칙

> 비음 앞에 있는 /ㅂ, ㄷ, ㄱ/은 각각 [ㅁ, ㄴ, ㅇ]으로 발음한다.
>   ㅂ, ㄷ, ㄱ] [비음
>   ⇓
>   ㅁ, ㄴ, ㅇ] [비음

조음위치 / 조음방법	순음	치경음		연구개음
장애음	ㅍ	ㅌ	ㅊ	ㅋ
	ㅃ	ㄸ ㅆ	ㅉ	ㄲ
	ㅂ	ㄷ ㅅ	ㅈ	ㄱ
평폐쇄음	⇓ ⓑ	⇓ ⓒ		⇓ ⓖ
비음	⇓ ㅁ	⇓ ㄴ		⇓ ㅇ

종성에서는 장애음이 조음위치에 따라 /ㅂ/, /ㄷ/, /ㄱ/ 중 하나로 합류되고, 이들 각각은 비음 /ㅁ/, /ㄴ/, /ㅇ/과 조음위치가 같음을 도식화하여 학습자들에게 제시하고 설명한다.

과제 ❶ 규칙을 사용하여 아래 단어를 발음해 보세요.

① 잡는다[잠는다], 닫는다[단는다], 먹는다[멍는다]
② 낮만[난만], 앞만[암만], 밥만[밤만], 흙만[흥만], 키읔만[키응만]
③ 월급날[월금날], 이튿날[이튼날], 옛날[옌날], 추석날[추성날]
④ 밥물[밤물], 국물[궁물], 콧물[콘물], 빗물[빈물]

①은 '어간+어미', ②는 '명사+조사'로 된 어절이다. ③, ④는 '날', '물'로 끝난 합성명사인데, 이런 자료로 비음화 교육과 어휘교육을 통합할 수 있다. '콧물, 빗물'의 'ㅅ'은 사이시옷인데 일단 표기되면 본디 'ㅅ' 받침과 동일한 음운변동을 보인다.

(4)처럼 활용형, 곡용형 문법 교육과 연음규칙, 경음화, 비음화를 함께 연습할 수 있다. 특히 초급 학습자들은 '학교에 가다'처럼 동사를 기본형 그대로 발화하거나 '건강한다'처럼 형용사 현재형에 '-는다/ㄴ다'를 결합하는 오류가 잦다. 동사 어간과 '-는다/ㄴ다'의 결합형을 연습하는 것은 현재 시제 종결어미 문법교육과 비음화 발음교육을 통합하는 결과가 된다.

(4) 활용형, 곡용형과 변동규칙

어간＼어미	-아요/-어요	-고	-는다
잡-	잡아요[자바요]	잡고[잡꼬]	잡는다[잠는다]
닫-	닫아요[다다요]	닫고[닫꼬]	닫는다[단는다]
먹-	먹어요[머거요]	먹고[먹꼬]	먹는다[멍는다]
명사＼조사	에	도	만
앞	앞에[아페]	앞도[압또]	앞만[암만]
낮	낮에[나제]	낮도[나또]	낮만[난만]
부엌	부엌에[부어케]	부엌도[부억또]	부엌만[부엉만]

과제 ❷ 규칙을 사용하여 아래 대화를 해 보세요.

① 이게 <u>뭡니까</u>?[뭠미까]

  책상<u>입니다</u>.[책쌍임미다]

② 범인을 잡았<u>습니까</u>?[자바씀미까]

  네, 잡았<u>습니다</u>.[자바씀미다]

③ 창문을 닫았<u>습니까</u>?[다다씀미까]

  글쎄요, 기억나지[기엉나지] 않아요.

④ 손 씻고 와.

  방금 씻<u>었는</u>데요.[씨선는데요]

⑤ 지금 나올 수 있어?

  아뇨, <u>밥 먹고 있는</u>데요.[밤머꼬인는데요]

  지금 바로는 <u>못 나</u>가요.[몬나가요]

⑥ 시험 몇 시에 칠 거예요?

  지금 칠 거예요. <u>책 넣</u>으세요.[챙너으세요]

하십시오체 종결어미인 '-습니까/-ㅂ니까'와 '-습니다/-ㅂ니다'는 사용 빈도가 높고 초급 문법으로도 도입되는 형태이다. '-습니까/-ㅂ니다', '-습니다/-ㅂ니다'

의 'ㅂ'은 뒤에 있는 'ㄴ'에 동화되어 [습니까/ㅁ니까], [습니다/ㅁ니다]로 발음된다. 또한 일상적 발화속도에서는 순행적 자음 위치동화까지 적용되어 [습미까/ㅁ미까], [습미다/ㅁ미다]로 발음되는 경우가 대부분이다.24)

과제 ❸ 밑줄 친 동사의 발음에 주의하면서 아래 문장을 소리 내어 읽어 보세요. ①과 ②의 발음 차이에 대해 이야기해 보세요.

① 손을 <u>잡아요</u>. 문을 <u>닫아요</u>. 꽃을 <u>꽂아요</u>.
 밥을 <u>먹어요</u>. 사과를 <u>깎아요</u>.
② 손을 <u>잡는다</u>. 문을 <u>닫는다</u>. 꽃을 <u>꽂는다</u>.
 밥을 <u>먹는다</u>. 사과를 <u>깎는다</u>.

과제 ❹ 밑줄 친 음절 끝소리에 주의하면서 소리 내어 읽어 보세요. ㄱ과 ㄴ의 발음 차이에 대해 이야기해 보세요.

① <u>육</u>백, 이<u>십</u>, <u>몇</u> 도   <u>육</u> 미터, <u>십</u> 미터, <u>몇</u> 미터
② 고<u>객</u>, 김기<u>갑</u>   고<u>객</u>님, 김기<u>갑</u> 님
③ <u>밥</u>도, <u>국</u>도, <u>흙</u>도   <u>밥</u>물, <u>국</u>물, <u>흙</u>물

24) 다만 이들은 형태소 내부에서의 소리 바뀜이어서 변동규칙으로 처리되지는 않는다.

6. 'ㅎ' 관련 변동[25]

6.1. 'ㅎ' 관련 변동에 대한 이해

　'ㅎ'은 자음의 일종이지만 고정된 조음위치 없이 후행 모음의 위치에서 조음된다는 점에서 특수한 음성적 성질을 지니고 있다. 예를 들어 '화, 훗일'처럼 원순모음이 뒤따를 때는 입술에서, '혀, 힘'처럼 전설 고모음이나 반모음이 뒤따를 때는 경구개에서 마찰이 일어난다. 이러한 특이성 때문에 Jones(1957)에서는 [h]를 무성모음(devoiced vowel)이라 불렀고, Chomsky & Halle(1968)에서는 [w, j, ʔ]와 함께 과도음으로 분류한 뒤 [-자음성, -모음성]으로 보았다. 허 웅(1988)에서는 'ㅎ'을 [-고정자리] 자질로 분류했고, 김영송(1993)에서는 'ㅅ, ㅆ'은 '갈이소리' 'ㅎ'은 스침소리(강부 마찰, cavity friction)라 하였다.[26]

　평폐쇄음화와 겹자음탈락의 조건은 뒤에 휴지나 자음이 올 때다. 그런데 '맞히다[마치다]'의 'ㅈ'에 평폐쇄음화가 적용되지 않고,[27] '밟히고[발피고]'에 겹자음탈

---

25) 6.은 필자의 (2014ㄱ)을 바탕으로 한 것이다.
26) 스침소리(강부 마찰)는 국부 마찰(local friction)과 상대되는 뜻이다. 이는 'ㅎ'이 고정된 조음위치가 없는 것과도 관련된다. 자음이 후행 모음의 영향을 받는 것은 일반적인 현상이지 유독 'ㅎ'에만 국한되는 것이 아니다. 그러나 'ㅎ'은 뒤 모음의 조음위치를 닮음에 있어 다른 자음보다 그 정도가 심하다. 'ㅎ'처럼 한 음소로 인식되는 변이음의 조음위치가 입술에서 후두에 이르기까지 있는 경우는 없다. 예를 들어 'ㅅ'도 /i, j/ 앞에서 모음의 조음위치에 동화되어 구개음화하지만 잇몸과 센입천장이 인접한 위치기 때문에 가능하다.
27) 로마자 표기법 3장 1항에 구개음화 예로 제시된 '맞히다'는 이런 점에서 문제가 있는 예였다. 최근 국립국어원 누리집에서는 이를 '굳히다'로 바꾸어 제공하고 있다.

락이 적용되지 않는다. 이로 보아 'ㅎ'은 평폐쇄음화나 겹자음탈락의 조건인 자음
성으로 기능하는 데 제한적임을 알 수 있다. 'ㅎ' 앞말이 자립형태소일 때는 '옷하
고[오타고]'처럼 평폐쇄음화, '값하고[가파고], 여덟하고[여덜하고]'처럼 겹자음탈락
이 일어나지만, 이는 'ㅎ'이 아니라 휴지가 평폐쇄음화와 겹자음탈락 적용의 조건
이 된 것으로 해석된다.28) 이러한 음성·음운론적 특수성 때문에, 한국어 'ㅎ'은 인
접음에 따라 탈락하거나 분절음의 자격을 잃고 자질화하는 경향을 보인다.

「발음법」제12항 받침 'ㅎ'의 발음은 다음과 같다.
1. 'ㅎ(ㄶ, ㅀ)' 뒤에 'ㄱ, ㄷ, ㅈ'이 결합되는 경우에는, 뒤 음절 첫소리와 합쳐
　서 [ㅋ, ㅌ, ㅊ]으로 발음한다.
　놓고[노코], 좋던[조:턴], 쌓지[싸치], 많고[만:코], 않던[안턴], 닳지[달치]
[붙임 1] 받침 'ㄱ(ㄺ), ㄷ, ㅂ(ㄼ), ㅈ(ㄵ)'이 뒤 음절 첫소리 'ㅎ'과 결합되는 경
　우에도, 역시 두 음을 합쳐서 [ㅋ, ㅌ, ㅍ, ㅊ]으로 발음한다.
　먹히다[머키다], 밝히다[발키다], 맏형[마텽], 좁히다[조피다], 넓히다[널피다], 꽂
　히다[꼬치다], 앉히다[안치다]
[붙임 2] 규정에 따라 'ㄷ'으로 발음되는 'ㅅ, ㅈ, ㅊ, ㅌ'의 경우에도 이에 준한
　다.
　옷 한 벌[오탄벌], 낮 한때[나탄때], 꽃 한 송이[꼬탄송이]

「발음법」 12항은 받침 'ㅎ'의 발음에 대한 별도 규정이다.29) 12항 1은 'ㅎ' 뒤

28) 국립국어원 온라인 국어생활종합상담에 '여덟하고'의 표준발음이 뭐냐는 질문에 대
　해 ('여덟하고'의 발음은 [여덜하고]입니다. 이는 "겹받침 'ㄳ', 'ㄵ', 'ㄼ, ㄽ, ㄾ', 'ㅄ'
　은 어말 또는 자음 앞에서 각각 [ㄱ, ㄴ, ㄹ, ㅂ]으로 발음한다."라는 '표준 발음법' 제
　10항과 관련이 있습니다.)라는 답변이 있다. [여덜하고]가 표준발음이긴 하나 「발음법
　」 제10항과 일률적으로 관련시키는 것은 문제가 있다. 'ㅎ'은 앞말이 의존형태소일
　때는 '밟히고'에서 보듯이 겹자음탈락의 조건이 되지 못하기 때문이다.
29) 받침 'ㅎ'은 'ㅎ'의 이름 '히읗'을 제외하면 모두 용언 어간 말음이다. '히읗이, 히읗
　을'이 [히으시, 히으슬]로 발음되므로 기저형은 /히읏/이고, /히읏도/에 격음화는 적
　용되지 않고 종성규칙과 경음화만 적용된다. 따라서 체언 말음 'ㅎ'은 규칙으로서가

형태소의 첫 음이 격음의 짝이 있는 평음일 경우 일어나는 격음화 관련 규정이다. 격음화는 'ㅎ'[평음' 연쇄뿐 아니라 '평음'[ㅎ' 연쇄에서도 일어나는데 제12항은 받침에 관한 것이어서 '평음'[ㅎ' 연쇄에서의 격음화는 [붙임 1]로 제시하고 있다. [붙임 2]는 'ㅎ' 앞에 있는 말이 자립형태소여서 종성규칙이 적용된 후 격음화한 예다.[30]

   2. 'ㅎ(ㄶ, ㅀ)' 뒤에 'ㅅ'이 결합되는 경우에는, 'ㅅ'을 [ㅆ]으로 발음한다.
     닿소[다쏘], 많소[만ː쏘], 싫소[실쏘]
   3. 'ㅎ' 뒤에 'ㄴ'이 결합되는 경우에는, [ㄴ]으로 발음한다.
     놓는[논는], 쌓네[싼네]
  [붙임] 'ㄶ, ㅀ' 뒤에 'ㄴ'이 결합되는 경우에는, 'ㅎ'을 발음하지 않는다.
     않네[안네], 않는[안는], 뚫네[뚤네→뚤레], 뚫는[뚤는→뚤른]
   4. 'ㅎ(ㄶ, ㅀ)' 뒤에 모음으로 시작된 어미나 접미사가 결합되는 경우에는, 'ㅎ' 을 발음하지 않는다.
     낳은[나은], 쌓이다[싸이다], 많아[마ː나], 않은[아는], 싫어도[시러도]

「발음법」 12항 2. 3은 'ㅎ' 뒤 형태소의 첫 음이 격음화할 수 없는 'ㅅ, ㄴ'일 경우에 대한 조항이다. '놓소[논쏘→놋쏘~노쏘], 좋네[존네]'는 장자음화라는 점에 서 음성학적으로 경음화의 일종으로 해석 가능하다(양순임: 2011). [붙임]의 'ㅎ' 탈락 예는 겹자음탈락 규칙이 적용된 것이다. 「발음법」 12항 4는 'ㅎ' 뒤에 모음이 올 때 일어나는 /ㅎ/탈락 규칙을 다룬 것이다.

  (1) ㄱ. 좋아요, 좋아서, 좋은, 좋았다
     ㄴ. 일하다, 흔하다, 구하다, 흔히, 감히, 조용히
     ㄷ. 좋다가, 좋지, 좋고, 많다가, 많지, 많고, 싫다가, 싫지, 싫고

   아니라 개별 어휘로 학습시켜야 한다.
30) 이 경우 격음화가 적용되지 않고 /ㅎ/이 탈락한 비표준발음 [오단벌, 나단때, 꼬단송 이]가 많이 사용된다.

ㄹ. 급히, 답하다, 먹히다, 꽂히다, 앉히다, 못하다, 값하고, 옷하고

ㅁ. 좋습니다, 좋네요, 많습니다, 많네, 싫습니다, 싫네

'ㅎ'과 관련된 변동은 (1)ㄱ, ㄴ의 /ㅎ/탈락(/ㅎ/ deletion), (1)ㄷ, ㄹ의 격음화 (aspiration), (1)ㅁ의 경음화가 있다. 'ㅎ'은 인접음에 따라 탈락, 격음화, 경음화가 상보적으로 적용된다.

6.2. 학습자언어

학습자언어는 /ㅎ/탈락보다 격음화 오류에 집중되는 양상을 보인다.

(2) ㄱ. 좋고[조꼬], 좋지만[조찌만], 파랗고[파라꼬], 파랗지만[파라찌만]

ㄴ. 많다는 것을[만따는거슬~만다는거슬], 닳도록[달또록~달도록]

ㄷ. 막혔다[막혀따], 비슷하고[비스따고~비스다고~비슫하고]

(2)는 고급 수준의 학습자언어에서도 빈번하게 나타나는 오류이다.31) 그런데 (2)에 나타난 오류 각각의 심각성은 조금씩 다르다. 예를 들어 '비슷하고'를 [비스다고~비슫하고]로 발음한 것은 발음 오류로 보기 어렵다. [비스다고~비슫하고]는 한국인에게도 통용음으로 자주 사용되기 때문이다.

---

31) '고급 한국어회화' 3주 6시간 수업 내용을 수업행동분석실에서 녹화하였다. (2)의 오류는 수업 내용 중 듣고 재구성(dictogloss)한 것을 발표할 때 발견된 것으로 발음과 관련하여 의도된 과제가 아니다. 학습자들의 국적은 중국(2명), 일본(2명), 인도네시아(11명), 베트남(1명)으로 섞여 있었다. 이 자료에서는 L1에 따른 차이는 발견하지 못했다. 그러나 L1에 따른 차이가 없다고 결론 내리기에는 학습자의 국적이 균등하지 않았다.

(3) ㄱ. 좋아요, 좋아서, 싫었다, 싫으니까.

   ㄴ. 좋다가, 좋지, 좋고, 싫다가, 싫지, 싫고.

   ㄷ. 좋습니다, 좋네요, 싫습니다, 싫네요.

(4) ㄱ. 못하다, 막혔다, 급히.

   ㄴ. 복잡하다, 반짝반짝하다, 옷 한 벌.

   ㄷ. 일하다, 흔하다, 흔히, 조용히.

‘ㅎ’ 관련 변동은 자소 ‘ㅎ’이 종성이냐 초성이냐에 따라 규칙 적용의 필수성 정도가 다르다. 종성 ‘ㅎ’과 관련된 (3)의 /ㅎ/탈락, 격음화, 경음화는 필수변동임에 비해 초성 ‘ㅎ’과 관련된 (4)의 격음화, /ㅎ/탈락은 수의성이 강하다.

초성 ‘ㅎ’으로 인한 격음화는 앞말이 자립성이 강할수록, 음절 수가 많을수록 격음화를 회피하는 경향이 강해진다. ‘못하다, 막혔다, 급히’와는 달리, ‘복잡하다, 반짝반짝하다, 옷 한 벌’은 ‘ㅎ’을 탈락시킨 [복짜바다, 반짝반짜가다, 오단벌]로 발음하거나, 끊어서 [복짭하다, 반짝반짝하다, 온한벌]처럼 발음하는 경우가 많다.

표준발음이 아니지만 ‘일하다[이라다]’처럼 유성음 사이의 초성 ‘ㅎ’이 탈락하는 경우도 많다.[32] 유성음 사이의 /ㅎ/탈락은 음성학적 동인이 충분한 현상이어서 국어사적으로도 지속적으로 일어난 일이다. 또한 공시적으로 규범문법 안에서도 /ㅎ/탈락을 인정하는 면이 있다. 「맞춤법」 제51항에서는 “부사의 끝음절이 분명히 ‘이’로만 나는 것은 ‘-이’로 적고, ‘히’로만 나거나 ‘이’나 ‘히’로 나는 것은 ‘-히’로 적는다.”고 규정하고, ‘이’나 ‘히’로 나는 것의 예로 ‘조용히, 도저히’ 등이 포함되어 있다. 이는 ‘조용히’의 발음이 [조용히] 또는 [조용이]라는 뜻으로 해석된다.

(5) ㄱ. 좋고[조꼬], 좋지만[조찌만], 많다는 것을[만따는거슬~만다는거슬]

   ㄴ. 막혔다[막혀따], 비슷하고[비스따고], 반복하기도[반보까기도]

   ㄷ. 비슷하고[비슫하고~비스다고], 반복하기도[반복하기도~반보가기도]

---

32) 차재은 외(2003)에 따르면, 유성음 사이의 /ㅎ/탈락은 ‘ㄹ’과 모음 사이일 때 탈락률이 가장 높고 모음 사이일 때 가장 낮다.

규칙 적용의 필수성과 수의성을 고려하여 오류 정도를 평가하면 (5)와 같다. (5)ㄱ은 'ㅎ'[ㄷ, ㄱ, ㅈ] 환경에서 격음화하지 않고 경음화한 것이다. 이때 격음화는 필수변동이라는 점에서 오류의 심각성이 가장 높다. 이에 비해 (5)ㄴ, ㄷ은 둘 다 초성 'ㅎ'으로 인한 격음화 관련 오류이지만 (5)ㄴ의 오류가 더 심각하다. 어근이 1음절인 경우 '막혔다[막켜따]'처럼 끊어서 발음하거나 '비슷하고'를 [비스따고]로 발음하는 경우는 없다. 반면에 어근이 2음절어인 경우 (5)ㄷ처럼 [비슫하고]로 끊어 발음하거나 [비스다고]로 /ㅎ/이 탈락된 발음을 하는 것은 한국인의 발화에서도 통용되고 있기 때문이다.

한국어 변동 양상을 보면 종성 /ㅎ/탈락은 필수적이지만, 초성 /ㅎ/탈락은 수의적이다. 격음화도 'ㅎ'이 종성일 때는 필수적 변동임에 비해, 초성일 때는 수의적인 경우가 많다. 경음화는 'ㅎ'이 종성일 때만 일어나고 필수변동이다. 격음화든, /ㅎ/탈락이든, 경음화든 자소 'ㅎ'이 초성일 때보다 종성일 때 필수적 변동을 보인다.

그런데 타 언어와 대조해 보면 필수적인 변동이 더 보편적 현상은 아님을 알 수 있다. 한국어에서는 수의적인 유성음 간 초성 /ㅎ/탈락 또는 약화 현상은 여러 언어에서 발견된다. 인도네시아어에서 'hutan, hujan'처럼 어두 'h'는 음가를 지니지만 'orang hutan〈오랑우탄〉, musim hujan〈우기〉'처럼 유성음 사이에서는 약화 또는 탈락되어 [오랑우딴, 무심우잔]으로 발음한다. 영어에서도 'What did he say?, She should have gone', 'Tell him'에서 'he, have, him'과 같은 기능어의 'h'는 어두음일지라도 강세를 수반하지 않을 경우 탈락하는 경향이 강하다.

불어는 'hôpital[ɔpital], historique[istɔʀik]'처럼 어두 초성 자리의 'h'도 무음이다. 불어뿐 아니라 스페인어, 이탈리아어도 그렇다. 한국어 어두 초성 'ㅎ'은 탈락하거나 약화되지 않는다. '불행, 전화, 결혼'처럼 어중 유성음 사이에서 초성 'ㅎ'의 약화 또는 탈락은 통용음에서 빈번하게 발생하는 반면, '행복, 화분, 혼자'처럼 어두의 'ㅎ'이 약화되는 경우는 없다. 이에 반해 일본어 같은 경우 'にほん'처럼 유성음 간 [h]가 유성음화하거나 탈락하는 경우는 드물다. 이는 중국어도 마찬가지다.

학습자언어에서 격음화 오류가 /ㅎ/탈락 오류보다 빈번한 이유는 무엇보다 종성 'ㅎ'의 특수성에서 찾을 수 있다. 한국어에서도 종성 'ㅎ'은 실제로는 실현되지 않는 가상적 기저형이다.33) 종성 자리에 'h'가 표기되는 언어도 드물고 표기되더라도 한국어처럼 의존형태소 말음으로 표기되거나, 인접 음소에 따라 음운변동을 일으키는 언어는 거의 없는 듯하다. 인도네시아어는 'rumah〈집〉, tujuh〈7〉, sekolah 〈학교〉'처럼 어말에 'h'가 표기되지만 묵음이거나 무성모음으로 약화되고, 변동의 원인이 되지 못한다. 독일어에서 'gehen, gähnen'처럼 모음 뒤에 있는 'h'는 장모음으로 실현된다.34)

격음화 오류의 또 다른 이유는 다른 언어에서는 초성 자리의 /h/ 탈락이 격음화보다 더 보편적이기 때문으로 보인다. 'h'가 초성인 경우 격음화가 필수적인 양상을 보이는 경우는 별로 없는 듯하고, 영어에서도 격음화는 일어나지 않는 것으로 보인다. 'back home, at home, work hard, help her'처럼 '무성 파열음][h' 연쇄일 때 [백홈]처럼 끊어서 발음하는 경우가 많다. [배콤]으로 발음하기도 하지만, 영어에서 'p, t, k'는 본디 무성 격음이어서 격음화라기보다 /h/ 탈락으로 해석된다.35) 'begged him, grab hold of'처럼 '유성 파열음][h'일 때는 격음으로 나타나지 않기 때문이다.

/ㅎ/탈락과 격음화에 비해 'ㅎ][ㅅ, ㄴ'이 각각 [ㅆ, ㄸ]로 발음되는 것은 특정한 자음이 조건이 되었다는 점에서 더 복잡한 규칙으로 보인다.36) 그런데 학습자언어

---

33) '놓아요'의 어간 기저형 /놓-/처럼 실제로는 실현되지 않는 형태를 가상적 기저형이라 한다. '꽂-'에서 'ㅈ'을 쓰는 것은 [꼬자요, 꼬즈면]처럼 모음으로 시작하는 형식형태소가 올 때 'ㅈ'의 음가가 실현되기 때문이다. 그러나 'ㅎ'은 형식형태소 앞에서도 연음되지 않고, 종성으로 발음되는 경우도 없다. '놓-'은 실현되지 않는 형태지만 [노타, 노코, 노치]와 같은 발음을 합리적으로 설명하기 위해 설정한 가상적 기저형이고 표기형이다.

34) 한국인에게 [ㅎ]로 들리는 [ç], [x]는 'Ich, nacht'처럼 자소 'ch'로 표기된다.

35) 한국인이 영어를 외래어로 발음할 때는 [백홈] 또는 [배콤]으로 발음하므로 한국어 음운론에서는 [배콤]을 [백홈]의 격음화로 해석할 수 있다.

36) 「발음법」 12항 2에서도 "'ㅎ(ㄶ, ㅀ)' 뒤에 'ㅅ'이 결합되는 경우에는, 'ㅅ'을 [ㅆ]으로 발음한다. 3. 'ㅎ' 뒤에 'ㄴ'이 결합되는 경우에는, [ㄴ]으로 발음한다."로 특정 자음 'ㅅ, ㄴ'를 언급하고 있다. 이는 「발음법」이 표기형을 기준으로 발음을 설명하는 방법을 취하고 있기 때문이다. 또한, 'ㅅ, ㄴ'을 묶을 만한 공통 자질이 없기 때문이기도 하다.

에서 '놓습니다'류의 경음화가 '좋고', '답하다'류의 격음화보다 오류 발생률이 낮다. 이는 표면적인 현상과는 달리 '좋습니다'류의 경음화가 격음화보다 더 단순한 상위 규칙이기 때문으로 해석된다. 'ㅅ, ㄴ'은 'ㅎ' 뒤에 오는 자음 중 격음화가 불가능한 자음 전부다. 왜냐하면 'ㅎ'이 형태소 말음인 경우는 'ㅎ'의 이름 '히읗'을 제외하면 어간일 경우뿐이어서 뒤에 올 수 있는 형태소는 형식형태소로 한정되기 때문이다. 'ㅎ][ㅅ, ㄴ'이 각각 [ㅆ, ㄴ]로 바뀌는 것은 장애음이 불파음화하고 후행 자음을 경음화하는 것과 같은 류의 변동이다. '좋습니다'는 '쫓습니다'와, '놓는다'는 '쫓는다'와 동일한 음운변동이다. '많습니다, 많네'는 '앉습니다, 앉네'처럼 겹자음탈락이 일어난다. '싫네'는 '핥네'와 마찬가지로 겹자음탈락과 유음화가 일어난다. 한국어에서 장애음의 불파음화와 후행 자음의 경음화는 종성체계와 자음 결합제약으로 인해 일어나는 강력한 변동규칙이다. 이에 비해 격음화는 종성 중에서 'ㅎ'에만 적용되는 규칙이다.

'놓습니다'류의 경음화보다 '좋고', '답하다'류의 격음화 오류가 더 많은 또 다른 원인은 어두와 달리 어중에서는 격음보다 무기 경음의 실현율이 높은 것이 보편적이라는 데서 찾을 수 있다.

(6) ㄱ. spring, strike, skill
ㄴ. apple, open
ㄷ. take out, look at, think of
ㄹ. がっこう、いくらですか

영어 'p, t, k'는 어두에서는 강한 격음이고, 어말에서도 약한 격음이다. 그러나 (6)ㄱ처럼 's' 뒤에 오거나 (6)ㄴ처럼 어중 무강세 음절에서는 무성 무기음으로 실현되어 경음과 유사하다. (6)ㄷ처럼 연음된 무성음은 강세 음절이 아니라면 무기음이 되어 [테이까운]처럼 발음된다. 또 일본어 か행의 자음은 어두에서는 경음으로 나지 않지만 (6)ㄹ처럼 어중음일 때는 경음과 유사한 음가이다.

6.3. 'ㅎ' 관련 변동규칙 교육

변동 결과에 따르면 /ㅎ/탈락, 격음화, 경음화로 나뉘는데 이 분류대로 발음교육 방안을 고안하는 것이 타당한지에 대한 고찰이 필요하다.

(7) 'ㅎ' 관련 변동

ㄱ. 규칙	/ㅎ/탈락	격음화		/ㅎ/탈락	경음화
보기	일하다 흔히	급하다 급히	좋다	좋아요	좋습니다 좋네요
ㄴ. 음운 환경	유성음[ㅎ	무성음[ㅎ	ㅎ][ㄷ,ㄱ,ㅈ	ㅎ][모음	ㅎ][ㅅ,ㄴ
ㄷ. 표기 환경	초성			종성	

(7)은 'ㅎ' 관련 변동을 보이는 어절을 세 가지 기준으로 분류한 것이다. (7)ㄱ은 변동 결과에 따라 /ㅎ/탈락, 격음화, 경음화로, (7)ㄴ은 이들 규칙이 적용되는 음운론적 조건에 따라, (7)ㄷ은 변동의 원인이 된 'ㅎ'의 표기형 음절 내 위치에 따라 나눈 것이다.

(7)은 'ㅎ' 관련 변동규칙을 변동 결과에 따라 /ㅎ/탈락, 격음화, 경음화로 나누어 교육방안을 짜기에는 몇 가지 문제가 있음을 보여준다. 첫째, '-하다', '-히' 접미사에 의한 파생어가 많은데 이러한 어휘교육과 통합하는 데 부적합하다. '일하다'류는 /ㅎ/탈락, '급하다'류는 격음화를 보이기 때문이다. 둘째, '좋다, 좋아요'류는 모두 'ㅎ'을 어간 말음으로 하는 용언의 활용형에 나타나는 변동이다. 그런데 '좋다'는 격음화, '좋아요'는 /ㅎ/탈락으로 실현되어 어미 문법 교육과 통합하기 어렵다. 셋째, /ㅎ/탈락, 격음화, 경음화 규칙이 적용되는 조건이 인접음에 따라 상보적이다.

이런 이유로 'ㅎ' 관련 변동규칙 교육내용을 변동 결과에 따라 분류하지 않고 자소와 표기형을 중심으로 종성 'ㅎ' 관련 변동과 초성 'ㅎ'과 관련 변동으로 나눈다. 이 분류는 어휘, 문법 교육과의 통합을 위해서이기도 하다. 종성 'ㅎ'과 관련된 '좋다, 좋아요, 좋습니다'류의 변동은 어미 문법 교육과, 초성 'ㅎ'과 관련된 '일하다, 급하다'류의 변동은 '-하다', '-히-'와 같은 접미 파생어 어휘교육과 통합할 수 있다.

6.3.1. 종성 'ㅎ' 관련 규칙 교육

종성 'ㅎ' 관련 변동규칙 교육목표는 'ㅎ][모음'에서 /ㅎ/탈락, 'ㅎ][ㄷ, ㄱ, ㅈ'에서 격음화, 'ㅎ][ㅅ, ㄴ'에서 경음화 규칙을 이해하고 산출할 수 있게 하는 데 있다. 어미 '-아요/어요', '-고, -다가, -지', '-는다, -네요, -습니다' 문법 교육과 통합할 수 있다.

과제 ❶ 발음과 표기에 어떤 차이가 있는지 찾아보세요.

> 좋아요[조아요], 좋아[조아], 좋았어요[조아써요]
> 많아요[마나요], 많아[마나], 많았어요[마나써요]

과제 ❷ 'ㅎ][모음'의 발음 규칙을 만들어 보세요.

> 'ㅎ' 뒤에 모음이 오면 'ㅎ'은 항상 탈락한다.
> ㅎ][모음
>
> [모음]

과제 ❸ 발음과 표기에 어떤 차이가 있는지 이야기해 보세요.

> 좋고[조코], 넣고[너코], 많고[만코], 싫고[실코]
> 좋지[조치], 넣지[너치], 많지[만치], 싫지[실치]

과제 ❹ 'ㅎ][ㅂ, ㄷ, ㄱ, ㅈ'의 발음 규칙을 만들어 보세요.

> 'ㅎ' 뒤에 'ㅂ, ㄷ, ㄱ, ㅈ'이 오면 두 소리가 합쳐져서 각각 [ㅍ, ㅌ, ㅋ, ㅊ]로 발음되는데, 예외가 없다.

ㅎ	+	ㅂ	⇒	ㅍ
ㅎ		ㄷ		ㅌ
ㅎ		ㄱ		ㅋ
ㅎ		ㅈ		ㅊ

<u>ㄴㅗㅎㄱㅗ</u>
[노코]

<u>ㅁㅏㄴㅎㄱㅗ</u>
[만코]

과제 ❺   발음과 표기에 어떤 차이가 있는지 이야기해 보세요.

좋습니다[조씀니다], 많습니다[만씀니다], 싫습니다[실씀니다]
놓는다[논는다], 넣는다[넌는다], 놓네요[논네요], 많네요[만네요]

과제 ❻   'ㅎ'[ㅅ, ㄴ]의 발음 규칙을 만들어 보세요.

'ㅎ'[ㅅ'은 [ㅆ]로, 'ㅎ'[ㄴ'은 [ㄴ]로 발음한다.

교사는 후행음에 따라 /ㅎ/탈락, 격음화, 경음화 변동을 보이는 예로 분류하여 제시한다. 과제 1, 3, 5처럼 학습자들이 언어 자료를 관찰하고 어떤 규칙이 있는 지 가설을 세워 볼 수 있도록 전형적인 예를 선택하고 구조화하여 제공한다. 규칙 만들기 과제 2, 4, 6은 학습자로 하여금 표기형과 발음형의 차이에 의식적으로 주 의를 집중하여 관찰하고 목표어 규칙을 구성해 보게 하는 의식 고양 과제 (consciousness-raising task)라 할 수 있다.

과제 ❼   듣고 밑줄 친 곳에 알맞은 말을 쓰세요.

① 상추는 냉장고에 넣고 돼지고기는 냉동실에 <u>넣었어요</u>.
② 큰 이모는 아들을 낳고, 작은 이모는 딸을 <u>낳았어요</u>.
③ 밥도 <u>많고</u> 반찬도 <u>많아요</u>.
④ 국수도 먹기 <u>싫고</u> 밥도 먹기 <u>싫어요</u>.
⑤ 수학 공부도 하지 <u>않고</u> 과학 공부도 하지 <u>않아요</u>.

과제 ❽ 규칙을 사용하여 아래 대화를 해 보세요.

> ① 이거 어때요?
>
> 그저 그래요. <u>좋지도 않고 싫지도 않아요</u>.
>
> ② 사과가 너무 <u>많아요</u>?
>
> <u>많지도 않고</u> 적지도 <u>않아요</u>.
>
> ③ 빨간 색과 노란 색 중 어느 것이 더 <u>좋습니까</u>?
>
> 전 빨간 색은 <u>싫습니다</u>. 노란 색이 <u>좋습니다</u>.
>
> ④ 안방과 거실 중 어디에 <u>놓는 게 좋을까요</u>?
>
> 안방에 <u>놓는 게 좋겠는데요</u>.
>
> ⑤ 이거 냉장실에 <u>넣을까요</u>, 냉동실에 <u>넣을까요</u>?
>
> 아이스크림은 냉동실에 <u>넣고</u>, 치즈는 냉장실에 <u>넣어</u>.

과제 8은 대화문에 목표 어휘를 포함시킨 것이다. 글자체나 밑줄 등의 수단으로 목표 어휘를 강화(input enhancement)하여 학습자로 하여금 학습목표에 주의하여 규칙을 확인하고 내재화할 수 있게 한다.

과제 ❾ 대화를 두 번 들려 드리겠습니다. 처음에는 들으면서 전체 의미를 생각해 보세요. 두 번째 들을 때는 들은 단어나 구를 받아쓰세요. 받아쓴 것을 활용하여 친구들과 함께 대화문을 써 보세요.

> 가: 오늘 날씨 참 좋네요.
>
> 나: 네, 그렇죠? 오늘 날씨도 좋고, 시간도 많은데 같이 놀러 갈까요?
>
> 가: 좋아요. 어디 갈까요?
>
> 나: 해운대 어때요?
>
> 가: 해운대도 좋지만, 거긴 여러 번 가봐서 오늘은 가기 싫어요.
>
> 나: 그럼 광안리 가요.
>
> 가: 좋아요.

과제 9는 듣고 재구성하기(dictogloss)이다. 듣고 재구성하기는 Wajnryb

(1989)에서 제안된 것으로 문법 받아쓰기(grammar dictation)라고도 한다. 듣고 재구성하기는 '준비→받아쓰기→내용 재구성→분석과 수정' 단계로 이루어진다. 준비 단계에서는 목표 어휘의 발음을 명시적으로 설명함으로써 학습자들이 어휘의 발음과 표기법에 주의를 집중하게 한다. 이 자료에서는 '좋네요, 그렇죠, 좋고, 많은데, 좋아요, 좋지만, 싫어요'이다. 학생들을 3~4명씩 소집단으로 나누어 교사가 들려주는 이야기를 최대한 많이 받아쓰게 한다. 문장이 아닌 단락을 보통 속도로 들려주기 때문에 그대로 받아쓰는 것은 불가능하다. 소집단별로 모여 받아쓴 것을 서로 참고하여 이야기를 창조적으로 재구성한다. 내용 재구성 과정에서 학습자들은 서로 묻고 답하면서 의미 협상을 벌이고 협동적 글쓰기를 한다. 마지막으로 재구성한 글을 원문과 비교 분석하면서 오류를 찾아 수정한다.

6.3.2. 초성 'ㅎ' 관련 규칙 교육

초성 'ㅎ' 관련 변동규칙 교육목표는 '유성음][ㅎ'에서 /ㅎ/ 약화, 'ㅂ, ㄷ, ㄱ, ㅈ][ㅎ'에서 격음화 규칙을 이해하고 사용할 수 있게 하는 데 있다. '-하다' 파생어 어휘교육과 통합하여 교육방안을 제시하면 다음과 같다.[37]

도입 밑줄 친 말의 발음에 주의하면서 읽어 보세요.

---

37) 학습자언어에 '-하다' 접미사와 관련된 오류가 빈발한다는 점에서도 어휘교육과의 통합이 필요하다. '-하다'는 '공부하다, 건강하다'처럼 일부 명사 뒤에 붙어 동사나 형용사를 만드는 접미사이다. 그런데 명사라도 의미론적 정보에 따라 '-하다'와 결합할 수 없는 예가 많다. '-하다' 파생어는 이러한 한국어 내적인 복잡성 때문에 오류가 빈발한다. 예를 들어 '-하다'와 결합하는 어근을 서술격 조사 '이다'와 결합한 '중요예요(←중요해요), 정확인(←정확한)'과 같은 오류도 많고, '-하다'가 결합할 수 없는 어근에 '-하다'를 결합한 '느낌합니다(←느낍니다)'와 같은 오류도 많다. '-하다'는 명사뿐 아니라 '덜컹덜컹하다'처럼 의성·의태어 뒤, '잘하다, 빨리하다'처럼 의성·의태어 이외의 일부 성상 부사 뒤, '착하다, 따뜻하다'처럼 몇몇 어근 뒤, '체하다, 뻔하다'처럼 몇몇 의존명사 뒤에도 결합한다.

> 아정 씨는 한국어를 아주 잘하지만 전 잘 못해요.

설명 1 'ㅂ, ㄷ, ㄱ, ㅈ] [ㅎ'

> 'ㅂ, ㄷ, ㄱ, ㅈ'과 'ㅎ'이 연결되면 두 소리를 합쳐서 각각 [ㅍ, ㅌ, ㅋ, ㅊ]
> 로 발음한다.

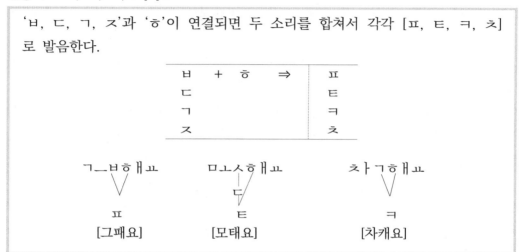

설명 2 '유성음][ㅎ'

> 유성음 사이에 있는 'ㅎ'은 보통 발화속도에서는 탈락한다.
> '잘해요'를 [자래요]로 발음하기 위해 노력할 필요는 없지만, [자래요]를 듣고
> '잘해요'로 이해할 수 있어야 한다.

초성 'ㅎ'과 관련된 변동인 격음화와 /ㅎ/탈락을 후행음에 따라 분류하여 명시적이고, 간략하고, 쉽게 설명한다.

과제 ❶ 규칙을 사용하여 아래 단어를 발음해 보세요.

> ① 못하다, 독하다, 약하다, 부족하다, 따뜻하다, 행복하다
> ② 잘하다, 순하다, 강하다, 충분하다, 시원하다, 불행하다

과제 1의 입력 단어는 모두 '-하다' 동사이고38) 반의관계가 성립하는 짝들을 선택했다. 반의관계는 동음관계에 비해 쉽게 기억되고, 미세한 결합제약이 존재하는

유의관계에 비해 사용에 따른 오류 발생률이 낮기 때문이다. '부족하다'처럼 어근이 2음절 이상이면, 통용음에서는 격음화하지 않는 경향이 강하다. 그러므로 가능하면 '-하다'와 결합한 어근이 1음절인 경우가 더 좋다. 국립국어원에서 제공하고 있는 한국어 학습용 어휘 목록 중 '답하다, 속하다, 급하다'처럼 격음화가 적용될 환경의 1음절 어근 '-하다' 동사는 16개뿐이고 대부분 어근이 2음절이다. ②의 '잘하다'류는 'ㅎ'이 탈락 또는 약화된 [자라다]와 같은 통용음이 사용된다. 이는 말하기 교육이라기보다 이해를 위한 듣기 교육의 일환이다.

과제 ❷ 규칙을 사용하여 아래 대화를 해 보세요.

> ① 아정 씨, 한국어 <u>잘해요</u>?
>   아뇨, 아직 잘 <u>못 해요</u>. 그렇지만 노력하고 있어요.
> ② 난 팔 힘이 너무 <u>약해요</u>.
>   나도 그래요. 더 <u>강해지려면</u> 운동을 해야 해요.
> ③ 어느 술이 더 <u>독해요</u>?
>   이건 좀 <u>순하고</u>, 이게 더 <u>독해요</u>.
> ④ 물이 <u>부족할</u> 것 같아요.
>   괜찮아요. 나도 물 한 통 갖고 왔어요. <u>충분할</u> 거예요.
> ⑤ 아정 씨는 어떤 계절을 좋아해요?
>   <u>따뜻한</u> 봄도 좋고, <u>시원한</u> 가을도 좋아요.

과제 ❸ 다음 단어를 발음해 보고, 'ㅋ, ㅌ, ㅍ, ㅊ'로 격음화하는 것을 찾아보세요.

  ① 무역학   ② 경영학   ③ 회계학   ④ 사회학   ⑤ 법학

과제 ❹ 광고를 두 번 들려드리겠습니다. 처음 들을 때는 전체의 의미를 생각해 보세요. 두 번째 들을 때는 들은 단어나 구를 받아쓰세요. 받아쓴 것을 활용하여 친구들과 광고 내용을 써 보세요.

---

38) 여기서 '동사'는 '형용사'를 포함하는 말로 썼다.

> 여직원: 저 인간이 내 사수? 아! 나 이제 죽었다.
> 어? 의외로 귀엽네.
> 이러니, 반하나, 안 반하나?
> 바나나나나 맛 우유
> 여자 후배: 저 선배가 말로만 듣던 그? 완전 허세 작렬!
> 어? 의외로 끌리네.
> 이러니, 반하나, 안 반하나?
> 바나나나나 맛 우유39)

과제 4는 듣고 재구성하기다. 과제 4와 같은 실제적 자료(authentic material)를 이용하는 것은 의사소통능력을 향상시키는 데 유용하다. 그러나 실제적 자료를 활용하다 보면 학습자 수준에 맞지 않는 어휘가 포함되는 예가 적지 않다. 이런 경우 자료를 가공하거나,40) 특정 정보에만 초점을 맞추도록 하거나, 해당 어휘에 대한 정보를 미리 제공할 수도 있다. 위 광고에서 '사수, 허세, 작렬'은 난도가 높은 단어다. '허세'처럼 발음형과 표기형이 일치하는 경우는 학습자들이 듣고 직접 사전을 이용해 검색하게 할 수도 있다. 표기형과 달리 [장녈]로 발음되는 '작렬', 직장 상사의 의미로 사용한 '사수(射手)'의 의미는 미리 제공하는 것이 좋다. 이는 학습자의 근접발달영역(ZPD, zone of proximal development)을 향상시킬 수 있도록 디딤돌(飛階, scaffolding)을 마련해 주는 역할을 한다.41)

---

39) 이 광고는 두 편으로 되어 있는데, 첫 번째 것은 여직원이 우유를 마시고 있는 직장 상사에게, 두 번째 것은 여자 후배가 복학생 선배에게 하는 발화이다.

40) 학습자 수준에 맞춰 미리 자료를 단순화하여 일방적으로 제공하는 것보다는 실제 의사소통 상황에서 부연 설명, 이해 확인 등의 방법으로 의미 협상을 벌이는 것이 더 효과적이다.

41) 근접발달영역은 비고츠키(Vygotsky)에 의해 제안된 개념으로, 아동이 타인의 도움 없이 스스로 문제를 해결할 수 있는 실제적 발달 수준(actual development level)과 또래나 성인이 도움을 주면 문제를 해결할 수 있는 잠재적 발달 수준(potential development level) 사이의 이론적 영역을 뜻한다. 교사는 이 근접발달영역의 과제를 제공할 수 있어야 한다. 학습자가 혼자서도 충분히 수행할 수 있는 과제는 쉽게

과제 ❺   바나나 우유를 광고하면서 왜 "반하나? 안 반하나?"라고 하는지 이야기해 봅시다.42)

과제 ❻   광고의 배경 음악으로 사용된 노래를 듣고, 밑줄 친 곳에 알맞은 말을 써 보세요.

나 그대에게 모두 드리리.

나 그대에게 드릴 말 있네. 오늘 밤 문득 드릴 말 있네.

나 그대에게 모두 드리리. 터질 것 같은 이내 사랑을

그댈 위해서라면 나는 <u>못할 게</u> 없네.

별을 따다가 그대 두 손에 가득 드리리.

나 그대에게 드릴 게 있네. 오늘 밤 문득 드릴 게 있네.

그댈 위해서라면 나는 <u>못할 게</u> 없네.

별을 따다가 그대 두 손에 가득 드리리.

나 그대에게 모두 드리리. 터질 것 같은 이내 사랑을

싫증을 낼 수 있고 누군가 도와줘도 수행할 수 없는 과제는 회피할 가능성이 높다.

디딤돌은 ZPD를 교육에 적용한 개념이다. 자신보다 성숙한 사회 구성원들과의 상호 작용이 인지 발달에 중요한 역할을 한다. 디딤돌은 교사나 더 유능한 동료의 도움인데, 초기에는 필요하지만 점차 필요성이 줄어들어 결국은 없애도 되는 수준에 도달하도록 한다. 마치 1층에 2층 건물을 올리기 위해 초기에는 발판이나 사다리와 같은 가설물이 필요하지만 나중에는 없어도 되는 것과 같다.

42) '반하나'에서 '-나'는 동남 방언에서 주로 쓰이는 판정의문문 어미다.

과제 ❼ 드라마를 보고 밑줄 친 곳에 들어갈 말을 써 보세요.

> 남: 이거 좀 빼지?
>
> 여: 미국에서 공부도 했다면서 <u>무슨 남자가 이렇게</u> 스킨십에 <u>관대하지 못해?</u>
>   아메리카에서 <u>친구끼리 이 정도 하지 않나?</u>
>
> 남: 아메리카에서 친구 없어서 몰라.
>   그리고 나 매니저 하겠다고 한 적 없거든.
>   <u>사람들한테 그런 식으로 얘기하지 마</u>.
>
> 여: 얼마냐며?
>
> 남: 물어만 봤지. 내가 하겠다고 했나?
>
> 여: 하아! 밀당 좀 하는데! 얼만데? 얼마면 되는데? 왜?
>
> 남: 비밀번호 누를 거야.
>
> 여: 눌러. 어차피 봐도 못 외워. 우리 집 것도 맨날 까먹는데 뭘. 도 매니저!
>
> 남: <u>그렇게 부르지 말라고</u>.

　과제 7은 드라마(별에서 온 그대 7회)의 일부이다. 학습자들이 관심을 갖는 드라마를 보고 문장을 받아쓰게 하는 것은 변동규칙뿐 아니라 4장에서 기술할 운율 학습에도 유용하다.

7. 'ㄹ' 관련 변동[43]

7.1. 'ㄹ' 관련 변동에 대한 이해

유음 'ㄹ'은 구강에서 공명이 일어나는 소리라는 점에서 가장 모음에 가까운 자음이다. 그래서 'ㄹ'을 자음 세기(consonantal strength)가 가장 약한 것으로 보기도 하고(Vennemann: 1988), 자음성과 모음성을 공유한 소리로 분류하기도 했다(Chomsky & Halle: 1968). 유음은 자음의 일종으로 처리하지만, 음성학적으로는 비전형적인 자음이어서 음운과정에서도 특이한 양상을 보인다. 예를 들어 '부산으로, 광주로'처럼 조사 '(으)로'는 자음 뒤에서는 '으로', 모음 뒤에서는 '로'가 선택되는 것이 원칙인데, '서울로'처럼 종성이 'ㄹ'일 때는 '로'가 선택된다.

「발음법」 제19항   받침 'ㅁ, ㅇ' 뒤에 연결되는 'ㄹ'은 [ㄴ]으로 발음한다.
    담력[담ː녁], 침략[침냑], 강릉[강능], 대통령[대ː통녕]
[붙임]   받침 'ㄱ, ㅂ' 뒤에 연결되는 'ㄹ'도 [ㄴ]으로 발음한다.
    막론[막논→망논], 협력[협녁→혐녁]

「발음법」 19, 20항은 'ㄹ'과 관련된 규정이다. 이들은 결과는 다르지만 변동이 일어난 원인은 자음과 'ㄹ'의 결합제약이라는 점에서 공통적이다. 19항은 'ㅁ, ㅇ][ㄹ' 연쇄에서 비음화, '붙임'은 'ㅂ, ㄱ][ㄹ'에서의 비음화와 관련된 조항이다. 이 붙임은 장애음 종성 /ㅂ, ㄷ, ㄱ/으로 일반화할 수 있다. 종성규칙에 의해 /ㄷ/으로 되는 '몇 리[면니], 탈것류[탈껀뉴]'에서도 동일한 현상이 일어나기 때문이다.

---

43) 7.은 필자의 (2013) 논문을 바탕으로 한 것이다.

「발음법」 제20항 'ㄴ'은 'ㄹ'의 앞이나 뒤에서 [ㄹ]로 발음한다.

  (1) 난로[날ː로], 신라[실라], 천리[철리]

  (2) 칼날[칼랄], 물난리[물랄리], 줄넘기[줄럼끼][44]

[붙임] 첫소리 'ㄴ'이 'ㅀ', 'ㄾ' 뒤에 연결되는 경우에도 이에 준한다.

  닳는[달른], 뚫는[뚤른], 핥네[할레]

다만, 다음과 같은 단어들은 'ㄹ'을 [ㄴ]으로 발음한다.

  의견란[의ː견난], 임진란[임ː진난], 생산량[생산냥], 결단력[결딴녁], 공권력[공꿘녁], 동원령[동ː원녕], 상견례[상견녜], 횡단로[횡단노], 이원론[이ː원논], 입원료[이붠뇨], 구근류[구근뉴]

「발음법」 20항 (1)은 'ㄴ][ㄹ' 연쇄에서 일어나는 역행적 유음화, (2)는 'ㄹ][ㄴ'에서의 순행적 유음화, '다만'은 'ㄴ][ㄹ'에서 'ㄹ'이 비음화하는 것에 대한 조항이다. 「발음법」 20항에서는 역행적 유음화와 순행적 유음화를 같이 다루고 있다. 역행적 유음화와 순행적 유음화는 결과적으로 둘 다 유음화지만 동일 규칙으로 보기는 어렵다. 공시적으로는 형태론적 조건에 따라 순행적 유음화(/설날/→설랄)는 'ㄹ' 탈락(/살는/→사는)과, 역행적 유음화(/권력/→궐력)는 'ㄹ'의 비음화(/생산력/→생산녁)와 경쟁 관계를 이루기 때문이다(이진호: 1998).

  'ㄹ' 관련 변동 중 'ㄹ'이 종성일 때 일어나는 것은 순행적 유음화인 20항 (2)의

---

44) 「발음법」 20항 (1)에 고유명사 '광한루[광ː할루], 대관령[대ː괄령]'도 예로 제시되었다. 규정의 예시는 가장 전형적인 것이어야 하고, 특히 이 환경에서 유음화가 유동적인 상황에서 고유명사를 예로 드는 것은 바람직하지 않다. 2013년 2학기 필자에게 음운론 수업을 수강한 49명에게 '연령, 성, 교육 정도' 등 어떤 요인도 통제하지 않은 채 실시한 'ㄴ][ㄹ' 발음 실태 조사에 따르면, 철자대로 발음한 [광안리, 온라인], 유음화가 적용된 [광알리, 올라인], 'ㄹ'이 비음화한 [광안니, 온나인] 세 가지 발음이 공존했다. 이러한 발음의 혼란은 'ㄴ][ㄹ' 연쇄에서 적용 가능한 규칙이 유음화와 'ㄹ'의 비음화 둘인데, 어느 것을 적용해야 하는지 「발음법」 규정이 명확하지는 않다는 데에도 일정 부분 원인이 있다.

또 (2)의 예로 '할는지[할른지]'가 포함되어 있는데 이는 '-(으)ㄹ는지' 전체를 어미로 보는 『사전』과 상충되는 부적합한 예시다.

'설날'류뿐이다. 'ㄹ'은 7종성에도 포함되고 초성에 비해 결합제약이 덜하지만 같은 조음위치의 공명자음 'ㄴ'과는 결합하지 못한다. 유음화는 순행적이든 역행적이든 항상 'ㄹ'이 겹쳐서 실현되므로 탄설음이 아니라 설측음으로 실현된다. 그래서 유음화를 설측음화(lateralization)라고도 한다. '뚫는다[뚤른다]', '실내[실래]', '달님[달림]', '설날[설랄]', '일할 남자[일할람자]', '올 나이트[올라이트]'는 각각 어간과 어미, 한자어 의존형태소끼리, 어근과 접사, 어근과 어근, 단어끼리, 외래어 단어끼리 결합한 것으로 형태론적 조건이 다르지만, 내부에 끊어읽기 경계를 두지 않고 붙여 발음하면 'ㄹ][ㄴ'이 [ㄹㄹ]로 변동된다. 단, /살는/[사는]처럼 /ㄹ/가 어간 말음일 경우에는 순행적 유음화가 적용되지 않고 탈락된다.

이에 비해 초성 'ㄹ'은 음소 결합제약이 심해서 발음형에서 초성 'ㄹ' 앞에 올 수 있는 자음은 'ㄹ'뿐이다. 탄설음 [ɾ]로 실현되는 초성 'ㄹ'은 조음 난도가 높은 소리라는 데서 그 원인을 찾을 수 있다. 초성 'ㄹ'의 음소 결합제약으로 인해 'ㄹ 이외의 자음][ㄹ' 표기형은 모두 변동이 일어난다. 「발음법」 19항, (2)를 제외한 20항은 모두 초성 'ㄹ'의 음소 결합제약으로 인한 변동에 대한 규정이다.

형태소 첫소리 'ㄹ'은 고유어에서는 통시적으로 두음법칙이 적용되어 이에 해당하는 예가 없다. 따라서 'C][ㄹ'에서 변동을 보이는 것은 주로 한자어이거나 외래어이다. 'ㄹ'이 어중 초성으로 표기된 경우의 변동은 '권력[궐력]', '생산력[생산녁]', '능력[능녁]', '국력[궁녁]'의 네 가지 유형으로 나눌 수 있다.

'권력[궐력]', '생산력[생산녁]'은 형태소 경계의 음소 배열이 'ㄴ][ㄹ'이라는 점에서 음운론적 조건은 같지만, '권력[궐력]'은 유음화하고, '생산력[생산녁]'은 비음화한다. '권력'처럼 형태소 경계의 두 말이 다 의존형태소일 때는 유음화하는 반면, '라면류', '신라면'처럼 내부에 자립형태소가 있는 경우 'ㄹ'이 비음화한다. 그러나 형태론적 정보를 추가해도 여전히 예외는 존재한다. 예컨대 '천리, 산림'처럼 '천, 산'이 자립형태소인 경우에도 유음화한다. 또한 '대관령, 광안리, 신선로, 음운론, 온라인'과 같은 예에서는 형태적 정보에 대한 판단이 일치하지 않아 두 발음이 공존하는 경우가 많다. 특히 고유명사이거나 전문어, 외래어인 경우 그러하다.

이처럼 자립형태소, 의존형태소 같은 문법용어를 도입하더라도 어차피 예외가 있다면, 직관적이고 친숙한 음절 수로 설명하는 것이 학습자의 이해를 돕는 데 더 유용하다. 'ㄴ'으로 끝난 앞말이 1음절일 경우 '권력[궐력]'처럼 유음화하고, 'ㄴ'으

190

로 끝난 앞말이 2음절 이상일 경우 비음화한다. 'ㄴ'으로 끝난 앞말이 1음절인 경우라 했으므로 '근로][자', '논리][학'과 같은 예는 예외가 아니다.

'능력[능녁], 담력[담녁]'은 'ㅁ, ㅇ' 뒤에 오는 'ㄹ'이 비음화하는 유형이다. 'ㄴ'과 'ㄹ'은 조음위치가 같으므로 '권력[궐력]'처럼 'ㄴ'이 유음화할 수도 있고 '생산력[생산녁]'처럼 'ㄹ'이 비음화할 수도 있다. 그러나 'ㅁ, ㅇ'은 'ㄹ'과 조음위치가 다르기 때문에 유음화는 일어날 수 없고, 'ㄹ'이 [ㄴ]로 비음화한다. 만약 'ㅁ, ㅇ'이 [ㄹ]로 유음화하려면 조음방법뿐 아니라, 조음위치까지도 바꿔야 하기 때문이다. 이에 비해 'ㄹ'이 [ㄴ]로 비음화하는 것은 조음방법 자질만 바꾸는 것이다.

'압력[암녁], 몇 리[면니], 국력[궁녁]'은 'ㅂ, ㄷ, ㄱ][ㄹ' 연쇄이다. 이 경우 'ㄹ'만 비음화하는 것이 아니라 'ㅂ, ㄷ, ㄱ'도 같은 위치의 비음으로 바뀐다. 이 또한 발음형에서 어중 초성 'ㄹ'은 'ㄹ' 이외의 자음과 결합하지 못하기 때문이다. 그런데 파열음과 'ㄹ'은 어느 한쪽이 일방적으로 동화되기에는 양자의 음성적 특성이 너무 다르다. 그래서 '국력[궁녁]'처럼 형태소 경계의 'ㄱ][ㄹ'이 둘 다 공명음으로 변동되어 /ㅇㄴ/가 된 것이다. 이는 최적성이론(OT, optimality theory)의 충실성제약(faithfulness constraint)으로도 설명된다.

  (1) ㄱ. 력(力): 노력, 실력 / 권력, 인력 / 생산력 / 능력, 노동력 / 압력, 국력
      ㄴ. 로(路): 도로 / 언로 / 강변로 / 항로, 경로 / 대학로
      ㄷ. 료(料): 무료 / 출연료 / 보험료
      ㄹ. 류(類): 채소류 / 분류, 인류 / 라면류 / 종류, 곤충류 / 곡류
      ㅁ. 양(量): 수량, 물량 / 분량 / 생산량 / 교통량, 감량 / 연습량, 공급량

(1)의 '-력, -로, -료, -류'는 접미사로서 파생어를 생산하고, '양'은 단어로서 많은 합성어를 생산한다. 초성 'ㄹ'로 인한 변동을 묶어 교육하게 되면 어휘교육의 효과도 크다. 이들은 형태적, 의미적 유연성 때문에 한자어 어휘 확장에 기여하는 바가 크다. 'ㄹ'은 초성과 종성 각각에서 결합제약이 다르다는 점에서도 종성 'ㄹ'로 인한 변동과 초성 'ㄹ'로 인한 변동으로 나누어 교육하는 것이 효율적이다.

(1)의 '-력, -로, -료, -류, 량'은 두음법칙이 적용되는 경우를 제외하면 표기형은 같지만,[45] 발음형은 초성 'ㄹ'의 결합제약으로 인해 음운 환경에 따라 변동되

어 동질성을 유지하지 못한다. 따라서 표기형과 발음형을 매개하는 변동규칙 교육이 반드시 필요하고, 이러한 변동규칙 교육은 발음교육으로서만이 아니라 어휘교육과 통합된다. 특히 의미적 유연성, 형태적 공통성에 기초한 어휘장을 활용하는 경우 변동규칙 교육과 어휘교육은 서로 밀접하게 통합되고 이는 상호 교육 효과를 상승시킬 수 있다.

7.2. 학습자언어

'ㄹ'로 인한 변동규칙은 한국어 특수성이 강하고 보편성이 약한 편이다. 학습자언어에서도 고급 과정까지 지속적으로 오류가 발견된다.

(2) ㄱ. 잘 나왔네요[잘나완네요], 큰일 났어요[크닐나써요]
    ㄴ. 설날[설랄], 실내[실래], 물냉면[물랭면]

(2)는 종성 'ㄹ' 관련 학습자언어의 예다. (2)ㄱ처럼 띄어 쓰는 경우 발음도 끊어서 하고 유음화를 적용하지 않는 빈도가 높다. (2)ㄴ처럼 초급에 자주 등장하는 짧은 단어는 (2)ㄱ에 비해서는 발음 오류율이 낮은 편이다.

어간 말 'ㄹ'을 남기는 '살습니다, 살는다, 살으시고, 살은 후에'와 같은 오류는 초급 학습자의 발음뿐 아니라 작문에서도 빈번하게 관찰된다. 이는 학습자들이 'ㄹ' 탈락 규칙을 모르거나, 알더라도 활용 체계의 규칙성이 강력하게 작용하기 때문이기도 하다.

---

45) 두음법칙은 '역도(力道), 노상(路上), 요금(料金), 유사(類似), 양(量)'처럼 표기에 반영하기 때문에 쓰인 대로 발음된다. 같은 의미를 가진 〈料〉가 '요금, 보험료'로 달리 적혀 표기형의 동일성이 확보되지 않는다. 한국인도 한자어에 대한 지식 정도에 따라 '요금, 보험료'의 '요, 료'가 같은 형태소임을 인식하지 못하고, '요금'을 단일 형태소처럼 인식하는 경우도 많다.

(3) ㄱ. 편리해요[편리해요], 곤란해요[곤란해요], 완료[완료]

　　ㄴ. 등록금[등록끔], 능력[능력], 감량[감량], 시청률[시청률]

(3)은 TOPIK 4급에 합격한 고급 수준의 학습자가 발화한 오류다. 어중 초성 'ㄹ'의 결합제약을 모르고 표기형대로 발음한 것을 알 수 있다.

(4) ㄱ. mainly, sunrise

　　ㄴ. homeless, long-lived, big reason, at least, hot line,　politely, guideline, good luck

(5) well known

　'ㄹ'의 결합제약은 한국어 특수성이 강해서 다른 언어에는 드문 현상이다. 예컨대 영어에서는 (4)처럼 'C][l, r'의 연쇄에서도, (5)처럼 'l][n' 연쇄에서도 한국어와 같은 변동은 일어나지 않는다. 이는 'ㄹ'의 결합제약 관련 오류가 고급 과정까지 지속적으로 나타나는 원인이 된다.

　'생산력[생산녁], 능력[능녁], 국력[궁녁]'류의 변동은 결과적으로 비음화라는 점에서 '먹는[멍는]'류에 나타나는 폐쇄음의 비음화와 같지만 변동 발생 원인은 다르다. '먹는'류의 비음화는 기저형, 표기형에 있는 '비음'으로 인한 역행동화이지만, 'ㄹ'의 비음화는 기저형, 표기형에 비음이 없다는 점에서 비음으로 인한 비음화가 아니다. 'ㄹ'의 비음화는 'ㄹ[ɾ]'의 음성적 특수성과 이로 인한 결합제약 때문이다. 'ㄹ'의 비음화는 폐쇄음의 비음화보다 보편성, 단순성이 낮은 규칙이고 오류 발생률도 현저히 높다. L1과 상관없이 'ㄹ'의 비음화 오류가 폐쇄음의 비음화보다 많이 발생하고 습득도 더 늦게 이루어진다. 이석재 외(2007)에 따르면 영어권, 중어권 초급 학습자의 /ㄹ/의 비음화 오류 발생률은 분석 대상이 된 17개 음운현상 중 가장 높고, 폐쇄음의 비음화는 7위이다. 일어권 초급 학습자의 /ㄹ/의 비음화 오류 발생률은 3위, 폐쇄음의 비음화는 7위이다. 초급뿐 아니라 중·고급 학습자언어에서도 /ㄹ/의 비음화 오류가 폐쇄음의 비음화 오류보다 많음을 알 수 있다.

　한국어 특수성이 강한 규칙일수록 습득 난도는 높다. 오류를 줄이고 또 수정하기 위해서는 1) 학습자의 주의를 학습목표에 집중시키기, 2) 규칙을 쉽고 간략하면서도 명시적으로 설명하기, 3) 규칙을 이해하고 내재화할 수 있을 만큼 충분하고 구조화된 입력 제공하기, 4) 규칙을 의사소통능력으로 전환할 수 있는 과제 제공하기가 필요하다.

7.3. 순행적 유음화 규칙 교육

도입 밑줄 친 말의 발음에 주의하면서 읽어 보세요.

> 마치 <u>설날</u> 같아요.

설명 'ㄹ][ㄴ'의 발음

> 'ㄹ][ㄴ'은 [ㄹㄹ]로 발음한다.
>
> ㄹ][ㄴ
> ⇓
> [ㄹㄹ]

과제 ❶ 규칙을 사용하여 아래 단어를 발음해 보세요.

> ① 설날[설랄], 가을날[가을랄], 겨울날[겨울랄], 오늘날[오늘랄]
> ② 달나라[달라라], 별나라[별라라], 물나라[물라라]
> ③ 별나다[별라다], 성질나다[성질라다], 특별나다[특뼐라다], 유별나다[유별라다]
> ④ 뚫는[뚤른], 뚫네[뚤레], 뚫는다[뚤른다]

과제 1의 ①, ②, ③은 복합어 교육과 통합할 수 있는 자료다.

과제 ❷ 규칙을 사용하여 아래 대화를 해 보세요.

> ① 지난 <u>설날에</u>[설라레] 찍은 사진이에요.
>   사진이 참 <u>잘 나왔네요.</u>[잘라완네요]
> ② 김수철 <u>님</u>[김수철림] 계세요?

네, 전데요.

큰일 났어요.[크닐라써요] 부인이 열이 심해요.

③ 이번 방학 때 뭐 할 거야?

해외여행 갈 거야.

여행갈 나라는[여행갈라라는] 정했어?

끊어읽기 지점을 조정하여 변동규칙 적용 영역을 최대화하는 활동은 몇 개의 단어로 구성된 의미 단위를 한꺼번에 받아들이게 한다. 순행적 유음화는 발화 단위를 음절이나 단어보다 큰 의미 단위로 묶어 연습하는 데도 좋은 자료이다.

과제 ❸ '년'이 [련]으로 발음 나는 것을 찾아서 발음 규칙에 대해 이야기해 보세요.

1년		6년	
2년		7년	
3년		8년	
4년		9년	[구년]
5년	[오년]	10년	

과제 ❹ 다음 단어를 소리 나는 대로 쓰고 발음 규칙에 대해 이야기해 보세요.

설날	[ ]	별나다	[ ]
가을날	[ ]	성질나다	[ ]
겨울날	[ ]	특별나다	[ ]
오늘날	[ ]	유별나다	[ ]

과제 ❺ 밑줄 친 부분을 붙여 읽고, 표기형과 발음형의 차이에 대해 말해 보세요.

① <u>큰일 났어요</u>.

② 사진이 참 <u>잘 나왔네요</u>.

7.4. 어중 초성 'ㄹ'로 인한 규칙 교육

도입 밑줄 친 '력'과 비슷한 뜻을 가진 말을 찾아보세요. 발음에 주의하여 소리 내어 읽어보세요.

> 어떤 일을 해 낼 수 있는 힘을 능력[능녁]이라고 해요.
> 물건을 만들 수 있는 힘을 생산력[생산녁]이라고 해요.
> 실제로 갖고 있는 힘을 실력[실력]이라고 해요.
> 국가가 지닌 힘을 국력[궁녁]이라고 해요.

설명 'ㄹ 외의 자음][ㄹ'의 발음

> 'ㄹ 외의 자음][ㄹ'일 경우 발음은 표기와 다르다.
> 이때 소리가 바뀌는 모습은 네 가지 유형 '권력[궐력]', '생산력[생산녁]', '능력[능녁]', '국력[궁녁]'이 있다.

'권력[궐력]'은 'ㄴ][ㄹ' 연쇄에서의 유음화, '생산력[생산녁]'은 'ㄴ][ㄹ' 연쇄에서 'ㄹ'의 비음화, '능력[능녁]'은 'ㅁ, ㅇ][ㄹ' 연쇄에서 'ㄹ'의 비음화, '국력[궁녁]'은 'ㅂ, ㄷ, ㄱ][ㄹ' 연쇄에서 장애음과 'ㄹ'의 비음화를 대표하는 말로 썼다. 교육 현장에서는 음운론적 조건을 일일이 열거하며 설명하는 것보다 대표 어휘를 사용하는 것이 설명을 단순화하고 이해를 돕는 데 유용하다.

7.4.1. '권][력'류

설명 '권력'류의 발음

> 'ㄴ'으로 끝난 앞말이 1음절이면 'ㄴ][ㄹ'을 [ㄹㄹ]로 발음한다.
> ㄴ][ㄹ
⇓
[ㄹㄹ]

과제 ❶ 규칙을 사용하여 아래 단어를 발음해 보세요.

> 권력[궐력], 전력[절력], 인력[일력], 논리[놀리], 편리[펼리],
> 진리[질리], 한류[할류], 관련[괄련], 완료[왈료], 신랑[실랑],
> 본래[볼래], 곤란하다[골란하다]

과제 ❷ 규칙을 사용하여 아래 대화를 해 보세요.

> ① 한국대학교 가려면 어떻게 가야해요?
>   지하철을 이용하는 것이 가장 <u>편리</u>해요.[펼리해요]
> ② 아정 씨, 한국 가수 중에 좋아하는 사람 있어요?
>   그럼요. <u>한류</u> 스타들[할류스타들] 대부분 좋아해요.
> ③ 이번 주말에 올 수 있어요.
>   어떡하죠? 선약이 있어서 <u>곤란</u>해요.[골란해요]

7.4.2. '생산][력'류

설명 '생산력'류의 발음

> 'ㄴ'으로 끝난 앞말이 2음절 이상이면 'ㄴ][ㄹ'은 [ㄴㄴ]로 발음한다.
>
> ㄴ][ㄹ
> ⇓
> [ㄴㄴ]

과제 ❶ 규칙을 사용하여 아래 단어를 발음해 보세요.

> 생산력[생산녁], 생산량[생산냥], 정신력[정신녁], 결단력[결딴녁], 입원료[이붠뇨],
> 보관료[보관뇨], 라면류[라면뉴], 횡단로[횡단노], 무한리필[무한니필]

과제 ❷ 규칙을 사용하여 아래 대화를 해 보세요.

> ① 어떤 라면이[어떤나며니] 맛있어요?

이게 제일 맛있는 라면이에요.[마신는나며니에요]

② 시장에 가서 뭐 샀어요?

예쁜 리본을[예쁜니보늘] 샀어요.

7.4.3. '능][력'류

설명   '능력'류의 발음

'ㅁ][ㄹ'은 [ㅁㄴ]로, 'ㅇ][ㄹ'은 [ㅇㄴ]로 발음한다.

'ㅁ][ㄹ'   'ㅇ][ㄹ'

⇓   ⇓

[ㅁㄴ]   [ㅇㄴ]

과제 ❶   규칙을 사용하여 아래 단어를 발음해 보세요.

① 음료수[음뇨수], 침략[침냑], 심리[심니], 감량[감냥], 음력[음녁], 홈런[홈넌]

② 능력[능녁], 용량[용냥], 종류[종뉴], 대통령[대통녕], 등록[등녹], 정리[정니], 종료[종뇨], 시청률[시청뉼]

과제 ❷   규칙을 사용하여 아래 대화를 해 보세요.

① 아정아, 밥 먹으러 와.

네, 방 정리[방정니] 좀 하고 갈게요.

② 외국인 등록증[등녹쯩] 갖고 왔어요?

네, 갖고 왔어요.

③ 추석이 언제예요?

추석은 음력으로[음녀그로] 8월 15일이에요.

④ 아정 씨 우리 뭐 마실까요?

음료수[음뇨수] 어떤 게 있어요?

다양한 종류가[종뉴가] 있으니까, 메뉴를 보고 결정합시다.

⑤ 컴퓨터, 고장 난 것 같아요. 아무 것도 할 수 없어요.

그 컴퓨터 오래 됐고, 용량도[용냥도] 너무 작아서 새로 사야 해요.

7.4.4. '국][력'류

설명 '국력'류의 발음

앞말 끝소리가 'ㅂ, ㄷ, ㄱ'이고 뒷말 첫소리가 'ㄹ'이면 'ㅂ, ㄷ, ㄱ'은 각각 비음 [ㅁ, ㄴ, ㅇ]으로, 'ㄹ'은 [ㄴ]로 발음한다.

'ㅂ][ㄹ'	'ㄷ][ㄹ'	'ㄱ][ㄹ'
⇓	⇓	⇓
[ㅁㄴ]	[ㄴㄴ]	[ㅇㄴ]

조음방법＼조음위치	순음	치경음		연구개음
장애음	ㅍ	ㅌ	ㅊ	ㅋ
	ㅃ	ㄸ ㅆ	ㅉ	ㄲ
	ㅂ	ㄷ ㅅ	ㅈ	ㄱ
	⇓	⇓		⇓
평폐쇄음	ⓑ	ⓓ		ⓖ
	⇓	⇓		⇓
비음 유음	ㅁ	ㄴ		ㅇ
		ㄹ		

과제 ❶ 규칙을 사용하여 아래 단어를 발음해 보세요.

① 협력[혐녁], 입력[임녁], 실업률[시럼뉼], 수업료[수엄뇨], 업로드[엄노드]
② 몇 리[면니], 탈것류[탈껃뉴]
③ 국력[궁녁], 학력[항녁], 국립[궁닙], 독립[동닙], 대학로[대항노]

과제 ❷ 규칙을 사용하여 아래 대화를 해 보세요.

① 이력서에 뭐 써야 해요?
   여기에 경력과 학력을[경녀꽈 항녀글] 쓰세요.
② 뭐 먹을까요?

　　　편의점에 가서 <u>컵라면</u>[컴나면] 사 먹어요.
③ 광복절이 무슨 날이에요?
　　　<u>독립</u>[동닙] 기념일이에요.
④ 파일 <u>업로드하려면</u>[엄노드하려면] '올리기' 누르면 돼요?
　　　네, '<u>업로드</u>'하려면[엄노드하려면] '올리기', '<u>다운로드</u>'하려면[다운노드하려
　　　면] '내려받기'를 누르세요.

과제 ❸　'력, 립, 류, 량'의 발음이 어떻게 바뀌는지 주의해서 듣고, 표기형과 발음형의 차이에 대해 말해 보세요.

① 력(力): 노력, 실력 / 권력 / 생산력 / 능력, 노동력 / 압력, 국력
② 립(立): 자립, 설립 / 건립 / 공립 / 국립, 독립
③ 류(類): 채소류 / 분류 / 라면류 / 종류 / 곡식류
④ 양(量): 수량, 물량 / 분량 / 생산량 / 용량, 감량 / 연습량, 공급량

과제 ❹　노래를 듣고 밑줄 친 부분을 어떻게 발음하는지 말해 보세요.

　　아리랑 아리랑 아라리요. 아리랑 고개를 넘어간다.
　　나를 버리고 가시는 님은 <u>십리</u>도 못가서 발병난다.

과제 ❺　식당 차림표를 만들어 봅시다.

　　교사: 우리 학교 앞 다미 식당에 가본 적 있지요? 거기 어떤 음식을 팔아요?
　　학생: 라면, 김밥, 김치찌개……
　　교사: 라면도 종류가 많아요. 그중에 어떤 라면이 있어요?
　　학생: 떡라면, 만두라면……
　　교사: 식당에서 먹어본 음식 이름을 써 봅시다.
　　학생: 참치김밥, 떡라면, 김치찌개, 비빔국수, 비빔밥, 치즈김밥, 비빔라면, 만
　　　　　두라면, 돌솥비빔밥, 튀김우동, 김치우동, 김치김밥, 잔치국수, 칼국수, 불
　　　　　고기백반, 소고기김밥, 된장찌개
　　교사: 종류별로 묶어서 차림표를 만들어 볼까요.

200

학생:

면류	김밥류	한식류

교사: 칼국수는 면류예요, 김밥류예요?
학생: 면류.

과제 5는 관련 어휘를 그룹 짓는 활동을 통해 상하의 관계 어휘교육과 발음교육을 통합할 수 있다.

8. 'ㅣ' 관련 변동

8.1. 'ㅣ' 관련 변동에 대한 이해

단모음 'ㅣ'와 반모음 'j'는 전설-경구개에서 발음되고 [+고설성]이다. 모음 영역 중 최극단에서 조음되는 소리고 열림도가 가장 작아서 가장 자음 쪽에 가까운 모음이다. 구개음화, 'ㅣ'역행동화, 'j'첨가, 'ㄴ'첨가는 모두 'ㅣ' 또는 'j'가 원인이 되어 일어나는 변동이다.

(1) ㄱ. 밭이랑[바치랑], 솥입니다[소침니다], 붙이다[부치다], 굳히다[구치다]

ㄴ. 홑이불[혼니불], 꽃잎[꼰닙], 집 열쇠[짐녈쐬], 한여름[한녀름], 맨입[맨닙]

ㄷ. 잡히다[재피다], 먹히다[메키다], 뜯기다[띧기다], 학교[학교]

ㄹ. 기어[기여], 먹이었다[머기엳따], 당기시오[당기시요]

(1)ㄱ은 구개음화, ㄴ은 /ㄴ/첨가, ㄷ은 /ㅣ/역행동화, ㄹ은 /j/첨가 변동을 보이는 예다. 구개음화와 /j/첨가는 'ㅣ', /ㄴ/첨가와 /ㅣ/역행동화는 /i, j/가 변동의 음운론적 조건이 된다. 구개음화와 /j/첨가에서는 /j/가 조건이 되지 못했다. 이는 구개음화에서는 /j/로 시작하는 형식형태소가 없고 /j/첨가도 어간 말음이 /j/인 하향 이중모음이 없어서일 뿐이다.

8.1.1. 구개음화에 대한 이해

구개음화(palatalization)는 경구개음화(센입천장소리되기)를 약칭할 때 쓰는 용어이고, 모음에 의한 자음동화이다.

(2) ㄱ. 밭이랑[바치랑], 솥입니다[소침니다], 끝인데[끄친데], 볕이[벼치]

ㄴ. 붙이다[부치다], 굳히다[구치다], 닫히다[다치다], 묻히다[무치다]

(2)는 구개음화한 예들이다. 치경음 'ㄷ, ㅌ'이 각각 경구개음 /ㅈ, ㅊ/로 변동되었다. 받침이 'ㄸ'인 말은 없기 때문에 피동화주 'ㄷ, ㅌ'는 치경 파열음으로 일반화할 수 있다. 따라서 'ㅈ, ㅊ'도 경구개 파찰음으로 일반화할 수 있다.

(3) ㄱ. 밭[받], 밭과[받꽈], 밭도[받또], 밭만[받만→반만]

ㄴ. 밭은[바튼], 밭을[바틀], 밭으로[바트로], 밭에서[바테서]

휴지나 자음 앞에서는 (3)ㄱ처럼 종성규칙이 적용되고, 'ㅣ'를 제외한 모음으로 시작하는 형식형태소 앞에서는 (3)ㄴ처럼 그대로 연음된다. 따라서 구개음화 변동을 일으키는 동화주는 모음 'ㅣ'임을 알 수 있다.

구개음화가 일어나는 형태론적 조건은 동화주 'ㅣ'가 형식형태소의 모음이라는 점이다. 'ㅣ'가 형식형태소가 아니라 실질형태소의 모음인 경우 '밭이랑[반니랑]'으로 /ㄴ/첨가가 일어난다. 즉 '밭이랑'에서, '이랑'이 실질형태소일 경우 /ㄴ/첨가가, 형식형태소일 경우 구개음화가 일어나는 것이다. 구개음화의 동화주는 모음 'ㅣ'이고 피동화주는 자음이므로, 모음에 의한 자음동화 현상이다.

'ㄷ, ㅌ'은 치경음, 'ㅈ, ㅊ'은 경구개음으로 조음위치도 다르고, 'ㄷ, ㅌ'은 파열음이고 'ㅈ, ㅊ'은 파찰음이어서 조음방법도 다르다. 파찰음의 [+폐쇄성, +마찰성]은 'ㅣ'와는 무관한 음성적 특성이다. 경구개음 'ㅈ, ㅊ'과 동화주 'ㅣ'에 공통된 음성적 특성은 '전설-경구개'라는 조음위치이다. 구개음화는 치경음 'ㄷ, ㅌ'이 'ㅣ'의 조음위치로 역행동화되어 일어나는 변동으로 해석된다.

「발음법」 제17항 받침 'ㄷ, ㅌ(ㄾ)'이 조사나 접미사의 모음 'ㅣ'와 결합되는 경우에는, [ㅈ, ㅊ]으로 바꾸어서 뒤 음절 첫소리로 옮겨 발음한다.

곧이듣다[고지듣따], 굳이[구지], 미닫이[미다지], 밭이[바치]

[붙임] 'ㄷ' 뒤에 접미사 '히'가 결합되어 '티'를 이루는 것은 [치]로 발음한다.

굳히다[구치다], 닫히다[다치다], 묻히다[무치다]

「발음법」 17항은 구개음화에 대한 규정이다.

8.1.2. /ㄴ/첨가에 대한 이해

/ㄴ/첨가가 일어나는 음운론적 조건은 '자음][i, j'다. 즉 앞말은 장애음이든 공명음이든 자음으로 끝나고, 뒷말은 /i/나 /j/로 시작한다.

(4) ㄱ. 홑이불[혼니불], 막일[망닐], 첫여름[천녀름]
  ㄴ. 꽃잎[꼰닙], 깻잎[깬닙], 앞일[암닐], 색연필[생년필], 내복약[내봉냑]
  ㄷ. 집 열쇠[짐녈쐬], 못 이겨[몬니겨], 저녁 약속[저녁냑쏙], 부엌 일[부엉닐]
(5) ㄱ. 한여름[한녀름], 맨입[맨닙]
  ㄴ. 솜이불[솜니불], 배낭여행[배낭녀행], 지난여름[지난녀름]
  ㄷ. 여드름 약[여드름냑], 부산 역[부산녁], 먹은 엿[머근녇]

(4)와 (5)는 /ㄴ/첨가(/ㄴ/ insertion)가 적용되는 예이다. (4)와 (5)의 형태론적 조건을 살펴보면 앞말은 '홑-, 한-'처럼 접두사인 예도 있고, '꽃, 솜'처럼 실질형태소인 경우도 있다. 그러나 뒷말은 모두 [i, j]로 시작하는 실질형태소이다. 음운론적 조건이 같아도, '밥이, 죽이다'처럼 뒷말이 형식형태소일 때는 /ㄴ/가 첨가되지 않는다. '집 열쇠, 여드름 약'처럼 단어 경계를 넘어서도 적용된다.

(6) ㄱ. 설익다[설릭따]
  ㄴ. 물약[물략], 솔잎[솔립], 길옆[길렵], 주말여행[주말려행]
  ㄷ. 서울 역[서울력], 잘 입다[잘립따], 할 일[할릴], 주말 연속극[주말련소끅]

(6)은 표면적으로는 /ㄹ/가 첨가된 것으로 보이지만, '홑이불'과 마찬가지로 /ㄴ/가 첨가된 것이다. 다만 /ㄴ/첨가와 함께 순행적 유음화가 적용되었을 뿐이다.
  고유어에서는 /ㄴ/첨가가 '첫인사, 끝인사, 첫인상, 멋있다, 맛있다, 값있다'와 같은 예외가 있긴 하나 규칙성이 높다. /ㄴ/첨가의 적용 양상은 어휘별로 다르다. 'X입다, X익다, X일' 복합어는 거의 예외 없이 /ㄴ/가 첨가되고, 'X있다'는 모두

/ㄴ/첨가가 일어나지 않는다. 이는 어휘 확산설(lexical diffusion)이나 유추(analogy) 작용으로 설명할 수 있다.[46]

그러나 한자어에서는 '공일[공일], 몰인정[모린정], 탄신일[탄시닐], 한국인[한구긴]'처럼 뒷말 첫소리가 /i/일 때는 /ㄴ/첨가가 일어나지 않고 /j/일 때도 /ㄴ/첨가 양상이 불규칙적이다. '탐욕[타묙], 남용[나뇽], 석유[서규]'와 '독점욕[독쩜뇩], 연습용[연슴뇽], 휘발유[휘발류]'를 비교하면 내부 자립형태소의 존재가 첨가 조건이 된 것으로 보인다. 그러나 '독약[도걍], 금요일[그묘일], 송별연[송벼련], 간염[가념]'에는 자립형태소가 있어도 /ㄴ/가 첨가되지 않는다.

뒷말이 [j]로 시작하는 '핫요가[한뇨가]'에는 /ㄴ/가 첨가되지만, [i]일 때는 '핫이슈[하디슈]'처럼 /ㄴ/첨가가 일어나지 않는 것으로 보아 외래어도 한자어와 유사함을 알 수 있다.

「발음법」 제29항 합성어 및 파생어에서, 앞 단어나 접두사의 끝이 자음이고 뒤 단어나 접미사의 첫음절이 '이, 야, 여, 요, 유'인 경우에는, 'ㄴ' 음을 첨가하여 [니, 냐, 녀, 뇨, 뉴]로 발음한다.
솜-이불[솜:니불], 홑-이불[혼니불], 막-일[망닐], 맨-입[맨닙], 꽃-잎[꼰닙], 내복-약[내:봉냑], 한-여름[한녀름], 신-여성[신녀성], 색-연필[생년필], 직행-열차[지캥녈차], 눈-요기[눈뇨기], 늑막-염[능망념], 영업-용[영엄뇽], 식용-유[시굥뉴], 국민-윤리[궁민뉼리]
다만, 다음과 같은 말들은 'ㄴ' 음을 첨가하여 발음하되, 표기대로 발음할 수 있다.
이죽-이죽[이중니죽/이주기죽],   야금-야금[야금냐금/야그먀금],   검열[검:녈/거:멸],

---

46) 변동규칙은 음운론적 환경이 동일한 모든 어휘에 일시적으로 적용되는 것이 아니라 음운 환경이 같더라도 규칙이 빨리 적용되는 어휘와 그렇지 못한 어휘가 있다. 어휘 확산설은 어떤 규칙의 적용은 주로 사용 빈도가 높은 어휘에서 그렇지 않은 어휘로 점차 확산되어 나간다는 사실을 포착하고 이러한 변화를 설명하고자 하는 것이다.
유추 작용은 "서로 연합되어 있는 낱말의 대부분이, 어떠한 일정한 어형상의 특색을 가졌을 때, 그 연합군 중의 소수의 말이 이 특색에서 벗어나는 일이 있으면, 이 소수의 말은 많은 말의 공통된 특색에 끌려 어형을 바꾸게 되는 일"(허 웅, 1986: 360)을 말한다.

욜랑-욜랑[욜랑놀랑/욜랑욜랑], 금융[금늉/그뮹]

[붙임 1] 'ㄹ' 받침 뒤에 첨가되는 'ㄴ' 음은 [ㄹ]로 발음한다.

들-일[들ː릴], 솔-잎[솔립], 설-익다[설릭따], 물-약[물략], 불-여우[불려우], 서울-역[서울력], 물-엿[물렫], 휘발-유[휘발류], 유들-유들[유들류들]

[붙임 2] 두 단어를 이어서 한 마디로 발음하는 경우에도 이에 준한다.

한 일[한닐], 옷 입다[온닙따], 3 연대[삼년대], 먹은 엿[머근녇], 할 일[할릴], 잘 입다[잘립따], 1 연대[일련대], 먹을 엿[머글렫]

다만, 다음과 같은 단어에서는 'ㄴ(ㄹ)' 음을 첨가하여 발음하지 않는다.

6·25[유기오], 3·1절[사밀쩔], 송별-연[송ː벼련], 등-용문[등용문]

「발음법」 29항은 /ㄴ/첨가에 관한 규정으로 '늑막-염[능망념]'처럼 한자어만으로 된 말과 고유어가 들어있는 복합어를 구분하지 않고 제시하고 있다. 그러나 /ㄴ/첨가는 한자어만으로 된 말에서는 규칙성을 찾기 어렵다. [붙임 1]은 첨가된 /ㄴ/가 앞에 있는 'ㄹ'로 인해 유음화하여 발음형에서는 [ㄹㄹ]로 되는 것들이다. [붙임 2]는 이 규칙이 단어 경계를 넘어서 적용됨을 보여준다.

8.2. 학습자언어

구개음화는 보편성이 강한 규칙 중 하나다. 예컨대 영어에서도 'did you, could you, got you, what you'에서 'd, t'는 각각 [ʤ, ʧ]로 구개음화하는데 수의적인 변동이어서 구개음화하지 않을 때도 있다. 그러나 영어에서 구개음화는 /j/ 앞에서 일어나지 'good ear, got it'처럼 /i/ 앞에서는 일어나지 않는다. 'nicotine, centimeter, partisan'을 '니코친, 센치미터, 빨치산'으로[47] 발음하는

---

47) 외래어 표기법으로는 '니코틴, 센티미터, 빨치산'이 맞는 표기다. '빨치산'은 관용을 존중한 표기이고 '파르티잔'으로도 쓴다.

'centimeter, partisan'에서 'ti'의 모음은 약모음 [ə]로 발음되는 경우 구개음화 환

것은 한국어 구개음화 규칙을 적용한 것이다.

한국어 구개음화는 후행하는 동화주 'ㅣ'가 형식형태소여야 한다는 형태론적 조건 때문에 규칙이 더 복잡하다. '밭이랑'에서 '이랑'이 조사일 때는 구개음화하지만, 명사일 때는 구개음화하지 않고 /ㄴ/가 첨가되기 때문이다.

구개음화는 그다지 적용 예가 많은 규칙은 아니다. 한자어나 외래어 형태소의 말음이 'ㄷ, ㅌ'인 예는 아예 없고, 고유어도 그리 많지 않기 때문이다.

/ㄴ/첨가는 활용형이나 곡용형에는 적용되지 않고 복합어에만 적용된다. 복합어에만 적용되는 규칙은 형태론적 조건이 필수적이므로 규칙이 복잡하고 생산성이 낮다. 영어에서는 'not yet, open your…'처럼 '자음][j' 환경에서도 /ㄴ/첨가가 일어나지 않는 등 /ㄴ/첨가는 보편성도 약하다. 이런 이유로 학습자언어에서 오류 발생률도 높다.

(7) ㄱ. 꽃잎[꼬딥~꼰입], 한여름[하녀름~한여름], 앞일[아빌~압일]

ㄴ. 옷 입고[온입꼬], 못 읽겠어요.[몬일께써요], 못 잊어[몬이저]

(7)은 /ㄴ/첨가가 적용되지 않은 학습자언어의 오류이다. (7)ㄱ은 /ㄴ/첨가 규칙을 적용하지 않아 [꼬딥, 하녀름, 아빌]과 같은 오류가 발생했다. [꼰입, 한여름, 압일]과 [온입꼬, 몬일께써요, 몬이저]는 한 단위로 붙여야 할 것을 두 단위로 끊어 발음하고 /ㄴ/첨가도 적용하지 않아 유창성, 자연성에 문제를 보인다.

'꽃잎, 첫여름, 나뭇잎, 물약'과 같은 예는 /ㄴ/가 첨가되면 중첩자음 [ㄴㄴ, ㄹㄹ]로 실현된다. 그런데 중첩자음과 홑자음의 차이로 인해 의미가 변별되는 '같네요'와 '가네요', '갈래요'와 '가래요'와 같은 쌍이 많다는 점에서도 발음을 구별할 수 있어야 한다(중첩자음에 대해서는 4장 1.2 참조).

경이 아니다. 그러나 이완모음 [ɪ]로 발음할 때도 구개음화가 적용되지 않는 것은 마찬가지다.

8.3. 'ㅣ' 관련 변동규칙 교육

8.3.1. 구개음화 규칙 교육

도입 밑줄 친 말의 발음에 주의하면서 읽어 보세요.

여기가 <u>끝이에요</u>.

설명 구개음화 규칙

'ㄷㅣ'는 [지]로, 'ㅌㅣ'는 [치]로 발음한다.
'ㅣ'가 실질형태소의 첫소리일 때는 적용되지 않는다.

$$\text{'ㄷㅣ'} \qquad \text{'ㅌㅣ'}$$
$$\Downarrow$$
$$\text{[지]} \qquad \text{[치]}$$

과제 ❶ 규칙을 사용하여 아래 단어를 발음해 보세요.

① 끝이다[끄치다], 끝입니다[끄침니다], 끝이에요[바치에요]
② 닫히다[다치다], 묻히다[무치다], 붙이다[부치다], 굳히다[구치다]

과제 ❷ 규칙을 사용하여 아래 대화를 해 보세요.

① 주말에 뭐 했어요?
　이마트에 가서 전기밥솥이랑[전기밥쏘치랑] 밥그릇을 샀어요.
② 비올 거 같아요. 빨래 걷어야 할 거 같아요.
　이미 걷혀 있던데요.[거쳐이떤데요] 다른 사람이 이미 걷었나 봐요.
③ 창문 닫았어요?
　이미 닫혀 있던데요.[다쳐이떤데요]
④ 봉투에 우표를 붙이세요.[부치세요]
　우표 붙어 있는데요.
⑤ 아우는 형의 말을 비밀로 묻어 두었다 .

> 그때 일은 비밀로 묻혔다.[무쳐따]

'닫다, 닫히다', '걷다, 걷히다', '묻다, 묻히다'와 같이 어근 말음 'ㄷ'에 접미사 '-히-'가 결합된 피동사가 있는 경우 능동문과 피동문의 문형(sentence structure)이 달라지므로 구개음화 교육과 문법 교육을 병행할 수 있다. 피·사동 접미사가 붙은 어간에 명사형 어미를 결합하여 '닫힘, 묻힘, 붙임, 굳힘'의 형태로 연습할 수도 있다.

과제 ❸ 다음을 읽고 구개음화가 일어나는 부분을 찾아보세요.

가슴과 허리를 곧게 펴고 앉는다.	
두 발바닥을 마주 붙이고 양손으로 발가락을 잡아 배 쪽으로 끌어당긴다. 아랫배를 내밀며 가슴은 쭉 편다.	
다시 숨을 내쉬면서 천천히 이마가 바닥에 닿도록 상체를 숙인다. 20~30초 이상 자세를 유지한다.	
숨을 들이마시며 상체를 일으킨다.	

8.3.2. /ㄴ/첨가 규칙 교육

도입 밑줄 친 말의 발음에 주의하면서 읽어 보세요.

> <u>부산역</u>에서 만나요.

설명 /ㄴ/첨가 규칙

> 앞말은 폐음절로 끝나고, 뒷말은 'ㅣ, ㅑ, ㅕ, ㅛ, ㅠ'로 시작하는 실질형태소
> 이면, 'ㅣ, ㅑ, ㅕ, ㅛ, ㅠ'를 각각 [니, 냐, 녀, 뇨, 뉴]로 발음한다.
>
> 자음] [ㅣ, ㅑ, ㅕ, ㅛ, ㅠ
> ⇓
> 자음] [니, 냐, 녀, 뇨, 뉴
>
> 앞말이 'ㄹ'로 끝났을 때는 [리, 랴, 려, 료, 류]로 발음한다.
>
> ㄹ] [ㅣ, ㅑ, ㅕ, ㅛ, ㅠ
> ⇓
> ㄹ] [리, 랴, 려, 료, 류

과제 ❶ 규칙을 사용하여 아래 단어를 발음해 보세요.

> ① 첫여름[천녀름], 한여름[한녀름]
> ② 꽃잎[꼰닙], 앞일[암닐], 색연필[생년필], 배낭여행[배낭녀행], 지난여름[지난녀름]
> ③ 물약[물략], 솔잎[솔립], 주말여행[주말려행], 올여름[올려름]
> ④ 나뭇잎[나문닙], 깻잎[깬닙], 댓잎[댄닙], 예삿일[예산닐], 뒷일[뒨닐]48)

과제 ❷ 규칙을 사용하여 아래 대화를 해 보세요.

> ① 이제 일어나야지.
>   너무 피곤해서 못 일어나겠어요.[몬니러나게써요]
> ② 눈이 불편하세요?
>   네, 눈이 아파서 책을 못 읽겠어요.[몬닐께써요]
> ③ 부산 역에서[부산녀게서] 서울 역까지[서울려까지] KTX를 타면 얼마나 걸려요?
>   두 시간 반 정도 걸려요

---

48) 사이시옷을 표기할 것인가 말 것인가는 불규칙적이다. 그러나 일단 표기된 '나뭇잎'
   의 'ㅅ'은 '꽃잎'류와 마찬가지로 /ㄴ/첨가의 조건이 된다.

④ 지난여름에는[지난녀르메는] 뭐 했어요?

배낭여행을[배낭녀행을] 다녀왔어요.

⑤ 할 일도[할릴도] 없는데 PC방에 같이 갈래?

어쩌지? 나 여자 친구랑 저녁 약속[저녕냑쏙] 있는데.

⑥ 올여름은[올려르믄] 지난여름보다[지난녀름보다] 더 더울 거래요.

그래요? 에어컨을 사야겠네요.

⑦ 오늘 무슨 요일이에요?[무슨뇨이리에요]

월요일이에요.49)

과제 ❸ 다음 말을 듣고, 언제 /ㄴ/ㄴ /ㄹ/가 첨가되는지 이야기해 보세요.

① 해외여행, 국내 여행 / 배낭여행, 주말여행

② 초여름 / 첫여름, 한여름, 지난여름, 올여름

③ 자기 일 / 부엌 일, 볼 일, 할 일

과제 ❹ 지도에 있는 역 이름 중 /ㄴ/ㄴ /ㄹ/가 첨가되는 것을 찾아보세요.

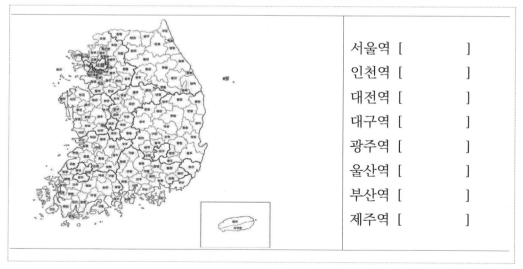

서울역 [   ]

인천역 [   ]

대전역 [   ]

대구역 [   ]

광주역 [   ]

울산역 [   ]

부산역 [   ]

제주역 [   ]

49) /ㄴ/첨가는 한자어, 외래어에서는 불규칙적이다. '일요일, 월요일, 목요일, 금요일'은
모두 /ㄴ/가 첨가되지 않고 [이료일, 워료일, 모교일, 그묘일]로 발음한다.

9. 사잇소리현상[50]

9.1. 사잇소리현상에 대한 이해

'잡지[잡찌], 드실 분[드실뿐], 감기[감끼], 결정[결쩡]' 유형은 일정한 음운론적, 형태론적 조건이 충족되면 규칙적으로 경음화하므로 변동규칙이 표기형과 발음형을 매개할 수 있다. 이에 비해 '물고기[물꼬기]'에는 경음화가 일어날 만한 음성학적 원인을 찾기도 어렵고, 무엇보다 경음화가 일어나지 않는 '불고기[불고기]'와 구별할 만한 음운론적, 형태론적 조건을 찾기 어렵다. '물고기'와 '불고기' 둘 다 음운론적으로는 유성음 사이에 평음 'ㄱ'이 있고 형태론적으로는 합성명사인데 '물고기[물꼬기]'류만 경음화한다. 무엇보다 표기형 '물고기'에 경음화가 적용될 단서가 없다.

(1) ㄱ. 텃밭[터빧], 판잣집[판자찝], 모깃불[모기뿔]
    ㄴ. 보리밭[보리받], 기와집[기와집], 쥐불[쥐불]

그러나 앞말 끝음절이 개음절일 경우에는 (1)ㄱ처럼 'ㅅ'을 받쳐 써서 경음화에 대한 단서를 표기에 반영한다. '텃밭'처럼 뒷말의 첫소리가 경음으로 나는 경우 사이시옷을 표기하고, '보리밭'처럼 경음화하지 않는 경우 사이시옷을 쓰지 않는다.

(2) ㄱ. 잔칫날[잔친날], 곗날[곈날], 콧물[콘물], 냇물[낸물]
    ㄴ. 나뭇잎[나문닙], 깻잎[깬닙], 뒷일[뒨닐], 예삿일[예산닐]

---

50) 9.는 필자의 (2014ㄴ)을 바탕으로 한 것이다.

212

(2)의 '잔칫날, 나뭇잎'류는 경음화가 일어날 수 없는 예지만 사이시옷을 받쳐 적
는다. 이는 첫째, '텃밭'과 마찬가지로 '잔칫날', '나뭇잎'도 형태론적으로 합성명사
이고 음성·음운론적으로 동기가 없는 음운변동이 일어났다는 점에서 공통적이기
때문이다. 둘째, '텃밭, 잔칫날, 나뭇잎'처럼 사이시옷을 표기함으로써 변동규칙이
표기형과 발음형을 매개할 수 있기 때문이다. '텃밭[터빧]'은 경음화, '잔칫날[잔친
날]'은 비음화, '나뭇잎[나문닙]'은 /ㄴ/첨가 규칙이 적용될 조건이 충족된다.
　　요컨대 사잇소리현상은 주로 합성명사에서 일어나는 음성학적 동기가 없는 음운
변동이다. 이 음운변동을 표기에 반영하기 위해 합성명사 앞말의 받침으로 쓰는
'ㅅ'을 사이시옷이라 하고 음운변동의 관점에서는 사잇소리현상 또는 /ㅅ/첨가라
한다.51)

「발음법」제30항　사이시옷이 붙은 단어는 다음과 같이 발음한다.
　1. 'ㄱ, ㄷ, ㅂ, ㅅ, ㅈ'으로 시작하는 단어 앞에 사이시옷이 올 때는 이들 자음
　　만을 된소리로 발음하는 것을 원칙으로 하되, 사이시옷을 [ㄷ]으로 발음하는
　　것도 허용한다.
　　샛길[새낄/샏낄], 깃발[기빨/긷빨], 뱃전[배쩐/밷쩐]
　2. 사이시옷 뒤에 'ㄴ, ㅁ'이 결합되는 경우에는 [ㄴ]으로 발음한다.
　　콧날[콛날→콘날], 뱃머리[밷머리→밴머리]
　3. 사이시옷 뒤에 '이' 음이 결합되는 경우에는 [ㄴㄴ]으로 발음한다.
　　나뭇잎[나묻닙→나문닙], 뒷윷[뒫:뉻→뒨:뉻]

「발음법」30항은 표기된 사이시옷의 발음에 관한 규정이다. 표기된 사이시옷은
본디 받침 'ㅅ'과 동일한 음운과정을 보인다. 1의 '찻길'류는 '씻고[씯꼬]'처럼
'ㅅ[평음]'에서 'ㅅ'의 불파음화로 인해 후행 평음이 경음화한다. 2의 '잔칫날'류는

51) 사잇소리를 'ㅅ'으로 표기하는 것은 종성 /ㅂ, ㄷ, ㄱ/ 중 가장 중립적인 조음위치가
　/ㄷ/이기 때문이고, 이를 'ㅅ'으로 표기한 전통을 따른 것이다. 일반적으로 '사이시옷'
　은 표기법에서, '사잇소리, /ㅅ/첨가'는 음운론에서 사용되었다. 그러나 '사잇소리, 사
　이시옷, /ㅅ/첨가'는 같은 뜻으로 혼용되기도 한다.

'씻는[씬는]'처럼 'ㅅ'[비음] 환경에서 'ㅅ'에 종성규칙과 비음화 규칙이 적용된다. 3의 '나뭇잎'류는 '꽃잎[꼰닙]'처럼 'ㅅ'[i, j]에서 뒷말 초성 위치에 /ㄴ/가 첨가되고, 이로 인해 앞 자음은 비음화한다.

표준어 규정 제12항 '웃-' 및 '윗-'은 명사 '위'에 맞추어 '윗-'으로 통일한다.
　(윗눈썹, 윗니, 윗수염, 윗자리)
다만 1. 된소리나 거센소리 앞에서는 '위-'로 한다. (위쪽, 위층)

'위][층', '뒤][뜰'처럼 뒷말 첫 음이 경음이나 격음일 경우 경음화나 /ㄴ/첨가가 일어날 수 없는 환경이므로 사이시옷을 쓰지 않는다. 표준어 규정 12항 다만 1은 이를 규정한 것이다.

「맞춤법」 제30항 사이시옷은 다음과 같은 경우에 받치어 적는다.
1. 순 우리말로 된 합성어로서, 앞말이 모음으로 끝난 것
　⑴ 뒷말의 첫소리가 된소리로 나는 것 (귓밥, 나룻배, 나뭇가지, 냇가)
　⑵ 뒷말의 첫소리 'ㄴ, ㅁ' 앞에서 'ㄴ' 소리가 덧나는 것 (텃마당, 잇몸)
　⑶ 뒷말의 첫소리 모음 앞에서 'ㄴㄴ' 소리가 덧나는 것 (댓잎, 뒷윷, 두렛일)
2. 순 우리말과 한자어로 된 합성어로서, 앞말이 모음으로 끝난 경우
　⑴ 뒷말의 첫소리가 된소리로 나는 것 (귓병, 자릿세, 전셋집)
　⑵ 뒷말의 첫소리 'ㄴ, ㅁ' 앞에서 'ㄴ' 소리가 덧나는 것 (곗날, 양칫물)
　⑶ 뒷말의 첫소리 모음 앞에서 'ㄴㄴ' 소리가 덧나는 것 (예삿일, 훗일)
3. 두 음절로 된 다음 한자어
　곳간(庫間), 셋방(貰房), 숫자(數字), 찻간(車間), 툇간(退間) 횟수(回數)

「맞춤법」 제30항은 사이시옷에 대한 표기 규정인데, 1과 2는 합성명사를 이루는 밑말에 한자어가 포함되어 있는지에 따른 분류이고 음운론적으로는 동일한 현상이다. "뒷말의 첫소리가 된소리로 나는 것"은 표기된 'ㅅ'으로 인한 경음화, "뒷말의 첫소리 'ㄴ, ㅁ' 앞에서 'ㄴ' 소리가 덧나는 것"은 'ㅅ'의 비음화, "뒷말의 첫소리 모음 앞에서 'ㄴㄴ' 소리가 덧나는 것"은 종성으로 표기된 'ㅅ'으로 인해 /ㄴ

/가 첨가되고 'ㅅ'은 비음화하는 것을 뜻한다. 30항 3은 한자어만으로 된 말에는 6개의 단어에만 사이시옷을 쓰고 나머지는 쓰지 않겠다는 규정이다.

앞서 변동규칙을 표기형과 발음형을 매개하는 기제로 정의한 바 있다. 이에 따르면 사잇소리현상은 세 부류로 나눌 수 있다. 첫째, 변동규칙이 표기형과 발음형을 매개할 수 있는 경우다. 즉 표기형이 규칙 적용 조건을 갖추고 있는 경우다. 사이시옷이 항상 표기되는 '뒷집'류, '잔칫날'류, '나뭇잎'류가 이에 해당한다.

(3) ㄱ. 뒷집[뒤찝], 뒷감당[뒤깜당], 아랫사람[아래싸람]
    ㄴ. 잔칫날[잔친날], 제삿날[제산날], 하짓날[하진날]
    ㄴ. 나뭇잎[나문닙], 깻잎[깬닙], 고춧잎[고춘닙], 찻잎[찬닙]

(3)의 '뒷집'은 /ㅅ/ 후치명사, '잔칫날'은 /ㄴ/가 덧나는 /ㅅ/ 전치명사,[52] '나뭇잎'은 /ㄴㄴ/가 덧나는 /ㅅ/ 전치명사를 대표하는 말로 쓰겠다.[53] '뒷집[뒤찝], 잔칫날[잔친날], 나뭇잎[나문닙]'류는 앞말이 개음절이므로 사잇소리현상이 일어나면 항상 사이시옷이 표기된다.

---

52) 양순임(2011ㄴ)에서는 사잇소리 관련 어문 규정의 문제점에 대해 검토하고 '찻길, 잔칫날, 깻잎, 냇물'의 표준발음은 후행음이 겹쳐나는 [차낄, 잔친날, 깬닙, 냄물]로 보는 것이 합리적임을 논증한 바 있다.

53) /ㅅ/ 후치명사, 전치명사라는 용어는 임홍빈(1981)에서 제안된 용어로 통사적, 의미적 특성 때문에 항상 사잇소리현상이 일어나는 명사류를 말한다. '뒷+X'의 '뒤-'처럼 합성명사의 앞말이면 /ㅅ/ 후치명사, 'X+길'의 '-길'처럼 뒷말이면 /ㅅ/ 전치명사라 한다.

사이시옷 첨가가 일어나는 전형적인 환경은 합성명사이면서 각 구성성분이 원래의 의미를 유지하지 못하는 경우다. 예컨대 앞뒤 말의 의미 관계가 무정물인 속격이거나 처격(시간, 장소) 등일 때는 각각이 본디 의미를 유지하기 어렵고 두 요소의 의미적 융합 정도가 큰데, 이럴 경우 거의 항상 사잇소리가 첨가된다.

(4)	앞말의 끝소리	뒷말의 첫소리	기저형	표기형	첨가 후의 음운현상	표면형
ㄱ.	모음	평음	/뒷집/	뒷집	경음화	[뒤찝]
ㄴ.	모음	비음	/잔칫날/	잔칫날	비음화	[잔친날]
ㄷ.	모음	i, j	/나뭇잎/	나뭇잎	/ㄴ/첨가 비음화	[나문닙]

언제 사잇소리현상이 일어나는지는 불규칙적이지만, 일단 표기된 사이시옷은 (4)처럼 여느 'ㅅ' 받침과 동일한 변동을 겪는다. 각각 '씻고, 씻는다, 꽃잎'과 같이 경음화, 비음화, /ㄴ/첨가 규칙이 적용되기 때문이다. 따라서 '뒷집[뒤찝], 잔칫날[잔친날], 나뭇잎[나문닙]'류는 각각 '씻고, 씻는다, 꽃잎'류와 함께 경음화, 비음화, /ㄴ/첨가 규칙으로 교육되어야 한다.

둘째는 변동규칙이 표기형과 발음형을 매개할 수 없는 경우다. 평음으로 시작하는 /ㅅ/ 전치명사와 한자어 부류가 이에 해당한다. 평음으로 시작하는 /ㅅ/ 전치명사는 '찻길'과 '산길'처럼 사이시옷 표기가 이원화된다.

(5) ㄱ. 찻길[차낄], 최젓값[최저깝], 김칫국[김치꾹], 귓병[귀뼝], 잔칫집[잔치찝]

　　ㄴ. 산길[산낄], 술값[술깝], 곰국[곰꾹], 눈병[눈뼝], 술집[술찝]

(6) ㄱ. 대가[대까], 초점[초쩜], 투표권[투표꿘], 치과[치꽈]

　　ㄴ. 물가[물까], 장점[장쩜], 인권[인꿘], 안과[안꽈]

(5)ㄴ처럼 경음화해도 앞말이 폐음절로 끝나는 경우 사이시옷이 표기되지 않는다. '곳간(庫間), 셋방(貰房), 숫자(數字), 찻간(車間), 툇간(退間) 횟수(回數)'를 제외한 나머지 한자어에는 (6)의 '대가, 물가'처럼 앞말이 개음절이든 폐음절이든 사이시옷을 쓰지 않는다.[54]

---

54) 한자어에서 /ㅅ/첨가 여부도 복합어 뒷말이 결정한다는 점에서는 /ㅅ/ 전치명사와 같다. 다만, '감정가, 생산가'의 '가(價)'는 접미사로 처리하고, '대가, 물가'의 '가(價)'는 분석하지 않는 『사전』에 따르면 합성명사로 볼 수 없다는 점이 다를 뿐이다. 여기

사이시옷을 표기하지 않는 (5)ㄴ의 '산길'류와 (6)의 '대가'류의 표기형은 경음화를 적용할 조건을 갖고 있지 않다. '찻길, 산길, 대가'류의 /ㅅ/ 전치명사는55) 모두 평음으로 시작하는 것이어서 경음화와 관련된다. 사이시옷을 쓰지 않는 경우 표기형에는 경음화를 적용할 단서가 없다. 따라서 (5), (6)의 사잇소리현상은 앞서 살핀 경음화 규칙 교육과는 별도의 교육방안이 필요하다.

'산길'류는 '찻길'류와의 어휘론적 관련성 때문에 둘을 분리하기보다 통합할 필요가 있다. 사잇소리현상은 단어 형성과 밀접한 관련이 있어서 음운론적 조건뿐 아니라 형태론적, 의미론적 조건까지 필요하기 때문에 규칙화하기 어렵다. 사잇소리현상으로 인한 발음은 개별 어휘 정보로 사전에 일일이 기록된다. 그러나 사잇소리현상은 복합명사에 빈번하게 실현되고 이들 복합명사들은56) 형태론적, 의미론적 공통성을 토대로 낱말밭(어휘장)을 형성한다.

(7) ㄱ. (찻, 샛, 뱃 / 산, 지름, 갈림, 손, 여행)-길
    ㄴ. (우윳, 나잇, 킷 / 술, 쌀, 반찬, 껌, 얼굴)-값
    ㄷ. (바닷, 시냇, 냇, 부둣, 귓 / 강, 길, 눈)-가
    ㄹ. (만둣, 김칫, 조갯 / 곰, 콩나물, 해장, 된장)-국

(7)의 /ㅅ/ 전치명사 '길, 값, 가, 국' 따위는 '(찻, 샛, 뱃, 산, 지름, 갈림, 손)-

서는 /ㅅ/ 전치명사를 '가(價)'와 같은 한자 형태소도 포함하는 의미로 쓰겠다.

55) '찻길'은 사이시옷을 표기하는 /ㅅ/ 전치명사, '산길'은 표기하지 않는 /ㅅ/ 전치명사, '대가'는 사이시옷을 표기하지 않는 한자어를 대표하는 말로 썼다.

56) 복합명사를 합성명사와 파생명사를 포함하는 상위어로 썼다. 사잇소리현상은 구성성분 중 고유어가 있을 때는 주로 합성명사에서 일어난다. 그러나 '대가(代價), 생산가'처럼 /ㅅ/첨가가 일어나는 한자어는 『사전』에 따르면 합성명사로 볼 수 없다. 고유어 파생명사에도 사이시옷이 표기되는 예가 다수 포함되어 있다. 예를 들어 '그해에 난'의 뜻을 가진 말을 '햇감자, 햇과일, 햇병아리, 햇비둘기'에서는 '햇-'으로, '해쑥, 해콩, 해팥'에서는 '해-'로 쓴다. 이는 '햇감자'에서 'ㅅ'을 사이시옷으로 해석했음을 의미한다. 그러나 『사전』에서 '해-, 햇-'은 둘 다 접두사이다. '햇'이 접두사이면 이 'ㅅ'은 사이시옷으로 보기 어렵다는 점에서 이런 이원적 표기는 문제가 있다.

길'처럼 복합명사의 뒷말이 되면 항상 [낄, 깝, 까, 꾹]으로 실현되면서 어휘장을 형성한다.

(8) 유추 작용

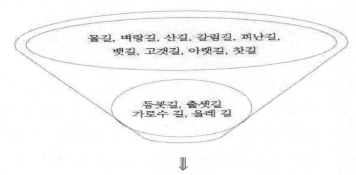

물길, 벼랑길, 산길, 갈림길, 피난길,
뱃길, 고갯길, 아랫길, 찻길

등굣길, 출셋길
가로수 길, 올레 길

⇩

[등교낄, 출세낄, 가로수낄, 올레낄]

(8)은 /ㅅ/ 전치명사가 형태론적, 음운론적 공통성을 바탕으로 어휘장을 형성하면 이에 유추되어 새로 만들어지는 복합명사도 '등굣길, 출셋길'처럼 이 발음을 따라감을 보인 것이다.[57) 사이시옷이 표기되지 않은 '가로수 길, 향교 길, 올레 길' 등도 마찬가지로 [낄]로 발음한다. 이 점은 /ㅅ/ 후치명사도 마찬가지다(양순임: 2011ㄴ).

그러므로 이들 사잇소리현상은 /ㅅ/ 전치명사류의 어휘 학습과 병행해야 한다. '산길'류는 복합명사 어휘교육으로 접근하면서 '찻길'류와 낱말밭을 형성하도록 해 주는 것이 좋다. '산길[산낄]'은 '찻길[차낄]'을 기준으로 하여 'X-길' 복합명사에서 '길'은 [낄]임을 학습하게 하는 것이다.

(9) ㄱ. 대가(代價), 감정가(鑑定價), 생산가(生産價), 설계가(設計價)
    ㄴ. 대가(大家), 감정가(鑑定家), 생산가(生産家), 설계가(設計家)

---

57) 첨가 조건이 불규칙적이라 해서 언중들이 개별 어휘마다 사잇소리현상 여부를 판단하는 것은 아니다. 그것은 기억에 지나치게 의존하게 되어 언어의 일반적 속성에 어긋난다.

(10) ㄱ. 요점(要點), 오점(汚點), 공통점(共通點), 문제점(問題點)

　　 ㄴ. 서점(書店), 반점(飯店), 본점(本店), 지점(支店), 백화점(百貨店)

(11) ㄱ. 단조(短調), 시비조(是非調), 설교조(說敎調), 위로조(慰勞調)

　　 ㄴ. 폭파조(爆破組), 근무조(勤務組)

(12) ㄱ. 소장(訴狀), 송장(送狀), 고소장(告訴狀), 신임장(信任狀)

　　 ㄴ. 매장(賣場), 시장(市場), 운동장(運動場), 공연장(公演場)

　(9)~(12)ㄱ의 '가(價), 점(點), 조(調), 장(狀)'은 경음으로 발음되는 반면, ㄴ의 '가(家), 점(店), 조(組), 장(場)'은 그렇지 않다. 고유어에 /ㅅ/ 전치명사가 있어서 유추 작용을 일으키는 것처럼 한자어에도 어두 음절이 아닐 때는 거의 항상 경음으로 발음되는 것이 있다. 비어두 음절에서 항상 경음으로만 실현되는 한자음은 위에 든 것 외에도 '과(科), 권(權), 건(件)' 등 그 수가 많다. '가(價), 장(狀)'으로 끝난 한자어는 2음절어이든 3음절어이든 모두 경음으로 발음되고『사전』에서는 '가(價), 장(狀)' 따위를 접사로 처리하였다.[58] '대가(代價), 생산가(生産價)'의 '가'는 [까]로 발음이 같다. 따라서 형태론적, 의미론적, 음운론적 공통성을 기반으로 복합명사 교육과 발음교육을 병행할 수 있다.

(13) ㄱ. 보름달[보름딸], 물고기[물꼬기], 손등[손뜽], 거스름돈[거스름똔]

　　 ㄴ. 반달[반달], 불고기[불고기], 손발[손발], 금돈[금돈]

(14) ㄱ. 판잣집[판자찜], 텃밭[터빧], 모깃불[모기뿔]

　　 ㄴ. 기와집[기와집], 보리밭[보리받], 쥐불[쥐불]

(15) ㄱ. 존댓말[존댄말], 노랫말[노랜말], 혼잣말[혼잔말], 본딧말[본딘말]

---

58)『사전』에서는 '주가(株價), 소장(訴狀)'의 '가(價), 장(狀)'은 분석하지 않고, '생산가(生産價), 고소장(告訴狀)'의 '가, 장'은 접사로 분석하였다. 이 분석을 받아들인다면, 접사가 일체 음운론적 제약 없이 항상 경음으로 실현되므로 이들은 사잇소리현상이 아니라 기저형이 경음이라는 뜻이 된다. 그러나 '가격, 대가, 생산가'의 '가(價)'가 모두 〈값〉의 뜻을 지니고 있음을 인지하는 언중의 지식과, '생산가'가 '생산가격'과 동의어임을 보면 '생산가'의 '가'는 접사가 아니라 어근으로 분류되어야 할 이유도 충분해 보인다.

ㄴ. 예사말[예사말], 인사말[인사말], 머리말[머리말], 꼬리말[꼬리말]

셋째, 표기가 불규칙할 뿐 아니라 /ㅅ/ 전치 또는 후치명사류를 형성하지도 않는 부류가 있다. ⒀~⒂가 이에 해당한다. ⒀은 앞말이 폐음절이어서 변동 유무와 관계없이 사이시옷이 표기되지 않고, 앞말이 개음절인 ⒁, ⒂는 변동 유무에 따라 사이시옷 표기가 결정된다. 이들은 /ㅅ/ 전치명사 또는 후치명사 부류를 형성하지 못하기 때문에 개별 어휘교육을 통해 발음형과 표기형을 교육할 수밖에 없다.

⒂의 'X말' 구조를 지닌 복합명사도 동일한 음운론적, 형태론적 조건에서도 사이시옷 첨가 여부를 규칙화할 수 없다. '존댓말[존댄말]'류와 '예사말[예사말]'류를 구별하는 데 있어서 한국인도 표기 및 발음 오류가 많다는 점에서 이에 대한 발음 교육의 필요성은 낮다.

9.2. 학습자언어

사잇소리현상은 적용 조건이 복잡하고 어휘별로 다른 양상을 보이는 불규칙한 경음화이고 보편성도 약하다. 그래서 고급 수준까지 지속적으로 오류가 발견된다.

⒃ ㄱ. 산길[산낄], 방바닥[방바닥], 물고기[물꼬기], 하늘빛[하늘삗]

   ㄴ. 성격(性格)[성껵], 문법(文法)[문뻡], 장점(長點)[장쩜], 대가(代價)[대까], 피부병(皮膚病)[피부뼝]

⒃은 고급 수준의 학습자언어에서 관찰되는 오류다. 복합명사 뒷말의 첫소리를 표기형대로 평음으로 발음하는 오류 발생률이 아주 높다.[59] ⒃을 발화한 학습자들

---

59) 한국어 수준은 고급이고, 국적은 인도네시아 8, 중국 2, 일본 1명의 학습자들이 아래 문장을 읽은 것을 분석한 자료다. '복잡, 걷자, 곱다'처럼 불파음 뒤의 경음화는 정확하게 발음하는 학습자인데도 '산길[산낄]'류와 같은 오류를 생산하는 경우는 평소

은 '씻고, 잡지'류처럼 불파음 뒤의 경음화는 오류 없이 정확하게 발음하였다. ⒃의 단어는 고급 수준의 학습자에게 그리 낯선 단어도 아니다. 그럼에도 불구하고 거의 100%에 달하는 오류율을 보이는 까닭은 사이시옷이 표기되지 않아서 표기형을 보고 발음형을 유추할 수 없기 때문이다. 즉, 표기형이 경음화를 적용할 조건이 아니기 때문이다. 음운론적으로 /ㅅ/첨가로 해석한다는 점에서는 '찻길'류와 '산길'류는 같다. 그러나 '산길'류와는 달리, 표기에 사이시옷이 반영된 '찻길', '숫자', '콧물'류를 [차길, 수자, 코물]로 발음하는 오류는 적어도 고급 수준 학습자의 읽기 자료에서는 발견되지 않았다.

⒃은 결과적으로는 경음화 미적용의 오류다. '잡지, 드실 분, 감기, 결정'류로 분류할 수 있는 경음화 규칙은 '잡지'류가 가장 규칙성이 강하고 학습자언어에 나타나는 오류율도 가장 낮다. '드실 분, 감기, 결정'류는 유성음 사이에서의 경음화여서 음성학적 동기가 충분치 않지만 형태론적 조건이 충족되면 규칙적 경음화를 보인다.60)

이에 비해 사잇소리현상은 규칙화할 수 없고 '산길, 대가(代價)'류는 표기형에 경음화의 단서가 없다. 따라서 '산길[산낄], 대가[대까]'류의 경음화는 '잡지, 드실 분, 감기, 결정'류의 경음화 규칙과는 별도의 교육방안이 필요함을 알 수 있다.

에도 쉽게 관찰된다.

> 찻길은 복잡하니까 산길로 걷자.
> 암호는 숫자와 문자를 섞어서 만들어야 해요.
> 방바닥을 깨끗하게 닦았다.
> 인권은 '인간으로서 당연히 가지는 기본적 권리'라는 뜻이다.
> 요점 정리도 하고 열심히 공부했더니, 점수가 잘 나왔다.
> 모든 병이 불치병은 아니다.
> 어제 낚시하러 갔는데 물고기가 진짜 많았어요.
> 감기 때문에 열도 나고 콧물도 계속 나와요.

60) 이 중 '결정'류의 예외가 가장 많다. '결정'류의 경음화는 3음절어에서도 '몰상식, 불상응'처럼 경음화하지만, '몰지각, 열전기, 쟁탈전'처럼 경음화하지 않는 경우도 있어서 단순성이 낮은 규칙이다.

9.3. 사잇소리로 인한 경음화 교육

앞말이 개음절이어서 사잇소리현상이 항상 표기에 반영되는 '뒷집, 잔칫날, 나뭇잎'류는 각각 '경음화, 비음화, /ㄴ/첨가' 규칙이 표기형과 발음형을 매개할 수 있으므로 '씻고, 씻는다, 꽃잎'류와 함께 해당 변동규칙으로 교육해야 한다. '물고기, 불고기'처럼 사잇소리현상이 표기에 반영되지 않을 뿐 아니라, 복합명사 구성요소 둘 다 /ㅅ/ 전치 또는 후치명사 부류를 형성하지 못하는 경우는 개별 어휘로 교육되어야 한다.

여기서는 '찻길, 산길'처럼 사이시옷 표기가 이원화되는 /ㅅ/ 전치명사와, 사이시옷이 표기되지 않는 한자어 '대가'류에 나타나는 사잇소리현상으로 인한 경음화를 대상으로 별도의 교육방안을 제시했다. '씻고'류의 경음화 규칙을 이미 학습한 중·고급 수준의 학습자를 교육대상으로 한다.[61]

도입 밑줄 친 말의 발음에 주의하면서 읽어 보세요.

> 길이 막혀서 늦었어요.
> 산길을 한 시간 넘게 걸어 왔어요.

밑줄은 학습자들이 특정 정보에 주의를 집중할 수 있게 하기 위한 입력 강화이다. '산길'을 [산길]로 잘못 발음하면 고쳐 말해주고 학습목표에 집중하게 한다.

설명 1 불규칙 경음화

> 복합명사의 뒷말 첫소리가 경음화하는 경우가 있다.
> '길'은 [길]로 발음하지만 '산길'은 [산낄]로 발음한다.
> '차]길'처럼 앞말이 개음절이면 'ㅅ'을 받쳐서 '찻길'로 쓴다.

---

[61] 사이시옷이 표기되지 않는 경우 발음 오류가 고급 수준까지 지속적으로 나타나는 경향을 보이므로 나선형 교육과정(spiral curriculum)에서처럼 동일한 교육내용이 학습자의 수준에 따라 반복·심화되어야 한다.

그러나 앞말이 폐음절이면 'ㅅ' 받침을 쓰지 않는다.
'찻길'[차낄] ← 차][길
'산길'[산낄] ← 산][길

음운론적으로는 /ㅅ/첨가가 불규칙적이지 경음화가 불규칙적인 것은 아니다. 사잇소리현상 자체는 규칙화하기 어렵기 때문에 음운론에서도 대개 /ㅅ/가 첨가된 /뒷집, 잔칫날, 나뭇잎, 찻길, 삿길/을 기저형으로 본다. 발음교육에서도 교육의 수월성을 위해 /ㅅ/첨가 단계를 설정하지 않는 것이 좋다. 기저형이 아니라 표기형을 기준으로 보면 '찻길'류와 달리 '산길'류의 경음화는 불규칙적이다.

설명 2 경음화하는 복합명사

복합명사의 뒷말 첫소리가 경음화하는 것이 규칙적인 현상은 아니다.
그러나 복합명사의 뒷말로 쓰인 '길, 가, 값, 빛, 국' 등은 거의 항상 [낄, 까, 깝, 삗, 꾹]으로 발음한다.

/ㅅ/ 전치명사 관련 음운현상에 대해 핵심 내용을 쉽고 명확하게 명시적으로 제공할 필요가 있다.

과제 ❶ 복합명사의 발음에 주의하여 아래 단어를 발음해 보세요.

① -길[-낄]: 찻길, 기찻길, 샛길, 뱃길, 빗길
　　　　　 산길, 지름길, 갈림길, 시골길, 불길
② -가루[-까루]: 고춧가루, 미숫가루, 후춧가루
　　　　　　　 밀가루, 쌀가루, 콩가루, 금가루
③ -값[-깝]: 최젓값, 최댓값, 나잇값, 킷값
　　　　　 술값, 반찬값, 쌀값, 금값, 평균값
④ -국[-꾹]: 김칫국, 배춧국, 만둣국
　　　　　 곰국, 해장국, 된장국, 콩나물국
⑤ -빛[-삗]: 햇빛, 장밋빛, 보랏빛, 자줏빛, 연둣빛

금빛, 봄빛, 하늘빛, 불빛, 달빛, 눈빛, 얼굴빛
⑥ -병[-뼝]: 귓병, 뱃병
　　　　　눈병, 위장병, 전염병, 불치병, 피부병, 향수병
⑦ -집[-찝]: 잔칫집, 국숫집, 셋집, 찻집, 부잣집
　　　　　술집, 이층집, 남향집, 주인집, 흠집, 몸집

입력 자료는 학습목표와 관련된 것을 양적으로 충분하게 제공해야 한다. 아울러 한국어 교육용 어휘이면서 교육목표에 상응하는 전형적인 예를 선별하여 체계적으로 제공하는 질적인 면도 중요하게 고려되어야 한다.

⒄ /ㅅ/ 전치명사의 의미 정보와 발음 정보

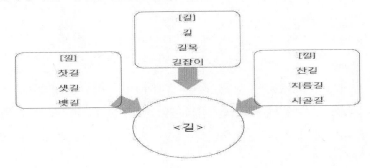

⒄처럼 /ㅅ/ 전치명사의 어휘관계를 고려할 때 '산길'류와 '찻길'류를 어휘장의 형태로 교육하는 것이 효율적임을 알 수 있다. 배성봉·이광오(2012)에 따르면 사이시옷이 표기된 '조갯국'은 그렇지 않은 '조개국'보다 의미 이해가 더 느렸다. 어휘장의 형태로 교육하면 '산길'류의 의미 정보 투명성과 '찻길'류의 발음 정보 투명성을 함께 활용할 수 있다.

과제 ❷ 복합명사의 발음에 주의하여 아래 대화를 해 보세요.

① 어느 길로 갈까?
　찻길은[차끼른] 복잡하니까 산길로[산낄로] 걷자.
② 김치 양념에 뭐가 들어가요?

젓갈이랑 <u>고춧가루</u>[고추까루], 여러 가지가 들어가요.
③ 소주 한 병에 얼마예요?
　천 원이에요. <u>물값</u>보다[물깝뽀다] <u>술값</u>이[술깝씨] 더 싸요.
④ <u>콩나물국</u>[콩나물꾹] 끓일까, <u>만둣국</u>[만두꾹] 끓일까?
　엄마가 끓여주는 국은 다 맛있어요. 둘 다 좋아요.
⑤ <u>빛이</u>[비치] 너무 강해서 눈이 부셔.
　그래? 난 <u>햇빛</u>보다[해삗뽀다] 네 <u>얼굴빛</u>이[얼굴삐치] 더 눈 부셔.
⑥ 가려워? 왜 그렇게 긁어?
　응, <u>피부병</u>[피부뼝] 걸렸나 봐. <u>병원</u>에[병워네] 가봐야겠어.
⑦ 저기 저 <u>이층집</u>이[이층찌비] 은정 씨 <u>집</u>이에요?
　<u>전셋집</u>이에요[전세찌비에요]. 2층은 <u>주인집</u>이고[주인찌비고] 우린 일 층에
　살아요.
⑧ <u>바닥</u>이[바다기] 너무 더럽다. 걸레로 <u>방바닥</u>[방빠닥] 좀 닦자.

　대화 연습 자료는 유의미한 상황 속에서 이루어진 대화문에 목표 어휘를 포함시킨 것이다. 목표 어절 입력 정보를 강화하여 학습자의 주의를 학습목표에 집중시키고 과제를 수행하게 한다. 그 후 발음형을 병기하여 보여주고 자신의 발음이 올바른지 확인해 보게 한다.

과제 ❸　아래 문장을 소리 내어 읽어 보세요. 그리고 밑줄 친 말의 표기와 발음 차이에 대해 이야기해 보세요.

① <u>찻길</u>보다는 <u>산길</u>이 걷기 좋아요.
② 여름에는 <u>바닷가</u>나 <u>강가</u>로 놀러 다녔어요.
③ <u>물빛</u>이 <u>햇빛</u>을 받아 <u>은빛</u>으로 빛났어요.
④ <u>곰국</u>도 좋아하고 <u>만둣국</u>도 좋아해요
⑤ <u>국숫집</u>에 갈까, <u>우동 집</u>에 갈까?
⑥ <u>우유 값</u>도 비싸고 <u>쌀값</u>도 비싸요.

과제 ④ 다음 시를 낭송해 보세요. 'ㅂ, ㄷ, ㄱ, ㅈ, ㅅ'이 각각 [ㅃ, ㄸ, ㄲ, ㅉ, ㅆ]로 소리 나는 것을 찾아보세요. 어떤 규칙이 있는지 친구들과 이야기해 보세요.

> ### 귀천   - 천상병
>
> 나 하늘로 돌아가리라.
> 새벽빛 와 닿으면 스러지는
> 이슬 더불어 손에 손을 잡고
> 나 하늘로 돌아가리라.
> 노을빛 함께 단 둘이서
> 기슭에서 놀다가 구름 손짓하면은
> 아름다운 이 세상 소풍 끝내는 날
> 가서 아름다웠더라고 말하리라.

과제 3과 4는 학습자로 하여금 음운현상에 의식적으로 주의를 집중하게 하는 과제이다.[62] 자료를 관찰하고 학습자 간 상호작용을 통해 규칙을 찾아보게 한다.

도입 밑줄 친 말의 발음에 주의하면서 읽어 보세요.

> 가격이 너무 비싸요.
> 한국은 우리나라보다 물가가 더 비싸요.

설명 경음화하는 한자음

> 복합명사의 뒷말일 때는 경음으로 발음하는 한자음이 있다.
> 예를 들어 '가격, 물가'의 '가'는 둘 다 〈값〉의 뜻인데 '가격'은 [가격], '물가'는 [물까]로 발음한다.

과제 ① 복합명사의 발음에 주의하여 아래 단어를 발음해 보세요.

---

62) 시에 경음화가 적용되는 것은 '새벽빛, 노을빛, 손짓, 아름다웠더라고'이고, 사잇소리와 관련된 것은 '노을빛, 손짓'이다.

> 가격(價格)[가격] : 물<u>가</u>(物價)[물까], 대가, 생산가63)
> 점수(點數)[점수] : 초<u>점</u>(焦點)[초쩜], 요점, 장점, 단점, 공통점, 문제점
> 권리(權利)[궐리]: 투표<u>권</u>(投票權)[투표꿘], 소유권, 왕권, 인권
> 과목(科目)[과목]: 치<u>과</u>(齒科)[치꽈], 내과, 외과, 안과, 산부인과
> 병원(病院)[병원]: 피부<u>병</u>(皮膚病)[피부뼝], 상사병, 향수병, 월요병

과제 ❷ 복합명사의 발음에 주의하여 아래 문장을 발음해 보세요.

> ① <u>물가</u>가[물까가] 너무 올랐어요.
>   <u>가격</u>이[가겨기] 너무 비싸서 살 수 없어요.
> ② <u>요점</u>[요쩜] 정리도 하고 열심히 공부했어요.
>   그래서 <u>점수</u>가[점수가] 잘 나왔어요.
> ③ 종합 병원은 전문 <u>과목</u>이[과모기] 여러 개예요.
>   <u>치과</u>[치꽈], <u>내과</u>[내꽈], <u>안과</u>[안꽈] 등 여러 <u>과</u>가 있어요.
> ④ <u>투표권</u>은[투표꿘는] 모두에게 평등한 <u>권리</u>입니다.[궐리입니다]
> ⑤ 모든 <u>병</u>이 <u>불치병</u>은[불치뼝은] 아닙니다.

과제 2의 문장 연습 자료에는 '물가'와 '가격'처럼 환경에 따라 발음이 다른 단어가 포함되어 있다.

설명 경음화하지 않는 한자음

> 복합명사의 뒷말일 때도 표기된 대로 평음으로 발음하는 한자음도 있다. 예를 들어 '가족(家族), 대가(大家)'의 '가'는 항상 [가]로 발음한다.

과제 ❶ 복합명사의 발음에 주의하여 아래 단어를 발음해 보세요.

> 점포(店鋪)[점포] : 서<u>점</u>(書店)[서점], 본점, 지점, 백화점

---

63) 한자권 학습자에게는 '가(價)'처럼 의미를 제시하지만, 비한자권 학습자에게는 괄호 안에 한글로 의미를 적어주는 것이 좋다.

장소(場所)[장소] : 시장(市場)[시장], 매장, 운동장
가족(家族)[가족] : 대가(大家)[대가], 소설가, 자본가
기계(機械)[기계] : 자판기(自販機)[자판기], 전화기, 계산기

과제 ❷　복합명사의 발음에 주의하여 아래 문장을 발음해 보세요.

① 서점은[서저믄] 대부분 대학가에 많은 게 공통점이죠.[공통쩌미죠]
② 판매를 가장 많이 한 매장은[매장은] 상장을[상짱을] 받았어요.
③ 그런 대가가[대가가] 무슨 대가를[대까를] 바라고 했겠어요?
④ 커피 자판기는[자판기는] 값이 싸서 인기가[인끼가] 많아요.

　경음화하지 않는 한자어에 대한 설명과, 단어, 문장 입력 자료이다. 과제 2에는 '공통점'과 '서점'처럼 사잇소리현상과 관련 있는 것과 없는 것을 병치했다.

과제 ❸　아래 문장을 소리 내어 읽어 보세요. 그리고 밑줄 친 말의 표기와 발음 차이에 대해 이야기해 보세요.

① 인권은 인간으로서 당연히 가지는 기본적 권리예요.
② 물가가 너무 올랐어요. 가격이 너무 비싸서 살 수 없어요.
③ 요점 정리도 하고 열심히 공부했더니, 점수가 잘 나왔어요.
④ 종합 병원은 내과, 소아과 등 전문 과목이 여러 개예요.

과제 ❹　보통 속도로 두 번 읽겠습니다. 처음 읽을 때는 들으면서 전체의 의미를 생각해 보세요. 두 번째 읽을 때는 들은 단어나 구를 받아쓰세요. 받아쓴 것을 활용하여 친구들과 들은 이야기를 써 보세요.

국내 휘발유 가격이 2주 연속 상승하였습니다. 전국 주유소의 휘발유 평균 판매가는 지난주보다 3.3원 올랐습니다. 지역별로는 서울의 평균 휘발유 판매 가격이 가장 비쌌고, 대구가 가장 쌌습니다. 지역별 최곳값과64) 최젓값의 차이는

---

64) 『사전』에는 '최젓값, 최댓값'은 있지만 '최곳값'은 없다.

108원이었습니다. <u>기름 값</u>의 상승은 물가 상승으로 이어질 가능성이 높습니다. 당분간 국내 석유 제품 소비자 <u>가격</u>의 상승세는 지속될 것으로 보입니다.

과제 4는 듣고 재구성하기이다.

과제 ❺ 오류 유도하고 수정 피드백하기

교사: 추석 날 밤에 해운대 갔다면서요? 가서 뭐 했어요?
학생: 바닷가에서 공연도 보고 놀았죠.
교사: 보름달 봤어요?
학생: 네, 아주 동그랗고 밝았어요.
교사: 보름달 반 정도 크기의 달은 뭐라고 할까요?
학생: 반달[반딸]
교사: 예, '반달[반달]'이에요.
　　　'보름달'은 [보름딸], '반달'은 [반달]로 발음해요.
　　　(칠판에 표기형과 발음형을 판서하면서)

과제 5는 '오류 유도하기, 순차적 제시, 정원길 피드백' 등으로 번역된 'garden path' 활동에 해당한다.[65] /ㅅ/ 전치명사를 배우고 나면 '달'처럼 /ㅅ/ 전치명사가 아닌 예들도 경음화하는 과잉 일반화 오류를 보일 가능성이 커진다. '보름달'을 [보름딸]로 발음하고 '반달'을 발음하게 하면 실수를 유도하게 된다. 이때 교사가 올바른 발음 [반달]로 오류를 수정해 줌으로써 정확성을 높일 수 있다. '보름달'과 '반달', '물고기'와 '불고기', '손등'과 '손발'처럼 /ㅅ/ 전치명사 부류를 형성하지 못하면서 사잇소리현상이 일어나기도 하고 그렇지 않기도 하는 예들은 이런 방법으로 각 단어를 개별적으로 교육하는 수밖에 없다.

---

65) 교사는 규칙적 현상을 먼저 제시하고 불규칙적 현상을 뒤에 제시한다는 점에서 '순차적 제시'라 할 수 있다. 교사가 정해놓은 길을 따라 걷도록 유도한다는 점에서 '정원길 피드백'이라 할 수 있다. 학습한 규칙을 정상적으로 사용했음에도 오류가 발생했고 이 오류는 유도된 측면이 있어서 '오류 유도하기'라고도 번역되었다.

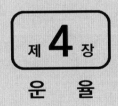

제 **4** 장

운 율

운율 또는 초분절음은 의미 변별 기능을 하는 경우와 그렇지 않은 경우로 나눌 수 있다. 음소처럼 의미 변별 기능을 하는 경우는 운소라 하고 표준 한국어에서 운소는 '길이, 끊어읽기, 억양'으로 나눌 수 있다(1장 2.1.2.3. 참조).

이전 교수법에서 분절음 발음교육에 치중한 것에 비해 의사소통 교수법에서는 초분절음 교육의 중요성을 강조하고 있다. 이는 의사소통 교수법이 언어의 실제 사용에 관심을 기울인 담화 분석(discourse analysis)이나 기능주의 언어학 (functional linguistics)의 영향을 받은 것, 정확성보다 유창성을 중시하는 것과 맥을 같이 한다. 초분절음은 발화의 자연성이나 유창성을 결정하는 데 결정적 역할을 한다.

말소리는 발음기관의 운동 양상에 따른 음질(quality)의 차이로 변별될 뿐만 아니라, 음질과는 독립적으로 음이 얼마동안 지속되는가 하는 길이(quantity)의 차이로도 구별된다. 길이는 모음뿐 아니라 자음에도 해당한다(Malmberg: 1963, Ladefoged: 2001).

1. 길이[1]

1.1. 모음의 길이

1.1.1. 모음 길이에 대한 이해

한국어는 모음 길이에 따른 최소대립어가 존재한다. 그러나 모음 길이는 현실적으로는 변별성을 상실해 가고 있다. 세대 간 언어 차를 언어 변화의 진행상이라 보는 사회 언어학(sociolinguistics)에 따르면, 세대 간 발음 변이를 통해 진행 중인 언어 변화를 관찰할 수 있다. 장단의 대립이 없어져 가는 까닭은 개신 세대라 할 수 있는 젊은 층에서 긴소리가 대부분 짧은소리로 되었기 때문으로 보인다. 긴소리가 장음성을 상실하는 것은 발화속도(speech rate)가 빨라지는 경향과 관련된다. 장단의 대립이 젊은 세대로 올수록 희미해지는 것은, 대체로 젊은 세대의 발화속도가 나이 든 세대의 발화속도보다 빠르기 때문으로 해석된다. 모음은 자음에 비해 발화속도의 영향을 더 많이 받는다(지민제: 1993, Magen & Blumstein: 1993).

「발음법」제6항 모음의 장단을 구별하여 발음하되, 단어의 첫 음절에서만 긴소리가 나타나는 것을 원칙으로 한다.
  (1) 눈보라[눈ː보라], 말씨[말ː씨], 많다[만ː타], 멀리[멀ː리], 벌리다[벌ː리다]
  (2) 첫눈[천눈], 참말[참말], 수많이[수ː마니], 눈멀다[눈멀다], 떠벌리다[떠벌리다]
다만, 합성어의 경우에는 둘째 음절 이하에서도 분명한 긴소리를 인정한다.
  반신반의[반ː신 바ː늬/반ː신 바ː니], 재삼재사[재ː삼 재ː사]

---

1) 제4장 1은 필자의 (2010) 논문을 바탕으로 해서 쓴 것이다.

[붙임] 용언의 단음절 어간에 어미 '-아/-어'가 결합되어 한 음절로 축약되는 경우에도 긴소리로 발음한다.

　보아→ 봐[봐ː], 기어→ 겨[겨ː], 되어→ 돼[돼ː], 두어→ 둬[둬ː]

　다만, '오아→와, 지어→져, 찌어→쪄, 치어→쳐' 등은 긴소리로 발음하지 않는다.

기저의 긴소리가 짧은소리로 되거나, 반대로 짧은소리가 긴소리로 되는 변동 현상이 있다. 「발음법」 제6항은 이에 대한 규정으로 장음인 '눈ː(雪)'이 '첫눈, 함박눈'처럼 두 번째 음절 이하에서는 장단의 대립이 중화됨을 기술한 것이다. 모음 길이 대립은 어두 음절에서만 유지된다.

「발음법」 제7항　긴소리를 가진 음절이라도, 다음과 같은 경우에는 짧게 발음한다.

　1. 단음절인 용언 어간에 모음으로 시작된 어미가 결합되는 경우

　　감다[감ː따]—감으니[가므니], 밟다[밥ː따]—밟으면[발브면]

　　신다[신ː따]—신어[시너], 알다[알ː다]—알아[아라]

　다만, 다음과 같은 경우에는 예외적이다.

　　끌다[끌ː다]—끌어[끄ː러], 떫다[떨ː따]—떫은[떨ː븐]

　　벌다[벌ː다]—벌어[버ː러], 썰다[썰ː다]—썰어[써ː러]

　　없다[업ː따]—없으니[업ː쓰니]

　2. 용언 어간에 피동, 사동의 접미사가 결합되는 경우

　　감다[감ː따]—감기다[감기다], 꼬다[꼬ː다]—꼬이다[꼬이다]

　　밟다[밥ː따]—밟히다[발피다]

　다만, 다음과 같은 경우에는 예외적이다.

　　끌리다[끌ː리다], 벌리다[벌ː리다], 없애다[업ː쌔다]

[붙임] 다음과 같은 복합어에서는 본디의 길이에 관계없이 짧게 발음한다.

　　밀 - 물, 썰 - 물, 작은 - 아버지

단음절 용언 어간이 모음으로 시작하는 어미와 결합할 때도 짧은소리되기가 일어나는데 「발음법」 제7항은 이에 대한 규정이다.

「발음법」 6, 7항과 관련된 길이 변동 교육의 필요성은 그리 크지 않다. 통용음에서는 모음의 장단이 잘 구별되지 않고, 최소대립어가 아닌 경우는 소통에 지장을 줄 정도가 아니기 때문이다. 모음 길이에 대한 교육은 최소대립어가 있는 경우로만 한정해도 무방하다.

1.1.2. 학습자언어

모음 길이는 한국인도 잘 구별 못하는 경우가 많아서 학습자언어에서 오류를 따질 것은 별로 없다.

(1) ㄱ. 유학(留學), 조약(條約), 모자(帽子), 모:자(母子)
    ㄴ. りゅうがく(留学), じょうやく(条約), ぼうし(帽子), ぼし(母子)

그러나 한자어 장단에 L1의 부정적 전이가 나타나는 경우는 별도의 교육이 필요하다. (1)ㄱ은 한국 한자음이고, (1)ㄴ은 일본 한자음이다. 한국 한자음 '유(留)', '조(條)'는 짧은소리인데 일어에서 'りゅう, じょう'는 중음절로 두 모라(mora)로 인식된다.[2] 또 '母子[모:자]'와 '帽子[모자]'는 장단으로 구별되는데 일어에서는 '帽子(ぼうし)', '母子(ぼし)'로 한국어와는 반대이다. 이에 대한 수정 피드백을 받지 않은 경우 고급 수준이 되어도 [조약]을 [조:약]으로 발음하는 오류가 잦다.

모음 길이와 관련하여 우리말 반모음 /j, w/의 길이는 발음교육에서 유의해야 할 것 중에 하나다. 한국어 반모음의 길이는 영어나 중국어에 비해 현저히 짧다. 'quiz'와 '퀴즈'를 IPA로 전사하면 둘 다 [kʰwiz]이지만 영어는 한국어에 비해 [w]의 길이가 더 길다. 영어에는 [w]와 [u]나 [o]의 결합, [j]와 [i]의 결합이 가능하지만 한국어에는 이런 결합이 없는 것도 반모음의 길이와 관련 있다. 과도가 짧으면 조음의 출발점이 유사한 [w]와 [u, o], [j]와 [i]의 결합에서 반모음 [w], [j]가 자신의 음가를 드러내기 어렵기 때문이다. 양병곤(1993)의 실험 보고에서도 한국어 이중모음의 지속시간은 평균 110msec로, 영어의 이중모음이 200~230msec인 것에 비해 매우 짧게 나타났다.

---

2) 일본어에서 발음 /N/, 촉음 /Q/, 장음이 있는 음절은 중음절로서 2모라로 인식된다.

1.1.3. 모음 길이 교육

도입   '밤'의 길이 차이에 주의하여 들어보세요.

밤에 밤을 구워 먹었어요.

설명   모음 길이에 따른 의미 차이

모음의 길이에 따라 의미가 다른 단어 쌍이 있는데, 이런 단어들은 길이를 구별하여 발음해야 한다.

과제 ❶   모음 길이에 유의하여 아래 단어를 발음해 보세요.

장	단
밤:	밤
일:	일
이:	이
개:	개
눈:	눈
말:	말
배:	배
모:자	모자
사:과	사과
소:매	소매
전:자	전자
없:다	업다
낫:다	낮다
적:다	적다

과제 ❷   모음 길이에 유의하여 아래 문장을 발음해 보세요.

밤에 밤:을 구워 먹었다.

말을 타고 말:을 해요.

이 일:은 일 분도 하기 싫다.

234

허리가 굽은 할아버지가 도자기를 굽:고 계셨습니다.
이가 아파서 치과에 갔는데 손님이 많아서 이:십 분이나 기다렸어요.
여기 배는 우리 동네 과일 가게보다 배:로 더 비싸요.

과제 ❸ 듣고 밑줄 친 부분에 알맞은 말을 보기에서 찾아 쓰세요.

[보기] 일:, 일   모:자, 모자   없:다, 업다
       개:, 개   이:, 이   눈:, 눈
       말:, 말   밤:, 밤   배:, 배

① 일:이 너무 많아서 일 분도 쉴 수 없어요.
② 눈이 아파서 안과에 가야 하는데 눈:이 너무 많이 오네요.
③ 모자가 없어서 하나 사야 해요.
④ 말을 타고 큰 소리로 말:을 하면 안 돼요.
⑤ 여기 배는 우리 동네 과일 가게보다 배:로 더 비싸요.
⑥ 사과 한 개만 주세요.
⑦ 개:가 계속 짖어서 시끄러워요.
⑧ 시간이 없:는데, 어쩌지요?
⑨ 엄마가 아기를 업고 있어요.
⑩ 이가 아파서 치과에 가야 하는데, 버스를 이:십 분이나 기다렸어요.

설명 두 번째 음절 이하에서의 길이

두 번째 음절 이하에서는 길이를 구별할 필요가 없다.
예를 들어 '눈(雪)'은 긴소리지만, '첫눈'의 '눈'은 짧은소리로 발음한다.

과제 ❶ 규칙을 사용하여 아래 단어를 발음해 보세요.

어두 음절	어중 음절
눈:	첫눈, 함박눈
말:	참말, 거짓말, 서울말, 시골말, 한국말
밤:	군밤
별:	샛별, 저녁별
사:람	눈사람, 난사람, 딴사람, 생사람
많:다	수많다
반:	절반

과제 ❷ 여러분 나라 말에는 어떤 운율적 특성이 있는지 이야기해 보세요.

1.2. 자음의 길이

1.2.1. 자음 길이에 대한 이해

중첩자음(겹침소리, 중복자음, 겹자음, geminate consonant)[3]이란 동일한 또는 거의 동일한 동기관(homorganic) 자음이 음절 경계를 사이에 두고 연이어 있는 것을 말한다.

(2) ㄱ. 안네요, 됐네요, 좋네요, 값만, 잠만

ㄴ. 아네요, 되네요, 조네요, 가만, 자만

---

3) 'geminate consonant, double consonant, long consonant'는 논자에 따라 같은 용어로 쓰기도 하고(Malmberg: 1963), 다른 뜻으로 쓰기도 했다(Abercrombie: 1967, 허 웅: 1988). 'geminate'는 라틴어 '쌍둥이, 한 쌍'을 뜻하는 'geminus'와 '두 배로 하다'를 뜻하는 'geminare'가 어원이다(Catford: 2001, 110~113).

(2)ㄱ과 ㄴ은 중첩자음과 홑자음으로 의미가 변별된다. 중첩자음은 형태·음운론
적, 심리적으로는 홑자음 두 개가 연속된 것이다. 모어 화자들은 형태·음운론적 지
식을 바탕으로 중첩자음을 두 개의 음성으로 발음하고 들었다고 생각하는 경향이
강하다. 그러나 음성적 층위에서 중첩자음과 홑자음의 구별 단서는 지속 시간 즉,
자음 길이에 있다. '안네요, 잠만'의 어중 'ㄴㄴ, ㅁㅁ'은 '아네요, 자만'의 어중
'ㄴ, ㅁ'보다 두 배 정도 길게 발음된다.

   (3) ㄱ. 몰르고(←모르고), 몰르지(←모르지), 몰르면(←모르면)
      ㄴ. 크리닝(←클리닝), 초코렛(←초콜릿), 카라(←칼라, 옷깃), 카스테라(←카스
         텔라), 에스커레이터(←에스컬레이터)

  통용음에서는 (3)처럼 'ㄹㄹ'과 'ㄹ'에 따른 의미 차이가 발생하지 않는 경우 둘
을 섞어 쓰는 경우가 많다. 또한 (3)ㄱ은 활용형 '몰라'를 기준으로 활용 체계를 규
칙화하려는 심리적 원인, (3)ㄴ은 원 발음이 'r'인지 'l'인지 모르거나 둘을 변별할
수 없다는 것도 'ㄹㄹ'과 'ㄹ'을 섞어 쓰는 원인으로 작용한다. 어미 '-(으)려고'를
[먹을려구, 먹을라고]처럼 '-(으)ㄹ려고'로 발음하는 현상도 특정 지역과 상관없이
광범위하게 나타난다.

   (4) ㄱ. 드실래요, 얼른, 달래, 밀래, 살리다, 선로
      ㄴ. 드시래요, 어른, 다래, 미래, 사리다, 서로

  그러나 (4)ㄱ과 ㄴ은 'ㄹㄹ'과 'ㄹ'로 인해 의미가 대립되는 예이고 이런 경우 한
국인의 발화에서는 'ㄹㄹ'과 'ㄹ'의 혼동이 일어나지 않는다.

   (5) ㄱ. 달라요, 갈라, 잘라서, 불렀다, 질렀다, 널러
      ㄴ. 달아요, 갈아, 잘아서, 불었다, 질었다, 널어
   (6) ㄱ. 걸렀다, 눌렀다, 물러서, 길러
      ㄴ. 걸었다, 눌었다, 물어서, 길어

더구나 ⑸ㄱ의 '다르다'처럼 '르' 불규칙 용언과 ⑸ㄴ의 '달다'처럼 어간 말음이 'ㄹ'인 용언이 많은데 '-아/어' 어미와의 활용형은 음성적으로 [ㄹㄹ]와 [ㄹ]의 차이로 변별된다. 이는 ⑹ㄱ의 '거르다'처럼 '르' 불규칙 용언과 ⑹ㄴ의 '걷다'처럼 'ㄷ' 불규칙 용언도 마찬가지다.

길이 차이는 음가 차이를 유발한다. 어중의 'ㄹㄹ'은 설측음으로, 'ㄹ'은 탄설음으로 발음되어 음가 차도 크다. 그러나 한국인이 설측음과 탄설음이라는 음가 차이로 'ㄹㄹ'과 'ㄹ'을 구별하는 것으로 보기는 어렵다. 설측음과 탄설음은 한국어에서 별개의 음소가 아니라 'ㄹ'의 변이음이기 때문이다. 또 '크리닝~클리닝'류의 혼동도 [l]과 [r]의 음가를 구별하지 못하는 것에 대한 방증이다. 'ㄹㄹ'과 'ㄹ'은 형태·음운론적으로 중첩자음과 홑자음, 음성학적으로는 자음의 길이가 구별 단서이다. 더구나 탄설음 'ㄹ'은 자음 중 가장 본질적 조음 시간이 짧다.

⑺ 무성 중첩자음, 경음, 평음의 관계

	심리적(음운론적)	물리적(음성학적)
익기	익끼 /kˀkˀ/	[kˀkˀ]~[kˀ]
이끼	이끼 /kˀ/	[kˀ]~[kˀkˀ]
이기	이기 /k/	[g]

⑺은 무성 중첩자음과 경음, 평음의 관계를 나타낸 것이다. 무성 중첩자음도 긴소리로 발음되는데 이 경우 홑자음인 평음과는 구별되지만 경음과는 구별되지 않는다. 왜냐하면 경음은 본디 '평음, 경음, 격음' 중 폐쇄·지속 단계가 가장 긴소리이기 때문이다.

한국어에서 모음 길이는 변별성 상실로 인해 짧은소리로 되는 경향이 뚜렷함에 비해, 중첩자음과 홑자음의 변별에는 길이가 적극적으로 기능하고 있다. 모음 길이 대립은 어두 음절에서만 유지됨에 비해, 자음 길이 대립은 어중에서만 유효하다.

1.2.2. 학습자언어

개음절어에는 중첩자음이 발생할 가능성이 낮다. 폐음절어이고 표기상 중첩자음이 있어도 홑자음으로 발음하는 언어도 있다.

(8) ㄱ. aggressive, bookkeeper, next time, want to
　　ㄴ. summer, mammoth, comma, bonnet, cunning, running
　　ㄷ. 썸머, 맘모스, 콤마, 본네트, 컨닝, 런닝4)

(8)ㄱ, ㄴ은 영어의 중첩자음 예인데, 무성음이든 유성음이든 대부분 홑자음으로 발음하고 본디 홑자음인 경우와 길이 차이도 크지 않다. 한국인이 (8)ㄷ으로 발음하는 것은 한국어 중첩자음 발음 방법을 그대로 따른 것이다.

(9) ㄱ. 십분[시분], 좋아졌다[조아져다], 가셨다[가셔다], 학교에[하교에]
　　ㄴ. 만나요[마나요], 있는데[이는데], 좋겠는데[조케는데], 달라요[다라요], 결론
　　　　[겨론]
(10) ㄱ. 책을[채끌], 서울역으로[서우려끄로]
　　ㄴ. 눈을[눈늘], 시간은[시간는], 사람[살람], 달아요[달라요]

(9)와 (10)은 오류로 판정된 고급 학습자들의 발화다. (9)는 중첩자음을 홑자음으로, (10)은 홑자음을 중첩자음으로 발음한 것이다. 학습자들은 자음의 길이 차이를 인식조차 하지 못하고 있었고, 이로 인한 발음 오류가 있음을 스스로 알아채지 못하고 있었다.

[아빠], [압빠], [압바]는 동일 음가로 교육해도 자연성이나 의사소통에 문제가 없다. 한국인을 대상으로 한 음향 및 청취 실험에 따르면 [아빠]와 [압빠]류는 음향적으로는 차이가 있었지만, 청취 실험에서는 서로 구별되지 않았다(양순임: 2005

---

4) '맘모스, 본네트, 컨닝, 런닝'은 각각 '매머드, 보닛, 커닝, 러닝'이 바른 외래어 표기다. '콤마'는 '반점'이다.

ㄱ). 무성 중첩자음과 모음 간 경음을 제대로 발음하는 것은 폐쇄·지속 구간의 길이를 길게 하는 것과 선행 모음의 길이를 짧게 하는 것이 중요하다.5) 이는 유성자음도 마찬가지다. '많아요, 결론'을 발음한 [만나요], [겨론]은 한국인에게는 각각 '만나요', '결혼'으로 해석된다.

1.2.3. 자음 길이 교육

도입 두 문장을 듣고 밑줄 친 말의 발음 차이를 생각해 보세요.

> 아빠와 키가 <u>같네요</u>.
> 시간이 참 잘 <u>가네요</u>.

설명 유성 중첩자음의 길이

> 같은 자음이 연속된 /ㅁ·ㅁ, ㄴ·ㄴ, ㄹ·ㄹ/는 홑자음 'ㅁ, ㄴ, ㄹ'보다 2배 정도 길게 발음해야 한다.

과제 ❶ 자음 길이에 유의하여 아래 단어를 발음해 보세요.

---

5) 한국어는 중첩자음을 장자음으로 발음하고 선행 모음을 짧게 발음하여 음절 간 등장성을 유지하려는 경향이 강하다. 그런데 중첩자음과 홑자음의 길이 변별이 어려운 언어에서도 선행 모음은 단축되는 경향을 보인다. 예컨대 독일어에서 중첩자음 'pp, ss, tt, ff, ll, mm, nn'의 선행 모음은 홑자음의 선행 모음보다 짧게 발음한다.

	긴소리	짧은소리
ㅁㅁ : ㅁ	값만[감만]	가만
	입만[임만]	이만
	잠만	자만
	어머님마다	어머니마다
ㄴㄴ : ㄴ	안내	아내
	인내	이내
	같네요[간네요]	가네요
	좋네요[존네요]	조네요
ㄹㄹ : ㄹ	달라요	달아요
	갈래요	가래요
	드실래요	드시래요
	몰래	모래

과제 ❷ 자음 길이에 유의하여 아래 문장을 발음해 보세요.

① 여기는 값만[감만] 비싸고 물건은 별로 좋지 않아요.
   여기 가만 있어보세요.
② 안내는 누가 하지요?
   제 아내가 할 거예요.
③ '이따가'와 '있다가'는 발음이 같네요.[간네요]
   시간이 참 잘 가네요.
④ '이따가'와 '있다가'의 의미는 서로 달라요.
   이 과자는 맛이 너무 달아요.[다라요]
⑤ 커피 한 잔 드실래요?
   엄마가 점심 드시래요.
⑥ 해운대에 같이 갈래요?
   미안해요. 오늘은 시간이 없어요. 엄마가 할머니 댁에 가래요.
⑦ 여기는 물도 맑고 모래도 부드럽고 정말 마음에 들어요.
   엄마 몰래 왔는데, 오길 잘 했어요.

과제 ❸   듣고 밑줄 친 부분에 알맞은 말을 보기에서 찾아 쓰세요.

[보기] 안내, 잘 됐네요, 좋네요, 값만, 달라요, 드실래요, 몰래
　　　 아내, 잘 되네요, 조네요, 가만, 달아요, 드시래요, 모래

① 제 <u>아내</u>는 회사원이에요.
② 왕정 씨, 빵 좀 <u>드실래요</u>?
③ 이 식당 음식은 <u>값만</u> 비싸고, 맛은 없어요.
④ 이건 너무 <u>달아서</u> 먹기 싫어요.
⑤ 아빠, 엄마가 저녁 <u>드시래요</u>.
⑥ 제 남자친구와 저는 성격이 서로 많이 <u>달라요</u>.
⑦ 엄마 <u>몰래</u> <u>모래</u>를 갖고 왔어요.
⑧ 이 식당 음식은 비싸지만 맛은 <u>좋네요</u>.
⑨ 시험에 합격했다니 정말 <u>잘 됐네요</u>. 축하해요.
⑩ <u>안내원</u>에게 물어보세요.

과제 ❹   다음 동사와 '-(으)ㄹ래요', '-(으)래요'의 결합형을 쓰고 발음해 보세요. 그리고 두 말의 의미 차이에 대해 이야기해 보세요.

어간 ＼ 어미	-(으)ㄹ래요	-(으)래요
출근하다	출근할래요?	출근하래요
쉬다		
마시다		
신다		
받다		

과제 ❺   여러분 나라 말에 'cunning'의 'nn'처럼 같은 자음이 연이어 나오면 어떻게 발음하는지 이야기해 보세요.

설명 무성 중첩자음과 경음의 길이

> /ㅂ·ㅂ, ㄷ·ㄷ, ㄱ·ㄱ/는 경음화로 인해 [ㅂ·ㅃ, ㄷ·ㄸ, ㄱ·ㄲ]로 발음된다.
> /ㅂ·ㅃ/는 [ㅃ], /ㄷ·ㄸ/는 [ㄸ], /ㄱ·ㄲ/는 [ㄲ]와 발음이 같다.
> 이는 /ㅃ, ㄸ, ㄲ/가 본디 긴소리이기 때문이다.

　병서자인 한글을 발음기호로 활용하여 'ㅃ'의 발음은 [ㅂㅂ], [ㅂ]의 발음은 [ㅂ]로 제시하여 경음이 장자음임을 알려 줄 수 있다.

과제 ❶ 경음 발음에 유의하여 아래 단어를 발음해 보세요.

> ① ㅂ·ㅂ　　압박[압빡 = 아빡]
> ② ㄷ·ㄷ　　있다가[읻따가 = 이따가]
> ③ ㄱ·ㄱ　　백 가지[백까지 = 배까지]

과제 ❷ 경음 발음에 유의하여 아래 문장을 발음해 보세요.

> ① 지하철로 오십 분[오시뿐] 걸려요.
> 　오십뿐[오시뿐] 아니라 육십까지도 할 수 있어요.
> ② 여기 좀 있다가[이따가] 갈게요.
> 　이따가[이따가] 봐요.
> ③ 익기도[이끼도] 전에 먹으면 안 돼요.
> 　돌에 이끼도[이끼도] 끼었어요.
> ④ 옷 종류가 백 가지[배까지] 넘어요.
> 　머리뿐 아니라 배까지[배까지] 아파요.

2. 끊어읽기

2.1. 끊어읽기에 대한 이해

'끊어읽기(끊어 발음하기)' 단위는 단어 이상의 발화 단위로서 문장 내부 경계를 뜻한다. 끊어읽기는 기술 언어학의 개방연접, 이호영(1996)의 말토막, Jun(2000)의 강세구(accentual phrase)에 해당한다. 말토막, 강세구는 끊어읽기 위치보다 그 내부의 리듬에 주목한 리듬 단위인데 반해, 끊어읽기나 개방연접은 내부의 리듬보다 끊어읽기 위치에 주목한다는 점에 차이가 있다.

그러나 끊어읽기와 강세구 경계는 억양 경계와 겹치지 않는 한 휴지가 외현되지 않는 것이 원칙이라는 점은 같다. 강세구의 음성적 단서는 에너지 골짜기 실현, 강세구 앞 음절의 장음화, 뒤 음절의 에너지와 피치 증가 등을 들 수 있다. 안병섭(2007)에 따르면 휴지 실현율은 강세구 경계에서는 0.25~0.4%, 억양구(intonational phrase) 경계에서는 89.3~96.2%였다. 일반적으로 강세구 경계에서는 휴지가 실현되지 않음을 알 수 있다. 통용음형에서 강세구가 휴지로 실현되는 비율은 대단히 낮다.

'끊어읽기'는 국어 교육, 한문 교육에서 오랫동안 사용해 온 방법이고, 붙여읽기를 전제로 하는 개념이다. '끊어읽기'는 '말하기'를 배제하는 축자적 의미가 아니라 '끊어 발음하기'의 뜻이다. '끊어읽기'는 '개방연접'에 비해 명시성이 높고, '끊어 발음하기'에 비해 간결하고, '말토막, 강세구'에 비해 통용성이 높다는 점에서 발음교육 용어로 사용하기에 적합하다고 생각된다.

(1) ㄱ. 예쁜 리본을[예쁜 / 리보늘], [예쁜니보늘] 사고 싶어요.
ㄴ. 극장 로비에서[극짱 / 로비에서], [극짱노비에서] 만나요.

끊어읽기 교수·학습의 중요성을 간추려 보면 다음과 같다. 첫째, 끊어읽기 단위 는 변동규칙의 적용 범위가 된다. 변동규칙 중에는 그 적용 범위가 단어 경계를 넘어서는 경우가 많다. (1)의 '예쁜 리본을, 극장 로비에서'는 두 단위로 끊어 발음 할 수도 있고 한 단위로 붙여 발음할 수도 있다. 한 단위로 붙여 발음할 때는 'ㄹ' 이 비음화한다.

둘째, 끊어읽기 단위에 따라 이어 발음하여 변동규칙 적용 영역을 최대화하는 것은 여러 단어로 구성된 의미 단위를 한꺼번에 받아들이게 한다. 발음 단위를 음 절이나 단어보다 큰 의미 단위로 묶고 이를 내재화하는 것은 발화 시 점검 (monitoring) 활동을 줄이고 이은말(連語, collocation), 뭉칫말(chunk), 어구(語 句)에 대한 자동화(automaticity)를 촉진하기 때문이다. 이는 정확성과 유창성을 높이는 요인이 된다. 예컨대 의존명사나 보조용언을 띄어쓰기대로 끊어 발음하면 정확성과 유창성을 방해한다.

셋째, '잘/ 못했어요'와 '잘못했어요', '맛이/ 써'와 '맛있어'처럼 끊어읽기 유무 에 따라 의미 차이가 발생한다. 끊어읽기 지점을 바르게 찾는 것은 문장 구조 분 석과 관련되어서 정확한 의미 해석을 가능하게 한다.

끊어읽기 위치는 음운적, 통사적, 의미적, 화용적 조건을 모두 고려하여 의미 소 통에 있어 최적의 자리를 찾는 것이기 때문에 확정된 것이 아니다. 발음교육에서 는 여러 가지 변인과 무관하게 거의 항상 실현되는 끊어읽기 단위와, 끊어읽기 위 치에 따라 의미가 변별되거나 발음이 달라지는 경우에 대한 교육이 필요하다.

2.2. 학습자언어

초급 학습자일수록 끊어 발음하면 어색한 위치에서도 끊어 발음하는 경우가 많 다.

(2) ㄱ. 사진이 참 잘 나왔네요.[잘/ 나완네요] 여기가 어디예요?
    ㄴ. 한국 노래를[한국/ 노래를] 좋아해요.

ㄷ. 이거 저 못 읽어요.[몯/ 일거요]

(2)는 띄어쓰기대로 끊어 발음한 것인데 유창성 문제는 물론이고, '못 가요'에 경음화, '못 나가요'에 비음화, '못 해요'에 격음화, '못 읽어요'에 /ㄴ/첨가가 적용되지 않아 정확성에도 문제가 생긴다. 이는 조음적 정확성과 유창성이 상호 의존적임을 보여주는 예이다.

(2)와는 반대로 붙여 쓰지만 끊어 발음하는 것이 자연스러운 경우도 있다. '폐식용유, 반민족주의'의 한자어 접두사 '폐(廢)-, 반(半)-'과 같은 예가 이에 해당한다. 한자어 접두사는 뒷말의 음절 수, 단어의 친숙도에 따라 끊어읽기 여부가 달라져서 일률적으로 말하기는 어렵고,6) 어휘별 교육이 필요하다.

(3) 내일은 하늘이 흐리고 비나 눈도 내리겠습니다.

문장 길이가 긴 복문은 자연스럽게 호흡 단위가 끊어진다. (3)에서 연결어미 '-고' 뒤에서 끊지 않는 오류는 드물다. 연결어미 뒤에 반점과 같은 문장부호가 있는 경우 끊어읽기 오류율은 더 낮아진다. 그러나 (3)은 주제어 '내일은' 뒤에도 끊어 발음하는 것이 보통이다.

한국어 문장은 정보 구조(information structure)에 따라 주제(topic, theme)와 설명(comment, rheme)으로 나뉘는 경우가 많고 주제와 설명 사이는 보통 끊어 발음한다. 주제-설명 구조는 단문에서도 나타나고 주제어 뒤에는 대개 보조사 '은/는'이 쓰인다. 그러나 한 어절로 된 짧은 주제어가 많고 주제어 뒤에 문장부호를 쓰는 경우도 거의 없어서 주제와 설명을 붙여 발음하는 경우가 많다. 그러나 한국어는 문법적 개념인 주어(subject)보다 주제 부각형 언어(topic-prominent language)이고, 문장을 주제부와 설명부로 나누지 못하면 의미 파악이 어려워지

---

6) 예컨대 '비과세'의 '비(非)-'는 붙여 발음하고 '비공개적'에서는 끊어 발음하는 경향을 보인다. '양송이, 양담배'의 '양(洋)-'은 붙여 발음하는 반면, '폐(廢)건전지, 범(汎)야권, 대(大)바겐세일, 대(對)북한'처럼 최근에 만들어진 말들은 끊어 발음하는 경향을 보인다. 끊어 발음하는 한자어 접두사는 입말보다 주로 글말에서 사용된다.

는 경우가 많다.

2.3. 끊어읽기 교육

끊어읽기는 1) 여러 가지 변인과 무관하게 거의 항상 실현되는 끊어읽기 단위, 2) 끊어읽기 위치에 따라 의미가 변별되는 경우, 3) 끊어읽기 여부에 따라 발음이 달라지는 경우에 대한 교육이 필요하다.

도입 다음 문장에서 띄어 썼지만 붙여 발음해야 하는 곳을 찾아보세요.

> 엄마는 피아노 칠 줄 몰라요.
> 엄마가 보고 싶어요.

설명 1음절어, 보조용언 붙여 발음하기

> 1음절로 된 단어는 대부분 의미 단위로 붙여 발음해야 자연스럽다.
> 'V+V' 구조는 붙여 발음해야 자연스럽다.

과제 ❶ 끊어읽기 위치에 주의하여 아래 문장을 발음해 보세요.

> ① 엄마는 피아노 칠 줄 몰라요.[칠쭐몰라요]
>
>   발음 연습을 꾸준히 하면 내 한국어 실력도 늘 것이다.[늘꺼시다]
>
>   나는 할 수 있다.[할쑤이따]
>
> ② 라면 드실 분[드실뿐] 계세요?
>
>   노래 부르실 분[부르실뿐] 계세요?
>
>   김수철 님,[김수철림] 계세요?
>
>   손기갑 님,[손기감님] 들어오세요.
>
> ③ 몇 미터쯤[면미터쯤] 더 가야 해요?

십 미터[심미터] 남았어요.

옷 한 벌[오탄벌] 샀어요.

④ 전 지금 못 가요.[몯까요]

지금은 못 나가요.[몬나가요]

전 수영 못 해요.[모태요]

한국어로 된 신문은 못 읽어요.[몬닐거요]

과제 1의 ①~③은 의존명사, ④는 일 음절 부사가 포함되어 있는데 이들은 띄어 쓰지만 붙여 발음하는 것이 보통이다. 이는 과제 2의 보조용언도 마찬가지다.

과제 ❷ 끊어읽기 위치에 주의하여 아래 문장을 발음해 보세요.

① 엄마가 보고 싶어요.[보고시퍼요]

음악회에 가고 싶어요.[가고시퍼요]

② 사과 드셔 보세요.[드셔보세요]

신발 신어 보세요.[시너보세요]

잘 들어 보세요.[드러보세요]

③ 살다 보니[살다보니] 정이 들었어요.

열심히 하다 보면[하다보면] 실력이 늘 거예요.

④ 친구들이 모두 모였나 보다.[모연나보다]

기차가 도착했나 보다.[도차캔나보다]

저 가수는 인기가 많은가 보다.[마는가보다]

과제 1, 2는 발음할 때 개인별로 휴대전화로 발음을 녹음한 후, 자신의 발음을 들어보면서 원어민 발음과의 차이점을 알아차리게 한다. 이러한 인식은 알아차림 가설(noticing hypothesis)에서 말하는 것처럼 습득을 위한 출발점 역할을 한다.

과제 ❸ 다음 대화를 듣고 문장 내부에 끊어 발음하는 곳을 찾아 사선으로 표시하세요. 끊어 발음하기에 주의하면서 역할극을 해 보세요.

앙리	실례합니다. 예술의 전당은 어디로 가지요?
아주머니	글쎄요. 저도 이곳이 처음이어서 잘 모르겠어요.
	저 가게에서 한번 물어 보세요.
앙리	아저씨, 예술의 전당이 어디 있어요?
아저씨	이 길로 똑바로 가다가 지하도를 건너가세요.
앙리	한참 가야 해요?
아저씨	15분쯤 걸어가면 새 건물이 보여요.
앙리	아저씨, 고맙습니다.

과제 1은 서울대 언어교육원의 『한국어 2』 16과 본문이다. 초급 대화문이어서 문장이 짧으므로 한 문장에 끊어읽기 위치를 하나만 찾아보게 한다.

(4)는 위 과제에 있는 문장 '예술의 전당은 어디로 가지요?'에 해당하는 파형, 에너지, 피치를 분석한 결과다. 에너지 골짜기가 나타난 곳 중에 끊어 발음한 까닭에 생긴 곳은 수직 점선으로 표시한 한 군데뿐이다. 나머지 화살표로 표시된 골짜기는 차례대로 'ㅅ, ㅈ, ㄷ, ㄷ, ㄱ, ㅈ' 음성의 본질적 특성 때문에 생긴 것이다.

(4) '예술의 전당은 어디로 가지요?'의 음향 분석 사진

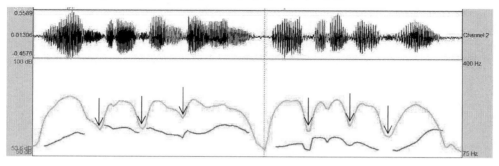

과제 ❹ 다음을 듣고 띄어 썼지만 붙여 발음하는 곳을 한 군데씩 찾아보세요.

① 전 피아노 칠 줄 몰라요.

② 노래 부르실 분 계세요?

③ 이 신발 신어 보세요.

④ 몇 미터쯤 더 가야 해요?

⑤ 겨울옷을 한 벌 샀어요.

⑥ 지금은 못 나가요.

⑦ 엄마가 보고 싶어요.

⑧ 살다 보니 정이 들었어요.

⑨ 기차가 도착했나 보다.

⑩ 김수철 님 계세요?

도입 사선이 있는 위치에서 끊어 발음하겠습니다. 끊어읽기 위치에 따라 발음이 어떻게 달라지는지 잘 들어 보세요.

한국 노래 / 좋아해요?

한국 / 노래 / 좋아해요?

설명 끊어읽기에 따른 발음 차이

끊을 때와 붙일 때 발음이 달라지는 경우도 있다. 붙여 발음하는 것이 더 자연스럽고 유창하게 들린다.

한국 노래[한궁노래] / 좋아해요?

한국 / 노래[한국 노래] / 좋아해요?

과제 ❶ 끊어읽기 위치에 주의하여 아래 대화를 해 보세요.

① 한국 노래[한궁노래] 좋아해요?

   네, 한국 노래도[한궁노래도] 좋아하고 드라마도 좋아해요.

② 할 일도[할릴도] 없는데 PC방에 같이 안 갈래?

   친구랑 저녁 약속[저녕냑쏙] 있어. 밥 먹고[밤머꼬] 갈게.

③ 오늘 무슨 요일이에요?[무슨뇨이리에요]

   월요일이에요.

④ 어떤 라면이[어떤나며니] 맛있어요?
   이게 제일 맛있는 라면이에요.[마신는나며니에요]
⑤ 어제 뭐 했어요?
   시장에 가서 예쁜 리본을[예쁜니보늘] 샀어요.
⑥ 사진이 참 잘 나왔네요.[잘라완네요] 여기가 어디예요?
   경주 불국사예요.
⑦ 공책 넣으세요.[공챙너으세요] 지금부터 시험 칠 거예요.
   큰일 났네.[크닐란네] 난 공부도 안 했는데.
⑧ 옷 있어요?[오디써요]
   아뇨, 옷 없어요.[오덥써요]

띄어쓰기 단위로 끊어 발음해도 정확성에는 문제가 없지만 끊어읽기 유무에 따라 발음이 달라진다. 붙여 발음할 때의 발음형을 병기해 주거나 문장 내부에 사선으로 끊어읽기 단위를 표시해 주는 것은 변동규칙 적용 범위를 알려주는 역할을 한다. 끊어읽기 단위와 변동규칙 적용 범위를 확장함으로써 유창성을 높일 수 있다.

과제 ❷ 밑줄 친 부분을 붙여 발음해 보세요. 끊어 발음할 때와 발음 차이에 대해 이야기해 보세요.

① 옷 있어요?
② 밥 먹고 갈게요.
③ 할 일도 없는데 PC방에 같이 갈래?
④ 나 여자 친구랑 저녁 약속 있는데.
⑤ 오늘 무슨 요일이에요?
⑥ 어떤 라면이 맛있어요?
⑦ 큰일 났어요.

도입 사선이 있는 위치에서 끊어 발음해 보세요. 끊어읽기에 따른 의미 차이에 대해 생각해 보세요.

> 잘못했어요.
> 잘 / 못했어요.

설명 끊어읽기에 따른 의미 차이

끊어읽기 유무에 따라 의미가 달라지는 말이 있다.
끊어읽기 경계의 앞 음절은 길게, 뒤 음절은 강하게 발음한다.

끊어 발음하기	붙여 발음하기
나 / 갈게	나갈게
잘 / 못 읽었어요	잘못 읽었어요
맛이 / 써	맛있어
어디 / 서	어디서
너 / 무심하잖아	너무 심하잖아

과제 끊어읽기 위치와 의미 차이에 주의하여 아래 문장을 발음해 보세요.

① 기숙사는 / 우리같이 / 지방에서 온 학생들을 위한 거예요.
　 우리 / 같이 기숙사에서 살아요.
② 제가 / 잘못했어요.
　 그때는 / 제가 한국어를 / 잘 / 못했어요.
③ 삼겹살을 / 상추에 싸서 먹으니까 / 더 맛있어.
　 이 채소는 / 약간 맛이 / 써.
④ 그 사람이 / 어디서 왔는지 몰라요.
　 그 사람이 / 어디 / 서 있었는지 몰라요.
⑤ 두발에 / 이 로션을 바르세요.
　 두 / 발에 / 이 로션을 바르세요.
⑥ 한국어를 전공한 / 서정 씨와 영진 씨
　 한국어를 전공한 서정 씨와 / 영진 씨

도입 다음 대화를 듣고 끊어읽기 위치를 표시하고, 끊어읽기에 따른 의미 차이에 대해 이야기해 보세요.

누가 왔어?	영진이가 왔네요.
누가 왔어?	예, 그런가 봐요. 제가 나가 볼게요.

설명 의문문의 끊어읽기

> 미지칭은 뒷말과 붙여 발음하고, 부정칭은 뒷말과 끊어 발음한다.
> 끊어읽기 경계의 앞 음절은 길게, 뒤 음절은 강하게 발음한다.

설명의문문	판정의문문
누가 왔어? 철수가 왔어요.	누가 / 왔어? 예, 친구예요.

'누가 왔어?'가 설명의문문인지 판정의문문인지 구별하는 단서로 끊어읽기를 사용하기도 한다. '누구'가[7] 미지칭(未知稱) 대명사인 경우에는 뒷말과 붙여 발음하고, 부정칭(不定稱, indefinite) 대명사인 경우 끊어 발음한다. 중부 방언을 쓰는 젊은 층에서는 판정의문문보다는 덜하지만 설명의문문도 오름조를 띨 때가 많은데 이런 경우 끊어읽기가 둘을 구별하는 핵심적 단서가 된다. 핵 억양을 오름조로 발음하는 데 익숙지 않은 방언권에서 생활하는 학습자에게도 둘을 구별하는 데 끊어 읽기를 활용할 필요가 있다.

과제 끊어읽기 위치와 의미 차이에 주의하여 아래 대화를 해 보세요.

①	누가 왔어요?	철수가 왔어요.

---

7) '누가'는 '누구가'의 준말이다. '누구'류의 말을 의문사(wh-word)로 부르는 경우가 많지만 실제로는 의문사로만 쓰이는 것이 아니라, 부정사(indefinite word), 간투사(interjection)로도 쓰이고 '뭐니 뭐니 해도'처럼 관용구를 이루는 경우도 많다(장소원: 1998). 품사로도 '누구, 무엇'은 대명사, '무슨, 어떤'은 관형사, '언제'는 대명사 또는 부사, '어디, 뭐'는 대명사 또는 감탄사, '왜'는 부사 또는 감탄사로 분류된다.

누가 / 왔어요?   예, 친구예요.

② 어디 가요?   도서관에 가요.

어디 / 가요?   아뇨, 그냥 잠깐 나왔어요.

③ 어디 아파요?   머리가 심하게 아프네요.

어디 / 아파요?   예, 감기 걸렸나 봐요.

④ 점심때 뭐 먹었어요?   김치찌개 먹었어요.

점심때 뭐 / 먹었어요?   예.

도입 다음 문장을 한 번만 끊어 읽는다면 어디서 끊어 읽어야 할까요?

예술의 전당은 어디로 가야 하지요?

설명 주제-설명 구조

한국어 문장은 크게 주제부와 설명부로 나뉘는 경우가 많다.
'은/는'으로 끝나는 주제부를 설명부와 끊어 발음한다.

과제 ❶ 주제어 뒤 끊어읽기에 주의하여 아래 문장을 발음해 보세요.

① 저는 / 피아노 칠 줄 몰라요.
② 오늘 낮 최고기온은 / 서울 8도 부산 14도로 어제와 비슷하겠습니다.
③ 다만 중부지방은 / 낮부터 구름이 많아지겠습니다.
④ 강원 동해안과 영남에는 / 5mm 정도의 비가 내리겠습니다.

과제 ❷ 날씨 뉴스를 읽어 보십시오. 문장 내부에 끊어 읽어야 할 곳을 찾아 사선으로 표시해 보세요.

오늘 낮 최고기온은 서울 8도 부산 14도로 어제와 비슷하겠습니다. 다만 중부지방은 낮부터 구름이 많아지면서 낮 동안 빗방울이 떨어질 수 있겠습니다. 내일은 하늘이 흐리고 비나 눈도 내리겠습니다. 제주 산간에는 최고 30mm,

전국 대부분 지역에서는 5~20mm, 강원 동해안과 영남에는 5mm 정도의 비가 내리겠습니다.

과제 2는 특히 주제어 '은/는' 뒤에서 끊어읽기를 인식하고 산출할 수 있게 하기 위한 것이다. 학습자의 발화를 녹음한 후, 한국인의 뉴스 발화와 비교하여 차이를 인식하게 한다.

3. 억양

3.1. 억양에 대한 이해

억양(intonation)은 발음교육과 관련하여 억양 단위, 억양 의미, 억양 형태에 대한 논의가 필요하다.

3.1.1. 억양 단위

억양은 문장에 얹혀 문장 의미를 변별하는 운율로 정의되는 경우가 많다(허 웅, 1988: 122). 문장은 통사 단위로서 하나의 주어와 술어로 이루어지고 서법과 상대 높임법을 나타내는 종결어미가 실현되어 완결된 구조를 지닌다. 그러나 이 정의는 글말을 대상으로 한 것이고 입말에서 억양 단위는 통사 단위와 일치하지 않는다.

(1) 혹시 그 드라마에서나 있을 법한, 그런 거 웃지 못한 에 그런 얘기가 있는 많은 분들께 좀 체험을 좀 얘기해 드리면 똑같은 실수를, 에 하지 않을까 해서, 아 저질러지 않을까 에 참 어려운 얘기를 하시러 나오시는 분인데, 멀리 영천에서 오시는 최미애 씬데, 여러분들 좀 따뜻한 박수로 맞아 주시기 바랍니다. 예.8)

(1)은 한 문장 안에 의미적 관계가 긴밀하지 않은 비종결어미가 복잡하고 길게 얽혀있는 경우다. 억양이 하나의 기식군(breath group)이라는 점에서 (1)에는 하

---

8) 남길임(2007)의 구어 전사 자료에서 형태소 분석과 표지(tag)를 빼고 옮겨온 것이다.

나 이상의 억양이 실현된 것이다.

(2) ㄱ. 화장에 있어서 포인트가 있다면?

ㄴ. A: 전 피부 색깔이요. B: 전 눈이요. C: 전 코요

(3) ㄱ. 마음은 뭐 어떻게 달라져요?

ㄴ. A: 깔끔?, B: 깨끗하게?, C: 맑게?

(4) ㄱ. 똑 같이 따라 할려구요?

ㄴ. 똑 같이까지는 못하고 / 그냥 할 수 있는 만큼만.

(2)~(4)의 대화를 분석해 보면9) 억양이 얹히는 단위는 문장뿐 아니라 절, 구, 어절로도 나타남을 알 수 있다. 억양 경계에 실현된 형태·통사적 표지는 (2)ㄱ은 연결어미 '-면', (2)ㄴ은 여중생 3명의 대답인데 청자에게 존대의 뜻을 나타내는 보조사 '요', (3)ㄱ은 종결어미 '-어요', (3)ㄴ의 여중생 A는 '깔끔하다'의 어근에, B, C는 부사형 어미 '-게', (4)ㄱ은 보조사 '요', (4)ㄴ은 연결어미 '-고', 보조사 '만'이다.

억양 단위 경계에 나타나는 형태·통사적 표지를 분석한 남길임(2007)에 따르면 '종결어미〉조사류〉연결어미〉기타〉체언류〉관형사형어미〉명사형어미'10)의 빈도를 보였다. 이 중 절 단위인 경우가 82%로, 종결어미나 연결어미와 일치하는 예가 가장 많았다. 이는 억양 단위가 통사 단위와 일치하는 것은 아니지만 밀접한 관련이 있음을 보여준다.

이런 이유로 억양이 얹히는 단위를 문장이라 하지 않고 말마디(이호영: 1996), 억양구(Jun: 2000)라 불러 구별하였다. 여기서는 억양 단위를 억양구라 하겠다.

---

9) 이 대화는 2014. 5. 9. EBS에서 방영한 '하나뿐인 지구 아이들의 위험한 놀이 화장 2'에서 채록한 것이다.

10) '조사류'의 빈도는 22.4%에 달했는데, 이는 '말하는 것이구요'의 '요', '말씀을 드렸습니다마는'의 '마는', '또 하나 중요한 것이 뭐냐면은'의 '은', '저작권법에 의해서만'의 '만'과 같은 보조사 때문이다. 체언류는 9.9%, 관형사형어미는 2.8%, 명사형어미는 0.1%로 출현율이 극히 미미했다. '기타'는 '관형사, 부사, 감탄사, 담화표지'를 뜻한다.

최근 문법에서 구와 절의 구분이 엄격하지 않다는 점에서 억양절이라 하지 않고 억양구라 부르는 것은 문제가 없다고 본다. 말마디는 허 웅(1988)에서 어절의 뜻으로 쓴 용어이고 축자적인 의미도 그러하다는 점에서 오해의 소지가 있어 보인다. 억양구는 입말 소통의 최소 단위로서 통사적으로 정의되는 문장과는 달리 최소자립형식인 어절부터, 구, 절, 문장의 형태로 나타난다.

3.1.2. 억양 의미와 형태

억양이 의미 변별에 관여하는 것은 주로 억양구의 끝음절에 얹히는 것이다. 이를 핵 억양(nuclear tone)(이호영: 1996), 경계 성조(boundary tone)(Jun: 2000)라 했다. 핵 억양이 드러내는 의미는 크게 세 가지로 나눌 수 있다.

첫째는 화자의 발화의도 의미이다. 발화의도는 화행(speech act) 이론에서 말하는 언표내적 행위(illocutionary act), 형태·통사론적으로 정의되는 서법(mood) 중 문장 종결법과 관련된다. 억양구는 화자의 발화의도가 완결된 형태다. 여기서 발화의도 의미는 의문문, 평서문, 명령문, 청유문과 같은 문형을 드러내는 의미라는 뜻으로 썼다. 청자에 대한 태도로 평서문, 의문문과 같은 문형을 구별한다는 점에서는 문장종결법과 같지만, 반드시 종결어미의 실현을 전제로 하는 것은 아니다.11)

둘째는 사전적 의미를 구별하는 기능이다. 여기서 말하는 사전적 의미는 사전에 실려있는 의미라는 단순한 뜻으로 썼다. 사전적 의미는 구체적 발화상황과 상관없

---

11) '언표내적 행위', '서법적 의미'라 하지 않고 '발화의도 의미'라 한 것은 개념상 관련되지만 그대로 쓰기에 곤란한 점이 있기 때문이다. 억양 의미는 언표내적 행위와 대응되지만, 언표적 행위(locutionary act)에 내포된 화자의 의도를 뜻하는 언표내적 행위는 형태소와 대응되는 개념이 아니어서 '진술, 약속, 행위 요구, 부탁, 질문, 수락, 거절' 등 하위 부류가 너무 많고, 각 억양형을 형식화하여 교육에 사용하기 어렵다. 서법은 '명제 또는 청자에 대한 화자의 심리적 태도가 일정한 형태 변화에 의해서 나타나는 문법범주'로 정의된다. 그런데 명제(prepositon)에 대한 태도는 선어말어미 '-겠-, -더-' 등으로 실현되는 것이어서 핵 억양이 실현되는 자리가 아니고, 청자에 대한 태도도 종결어미의 실현을 전제로 하는 것임에 비해 억양은 그렇지 않다.

258

이 언어 사용자가 공유하는 개념적 의미, 중심 의미, 기본 의미에 가깝다.12) 예를 들어 '-(으)ㄹ걸'의 사전적 의미 〈후회〉, 〈추측, 반박〉 각각에 대응하는 음성적 단서는 억양형의 차이다. '-(으)ㄹ걸'의 〈후회〉, 〈추측, 반박〉을 화용적 의미라 부른 경우도 있지만(제갈명·김선정: 2010), 이 의미는 사전에도 실려있다는 점에서13) 의미 해석에 참여자와 발화상황이 반드시 고려되어야 하는 화용적 의미라 하기 어려운 점이 있다. 셋째는 화자의 감정적 의미이다. 이때 감정적 의미는 화자 자신과만 관련된 감정뿐 아니라 청자나 사건에 대한 감정도 포함한다. 발화의도 의미, 사전적 의미일 경우 의미가 한정되는 데 비해 감정적 의미는 결국 언어 외적인 의미여서 구체적 발화상황에 따라 다양하게 실현될 수밖에 없고 사전에 갈무리되기 어렵다. 초분절음은 분절음보다 언어 외적인 요인에 영향을 더 많이 받는데 특히 감정적 의미는 담화 참여자, 상황 등의 영향이 절대적이다.

억양은 그것이 나타내는 의미가 다양한 것처럼 형태도 다양하다. 음향적으로 지속 시간(duration)으로 실현되는 것을 상대적으로 '-보다 길다/짧다'로 인식하고 이를 길이(장단)라 한다. 기본 주파수(F0, fundamental frequency)로 실현되는 것을 '-보다 높다/낮다'로 인식하고, 이를 높이(고저)라 한다. 에너지 또는 진폭(amplitude)으로 실현되는 것을 '-보다 강하다/약하다'로 인식하고 이를 세기(강세)라 한다. 그러나 지속 시간이 항상 길이로만, 기본 주파수가 항상 높이로만, 진폭이 항상 세기로만 인식되지는 않아서 음향적 단서와 인식적 단서가 일대일 대응 관계를 보이지 않는다. 예를 들어 지속시간이 긴소리는 장음으로 인식될 뿐 아니라 더 높고, 더 강하게 인식될 수 있다. 따라서 억양을 드러내는 주된 음성적 상관물은 높이이지만, 다른 운율적 요인들인 길이, 강세, 음절 수 등도 복합적으로

12) '의미'의 의미는 여전히 명확하지 않다. Leech(1974)에 따르면 의미(meaning)는 개념적(conceptual), 연상적(associative), 주제적(thematic) 의미로 나뉘고, 연상적 의미는 문체적(stylistic), 감정적(affective) 의미 등 5개로 하위분류되었다.
13) '-을걸'의 의미 〈후회〉는 "혼잣말에 쓰여, 그렇게 했으면 좋았을 것이나 하지 아니한 어떤 일에 대하여 가벼운 뉘우침이나 아쉬움을 나타내는 종결어미.", 〈추측, 반박〉은 "해할 자리나 혼잣말처럼 쓰여, 화자의 추측이 상대편이 이미 알고 있는 바나 기대와는 다른 것임을 나타내는 종결어미. 가벼운 반박이나 감탄의 뜻을 나타낸다."에 해당한다.

관여한다.

억양 형태를 높이로만 한정한다 해도 높이를 분석하는 방법은 연구자마다 차이를 보인다. 높이는 결국 피치 형태를 분석해야 하는데, 지금까지 피치를 분석하는 방법은 크게 두 가지로 나눌 수 있다(안미리·김태경: 2004, 오재혁: 2014). 영국식 억양 이론에 기반을 둔 연구에서는 억양 곡선의 모양(pitch configuration)에 주목하여 F0의 이동 방향에 따라 수평조(level), 오름조(rising), 내림조(falling) 등으로 분류한다. 억양 음운론(intonational phonology)과 K-ToBI 전사 규약(Jun: 2000)에 따른 연구에서는 주변 음절보다 피치가 높은가 낮은가에 따라 H(고조)와 L(저조)로 나눈다.

피치가 '오른다, 내린다', '높다, 낮다'는 무엇과 견주어서 파악해야 한다. 그런데 그 기준점에 대한 것도 연구자에 따라 차이를 보인다. 억양구 끝음절만 분석 대상으로 삼는 경우도 있고, 억양구 끝에서 두 번째 음절(penultimate syllable)을 기준으로 삼기도 하였다. 끝음절만 측정하는 경우도 끝음절 시작 지점 피치를 기준점으로 삼기도 하고, 청취적 면을 고려하여 최고점과 최저점만 측정하기도 한다.

(5) ㄱ. F0 측정 지점(이호영 1999)　　　ㄴ. F0 측정 지점(안미리·김태경 2004)

억양유형	F0 측정 지점
높은수평조	최고점
가운데수평조	최고점
낮은수평조	최저점
높내림조	최고점, 최저점
낮내림조	최고점, 최저점
오르내림조	오름시작점, 최고점, 최저점
낮오름조	오름시작점, 최고점
온오름조	오름시작점, 최고점

억양유형	F0 측정 지점
오름수평조	P, F의 최고점
완전수평조	P, F의 최고점
내림수평조	P, F의 최고점
내림조	F 내 내림시작점, 최저점
오름조	F 내 오름시작점, 최고점
오르내림조	F 내 오름시작점, 최고점, 최저점
내리오름조	F 내 내림시작점, 최저점, 최고점

(5)는 F0 측정 지점이다.14) (5)ㄱ은 성인, ㄴ은 아동을 피험자로 한 연구라는 차

---

14) (6)은 의미를 해치지 않는 범위 내에서 필자가 수정한 것으로 P는 끝에서 두 번째 음절, F는 끝음절을 뜻한다.

260

이가 있지만 근본적으로 F0 측정 지점을 설정하는 방법이 같지 않다. 이처럼 F0 측정 지점이 달리 설정되고, 피치 곡선이나 H, L에 대한 판단도 연구자마다 다를 수 있어서 결과적으로 유사한 억양이 다른 형태로 기술되는 경우도 있다. 오재혁(2014)에서도 이런 문제점을 지적하고 억양을 화자, 산출의 관점에서가 아니라 청자, 인식의 관점에서15) 억양 곡선을 최대한 단순하게 만들고, 이를 일반화하는 억양 정규화(standardization) 방안에 대해 연구하였다. 이러한 연구가 축적 심화되면 억양을 유형화, 형식화하는 일이 객관적인 기준에 의해 이루어질 수 있으리라 기대된다.

이호영(1996)에서는 핵 억양을 '수평조(낮은, 가운데, 높은 수평조), 내림조(낮, 높 내림조), 오름조(온, 낮 오름조), 내리오름조, 오르내림조'로, Jun(2000)에서는 경계 성조를 L%, H%, LH%, HL%, LHL%, HLH%, LHLH%, HLHL%, LHLHL%로 나누었다.

(6) 억양구의 F0 도식

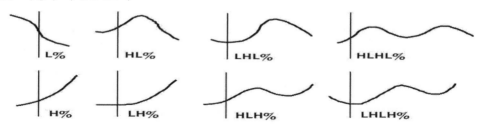

(6)은 Jun(2000)에서 제시한 억양구의 F0 도식인데, 학습자들이 이들 각 억양형을 범주화하여 인식하기는 어렵다는 점에서 이대로 발음교육에 활용하기는 곤란하다. 또 교육에 적용하기에는 하위 부류 수도 너무 많다.

이호영(1996), Jun(2000)의 분류에는 감정적 의미도 포함되어 있다. 감정적 의미는 의미 범위를 한정하기 어렵고 이를 드러내는 억양형도 다양해서 형식화하기도 어렵고, 형식화할 수 있다 해도 하위 부류가 너무 많아 교육에 활용하기 어렵

15) 이호영(1999)에서도 음향분석기에 나타나는 억양 곡선은 인지하는 억양과 일치하지 않기 때문에 청취적으로 인지되지 않는 부분은 무시하고 측정했다고 기술하고 있다.

다. 임홍빈(1993)의 언급처럼 문법적 의미를[16] 나타내는 억양이 따로 있고 감정적 의미를 나타내는 억양이 따로 있는 것은 아니다. 그러나 감정적 의미에 대응하는 억양형은 너무 다양하고 특정 형태소와 대응하지도 않는다. 예를 들어 화자 자신의 감정 '기쁨, 슬픔, 화남, 짜증, 초조', 청자에 대한 감정 '공손, 친절, 무관심, 무시, 비난'과 이에 대응하는 억양형은 동일 형태소에 모두 실현될 수 있다. 이에 비해 발화의도 의미, 사전적 의미에 따른 억양형은 대부분 특정 형태소와 대응하고, 하위 부류를 한정할 수 있다.

이 책에서는 발화의도 의미, 사전적 의미와 대응되는 억양형은 형식화하여 발음 교육에 사용하고, 억양형은 '수평조, 조금 오름조, 오름조' 3개로 한정하려 한다. 억양형을 더 세세하게 분류하여 형식화하는 것은 연구를 위해서는 필요하지만, 교육적 효과를 생각했을 때는 부정적이다. 분절음과 달리 억양은 표기형이 없어서 여러 개의 억양형을 범주화하여 인식하는 것도 어렵고, 억양형과 의미 기능의 대응 관계도 그리 뚜렷하지 않다.

가장 중심이 되는 억양형은 '수평조, 오름조, 내림조'인데 내림조의 사용은 제한적이다. 실제 발화에서는 억양형으로 '밥 먹어'가 평서문인지 명령문인지 잘 구별되지 않는 경우가 많다.[17] 일반적으로 명령문의 억양은 내림조이지만 이 억양은 대화 협력을 방해하는 면이 커서 실제로는 명령문도 평서문과 유사한 억양으로 발화하는 경우가 대부분이다. 이는 특수 상황이 아니라면 청자에게 행위를 요구할 때 명령문을 쓰지 않고 의문문이나 청유문 등 다른 문장 유형으로 바꾸어 표현하는 간접화행(indirect speech act)을 쓰는 것과 같은 이유이다.

완전한 수평조는 물리적으로도 실현하기 어렵고 성인의 억양에 거의 나타나지 않는다. 수평조는 실제로는 자연적 내림조(declination)로 실현된다. 문말로 갈수록 피치가 내려가는 것은 보편적 현상이어서 자연적 내림조는 교수·학습 용어로는 '수평조'라 불러도 무방하다. 자연적 내림조는 저절로 생기는 약간의 내림조여서 의도적 내림조가 권위적 태도를 갖고 명령할 때 주로 나타나는 것과 구별된다.[18]

---

16) 임홍빈(1993)에서 문법적 의미는 종결어미에 의해 드러나는 서법적 의미를 뜻한다.
17) 청유문과 명령문은 낮은수평조, 낮내림조, 오르내림조로 핵 억양이 유사하다(이호영, 1996: 238~240).

자연적 내림조는 수평조의 변이로서 화자가 자신의 발화가 종결되었음을 드러내거나, 상대방에게 순서 교대(turn-taking)를 허가하는 표지 기능도 한다. 이처럼 수평조는 대부분 자연적 내림조로 실현되는데, 내림의 경사가 너무 크면 대화 상대자에게 무뚝뚝하게, 불친절하게, 무관심하게 인식되어 대화 협력을 방해할 가능성이 있다.

대화 상대자와의 협력을 높이기 위해 화자는 조금 오름조로 발화하는 경우가 많다. 이는 질문 의도를 실현시켜 의문문으로 해석되는 오름조보다는 오름의 정도가 낮다. 조금 오름조는 수평조의 변이로서 청자와의 대화 협력을 위한 것이라는 점에서 협력적 오름조라 부를 만하다. 협력적 오름조는 이 억양형의 기능에 초점을 둔 말이고, 교수·학습 용어로는 의미가 더 쉽고 투명하다는 점에서 '조금 오름조'가 더 낫다. 조금 오름조는 화자가 자신의 발화가 아직 종료되지 않았다는 표지로도 쓰고, 청자의 반응이나 참여를 요구하는 기능을 하기도 한다.

억양형은 오름조인가 아닌가가 우선적으로 교육되어야 한다. 왜냐하면 억양구 끝음절을 오름조로 하는 것은 화자의 의도적 조음 작용이 필요하고 청자의 관심을 고조시키는 역할을 하기 때문이다. 이런 이유 때문에 조금 오름조는 자연적 내림조와 마찬가지로 수평조의 변이지만 수평조와 별도로 교육해야 할 필요가 있다.

지금까지의 논의를 정리하면 1) 억양구는 화자의 발화의도가 완결되는 입말 소통의 최소 단위이다. 2) 억양은 발화의도 의미, 사전적 의미, 감정적 의미를 드러낸다. 3) 발화의도 의미, 사전적 의미와 대응하는 억양형은 형식화하여 교육에 활용하되 수평조(자연적 내림조), 조금 오름조(협력적 오름조), 오름조로 한정한다. 4) 감정적 의미에 대응하는 억양형은 하위 부류가 너무 다양하고 특정 형태소와 대응 관계를 보이지 않는다는 점에서 발화의도나 사전적 의미와는 다른 교육방법이 필요하다.

3.1.3. 억양 교육 내용

---

18) 발화의도 의미를 드러내는 오름조와 내림조는 아동들의 초기 발화에서는 잘 나타나지 않는다고 한다(안미리·김태경: 2004).

(7) 억양형과 의미

억양형		발화의도 의미	사전적 의미	화용적 의미
수평조	자연적 내림조	평서문, 명령문, 설명의문문, 감탄문	후회…	발화 종료
	조금 오름조			발화 유지
오름조		판정의문문 종결어미 없는 의문문	추측…	

한국어 발음교육에서 억양형을 형식화하여 교육할 수 있는 경우는 (7)과 같다.

(8) 억양형의 도식화 방법[19)]

ㄱ. 집에 가요?↑

  집에 가요.→

ㄴ.

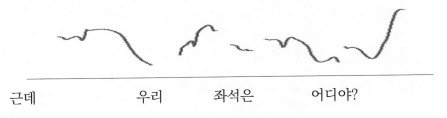

ㄷ.

근데   우리   좌석은   어디야?

억양은 문자화되지 않기 때문에 학습자에게 억양형을 보여주기 위해 형식화하는 방법으로 여러 가지가 사용되고 있다. (8)ㄱ은 억양구 끝에 화살표로 억양 형태를

---

19) (8)ㄱ은 연세대학교 한국어학당 편 『한국어 발음』 13과에 있는 예다. (8)ㄴ은 김은애 외(2008)의 것이고 발음 교재인 『외국인을 위한 한국어 발음 47-2』에 반영되었다.

보여주는 것이다. ⑻ㄴ은 악보처럼 오선지 형태의 선 위에 높낮이 변화를 보여주는 것으로 점이나, 음절 단위 표기, 그래프 등의 방법이 사용되어 왔다. ⑻ㄷ은 피치 선을 그대로 보여주는 것이다.

여기서는 가장 단순한 ⑻ㄱ의 방법으로 억양형을 형식화했다. 수평조(자연적 내림조)는 평서문뿐 아니라 설명의문문, 명령문, 청유문에 사용된다. 자연적 내림조는 용어 그대로 저절로 일어나는 내림조이므로 '→'로 나타내도 무방하다. 조금 오름조는 발화 유지, 청자의 반응 요구 의도를 드러낸다. 이는 오름조와의 구별을 위해 경사를 완만하게 나타낸 화살표 ↗로 표시한다. 오름조가 사용되는 전형적인 예는 판정의문문, 종결어미 없는 의문문이다. 오름조가 ↑처럼 급경사를 보이지는 않지만 ↑로 나타내도 이렇게 발음하지는 않는다.

'수평조, 조금 오름조, 오름조' 억양형으로 교육해야 할 내용은 다음과 같다. 첫째, 발화의도 의미와 관련되는 경우이다. 예를 들어 '-아/어(요)', '-지(요)'는 평서문, 의문문, 명령문, 청유문에 두루 쓰이는 종결어미이고, '-(으)ㄹ래(요)', '-다고(요)'는 평서문, 의문문 종결어미로 쓰인다.[20] 의문문은 오름조 억양으로 실현된다.

억양에 따라 의문문의 하위 종류가 구별되는 것도 이에 해당한다. 예를 들어 "어디 가요?"에 대해 '도서관요'와 같이 대답할 때는 '어디'가 미지칭 대명사인 설명의문문(what question)이고 '아, 예.'와 같이 대답할 때 '어디'는 부정칭 대명사인 판정 의문문(yes-no question)이다. 이 둘은 표준어에서 억양의 차이로만 구별되는데, 판정의문문은 오름조로 실현된다.

⑼ ㄱ. 영진이 매운 거 먹여도 돼?
　ㄴ. 그럼. 우리 애들이 김치를 얼마나 잘 먹<u>는다고</u>.

---

20) 『사전』에는 '-아요, -지요'는 종결어미로 등재되어 있고 '-을래요, -다고요'는 그렇지 않다. '-아/어(요), -지(요), -(으)ㄹ래, -다고' 외에도 복수의 문형에 쓰이는 종결어미가 있다. 예를 들어 '-아라/-어라'도 명령문 종결어미지만 '아유, 예뻐라'처럼 형용사와 결합하여 쓰일 때는 감탄문이 된다. 그러나 명령문과 감탄문은 억양 차이가 그리 뚜렷하지 않다.

　ㄱ. 영진이가 벌써 김치를 먹<u>는다고</u>?

⑽　ㄱ. 언니가 내 옷이 예쁘<u>다며</u> 가져가 버렸어.

　　ㄴ. 네가 언니한테 준다고 했<u>다며</u>?

⑼의 '-는다고', ⑽의 '-다며'가 의문 종결어미로 쓰일 때는 오름조로 발화되고 이는 발화의도 의미를 변별하는 억양이다. '-다고, -다며'는 본디 종결어미가 아니었는데 종결어미 기능을 후대에 얻은 것이다.21) 종결어미로 쓰이는 경우 보조사 '요'가 결합될 수 있다.

⑾　ㄱ. 마음은 뭐 어떻게 달라져요?

　　ㄴ. 맑게?

종결어미 없이 억양만으로 화자의 발화의도를 실현시켜 문형을 결정하는 경우도 있다. ⑾ㄴ은 질문에 대한 자신의 답에 확신이 없어서 '마음이 맑아진다고 할 수 있을까요?'의 의미로 다시 묻고 있다. 이 경우 질문 의도는 오름조 억양만으로 실현된다. 판정의문문이나, 의문 종결어미가 없을 때 오름조 억양은 의문문임을 드러내는 표지 역할을 한다.

---

21) 종결어미 '-다고'는 평서문, 의문문 둘 다에 쓰이는 반면, '-다며'는 의문문에만 쓰인다.

'-다고'는 '-ㄴ다고, -는다고, -(느)냐고, -(이)라고, -자고'와 같은 이형태가 있다. 이는 용언 어간의 품사, 어간 말음, 인용되는 문형의 종류에 따른 교체이다. '고'는 본디 앞말이 간접인용되는 말임을 나타내는 조사이다. 종결어미로 쓰일 때는 '고'를 [구]로 발음하는 게 대부분이다.

'-다며'는 '-다면서, -다고 하면서, -다고 했으면서'의 준말이어서 간접인용의 뜻이 들어있는 말인데, 되물음 의문을 나타내는 종결어미로 자주 사용된다. 종결어미로 쓰일 때는 주로 준말 형태로 나타나며, '-ㄴ다며, -는다며, -(느)냐며, -(이)라며, -자며'와 같이 형태 변화가 있다. 이형태 실현 조건을 결정하는 요인은 '-다고'와 같다.

'-다고, -다며'는 의문문임을 드러내는 오름조 억양 외에도 화자의 감정에 따라 다양한 운율이 실현된다. 감정적 의미에 대한 것은 3.3.2. 참조.

⑫ ㄱ. 아, 배고파. 밥 먹고 올걸.

　　ㄴ. 영진인 아마 학교에서 밥 먹고 올걸.

　둘째, 억양형이 사전적 의미 차이를 드러내는 경우이다. ⑫는 둘 다 평서문이지만 종결어미의 사전적 의미에 따라 억양형이 구별된다. '-(으)ㄹ걸'의 의미가 ⑫ㄱ처럼 〈후회〉일 때는 수평조인 반면 ㄴ처럼 〈추측, 반박〉일 때는 오름조이다. 이 두 의미는 『사전』에 실려있고, 각 의미에 대응하는 억양형은 거의 고정적이다. 연결어미 '-다며'와 종결어미 '-다며'의 관계가 동음이의 관계라면, '-(으)ㄹ걸'에 〈후회〉와 〈추측, 반박〉의 의미가 있는 것은 다의 관계에 해당한다. 물론 이것이 어휘형태소라는 뜻은 아니다.

　셋째, 화자가 발화를 종료하지 않고 계속 유지하고 있다는 표지 또는 청자의 반응이나 참여를 요구하는 표지로 조금 오름조가 실현되는 경우다. 이때 조금 오름조와 함께 장음화도 함께 실현되는 것이 보통이다. 이는 조금 오름조가 억양구 접속의 기능을 가진 것과 유관하다. 조금 오름조와 장음화의 결합은 선택 의문문의 앞 절, 나열, 끊어읽기 경계의 운율에서도 드러나는데, 이들의 공통점은 '발화 유지'에 있다. 이러한 기능을 가진 조금 오름조는 보편적으로 나타나는 화용 원칙으로 생각된다. 현대국어 입말에서는 본디 연결어미이던 것이 종결어미로 쓰이는 '-거든(요)'와 '-는데(요)'가 조금 오름조를 보인다.[22]

　⑬ ㄱ. 오늘 체육 시간에 씨름 배웠거든. 그런데 수업이 끝나고 쉬는 시간에 아이들끼리 씨름판을 벌이다가 한 아이가 다쳤어.

　　ㄴ. 엄마, 저 오늘 좀 늦을 거거든요. 기다리지 마세요.

---

22) '-거든'과 '-는데'는 연결어미 기능과 종결어미 기능 둘 다 『사전』에 등재되어 있다. 국어사적으로는 연결어미 기능으로 먼저 쓰였던 것이나 현대국어에서는 종결어미 기능이 확대되고 있다. 구현정·이성하(2001)에 따르면 '-거든'은 본디 〈조건〉을 나타내는 연결어미였지만 현대국어 입말에서는 연결어미보다 종결어미로 쓰이는 경우가 더 많다. 조민하(2011)에서 분석한 대화 자료에 따르면 '-는데'도 종결어미 기능을 하는 경우가 많은데, 평서문이 159, 의문문이 14, 감탄문이 6개로 평서문으로 쓰이는 경우가 가장 많았다.

종결어미 '-거든(요)'는 연결어미일 때의 의미가 보존되어 ⒀ㄱ처럼 〈배경 제시〉나 ⒀ㄴ처럼 〈이유 제시〉의 의미를 나타낼 때가 많다. 조금 오름조는 '-거든(요)'로 종결되는 억양구를 뒤 억양구에 대한 〈배경, 이유 제시〉의 의미로 접속하는 기능을 하기 때문에 화자의 발화가 아직 종료되지 않은 상태이고, 청자의 반응 또는 대화 협력을 요구하는 것으로 해석된다. ⒀을 '엄마, 기다리지 마세요. 저 오늘 좀 늦을 거거든요.'처럼 '-거든(요)'로 종결되는 문장을 뒤로 보내면 조금 오름조가 약화되어 자연적 내림조로 되고, 이는 화자의 발화가 종결되었고, 상대방에게 순서 교대를 허가하는 것으로 해석된다.

'-는데/은데/ㄴ데'를23) 『사전』에서는 '잘 달리는데.', '뭐 먹었는데?'처럼 감탄문이나 설명의문문에서는 종결어미로, 〈상황 제시〉의 뜻으로 쓰인 '눈이 오는데 차를 몰고 나가도 될까?'에서는 연결어미로 보았다. 그러나 입말에서는 〈상황 제시〉의 뜻일 때도 종결어미로 기능하는 빈도가 높다.

⒁ ㄱ. 주말에 여행갈까?
　　ㄴ. 이번 주말? 나 집에서 할 일이 있는데.
　　ㄷ. 뭐 할 건데?
⒂ ㄱ. 정다은 교수님 좀 바꿔 주십시오.
　　ㄴ. 교수님 지금 안 계신데요.
⒃ 토너가 필요한데요. 저희 집에 몇 번 오셨거든요. 오전에 몇 시까지 오실 수 있으세요?

⒁ㄴ의 '-는데'는 여행을 가자는 제안을 거절하기 위한 〈상황 제시〉의 뜻인데 종결어미로 쓰였다. '그래서 갈 수 없어.'라는 거절 화행이 생략된 것이어서 억양은 대부분 조금 오름조로 실현된다. ⒂ㄴ의 'ㄴ데'도 전화를 바꿔줄 수 없는 상황

23) '-는데, -은데, -ㄴ데'는 이형태 관계이다. '-는데'는 있다', '없다', '계시다'의 어간, 동사 어간 또는 어미 '-으시-', '-었-', '-겠-' 뒤, '-은데'는 'ㄹ'을 제외한 받침 있는 형용사 어간 뒤, '-ㄴ데'는 '이다'의 어간, 받침 없는 형용사 어간, 'ㄹ' 받침인 형용사 어간 또는 어미 '-으시-', '-사오-' 따위 뒤에 실현된다.

을 설명한 것이고 '어떡하지요?'를 생략한 것으로 해석된다. ⑭, ⑮ㄴ의 조금 오름조는 생략된 말이 있음을 드러낸다.

⑯의 '-ㄴ데요'와 '-거든요'의 오름조도 두 억양구를 이어주는 기능을 한다. 청자와 정보를 공유하는 방식으로 협력하면서 발화를 이어가기 위해 사용된 것으로 해석된다. ⑭, ⑮, ⑯의 '-는데'는 평서문에서 종결어미 기능을 하고 있고 '-는데'가 감탄문이나 설명의문문 종결어미일 때의 오름조도 경사가 그다지 급하지 않아서 '-는데'의 억양형을 조금 오름조로 제시해도 무방하리라 본다.

3.2. 학습자언어

의문문을 오름조로, 평서문을 수평조로 발음하는 것은 보편성이 강하다. 그러나 억양은 발음 영역 중에서도 모어, 더 좁게는 방언의 영향을 특히 많이 받는 부분이다. 의문문이라도 이를 알려주는 표지가 있을 때는 오름조로 발음하지 않는 경우가 많다. 예컨대 중국어는 의문 語氣助詞 '吗'가 문말에 오는 경우 의문문이라도 오름조로 발음하지 않는다. 이는 동남 방언에서도 마찬가지다. 종결어미 '-아/어'가 억양에 따라 문형이 달라지는 표준어와 달리 동남 방언 '밥 문나?'에서 '-나'는 의문 종결어미이고 이때는 오름조로 발음하지 않는다. '吗', '-나'가 이미 의문문임을 알려주는 표지 역할을 하기 때문에 억양으로 변별하는 것은 잉여적이기 때문이다. 이런 방언 화자의 경우 억양형 중 특히 오름조 실현에 어려움을 겪는다.

표준어에서 평서문 억양은 자연 내림조이지 의도적 내림조가 아니다. 명령문처럼 의도적 내림조이거나 의도적 내림조처럼 내림의 경사가 급하면 딱딱하고 때로는 무례한 느낌까지 준다. 그런데 외국인 학습자들이나 특정 방언권 화자들 중에는 평서문의 내림조 경사가 급하여 의도적 내림조에 가깝게 인식되는 경우가 많다.

⑰ ㄱ. 쟤가 네 남자친구야?
　　괜찮다. ↓, 没事啊. ↓

ㄴ. 내가 가방 들어줄까?
    맞다.↓, 对啊↓, 是的.↓24)

⑴⑺의 질문에 대한 대답은 표준어권 화자보다 동남 방언 화자, 중국인 학습자의 내림조 경사가 더 급한 경향을 보인다. 이는 조금 오름조에 대한 교육이 필요함을 뜻한다.25)

'-거든(요), -는데(요)'도 조금 오름조로 실현되는데 학습자들은 '-거든(요), -는데(요)'의 억양을 자연스럽게 구사하지 못하는 경우가 많다. 이는 단지 억양의 문제가 아니라 이들 형태의 종결어미 기능에 대한 교육을 받지 못한 경우가 대부분이다. 억양으로만 의문문임이 드러나는 '-다고, -다며'도 이들 형태소의 종결어미 기능에 대한 교육을 받지 않은 경우 학습자들은 적절한 억양형으로 발화하지 못하는 경우가 많다. 따라서 특정 형태소의 발화의도 의미가 특정한 억양형으로 실현하는 경우 형태소의 기능과 억양형에 대한 교육이 필요하다.

의문문은 의문사 포함 여부에 따라 설명의문문과 판정의문문으로 나뉜다. 억양 오류는 부정칭으로는 쓰이지 않는 '왜'와 같은 의문사가 포함된 경우에 비해 '누구, 언제, 어디, 무엇'처럼 동일 단어가 미지칭으로도 쓰이고 부정칭으로도 쓰이는 경우 더 많이 발생한다. 예를 들어 '누가 왔어?'를 단지 억양형의 차이로 설명의문문과 판정의문문으로 구별하여 발음하고 인식하는 데 어려움을 겪는다.

'-(으)ㄹ걸'처럼 종결어미가 각기 다른 사전적 의미를 억양으로 구별하는 경우 별도의 교육을 받지 않은 학습자언어에는 억양 오류가 빈발한다. 특정 형태소의 사전적 의미가 억양형에 따라 구별되는 경우 이에 대한 교육이 반드시 필요함을

---

24) 중국인 학습자가 '아뇨, 예, 맞아요'를 내림조로 발음하는 것은 대응되는 어휘 '不 [bù], 是[shì], 对 [duì]'의 성조 간섭 현상이기도 하고(정명숙: 2003), 화자가 자신의 발화가 종결되었고 상대방에게 순서 교대를 허가하는 표지로 내림조를 쓰는 것으로 해석할 수도 있다. 이런 경향은 동남 방언에서도 나타난다.
25) 이는 학습자에 따라 다르다. 예를 들어 발표처럼 격식체를 써야 할 자리에서도 핵 억양을 조금 오름조로 발화하여 신뢰성을 떨어뜨리는 느낌을 주는 학습자에게는 자연적 내림조에 대한 교육이 필요하다. 학습자에 따라 교육 내용과 방법이 달라져야 하는 것은 발음교육의 기본이다.

알 수 있다.

억양은 지역에 따른 편차가 커서 학습자의 여건에 따라 억양 교육의 완급을 조절할 필요가 있다. 중부 방언권을 제외한 나머지 지역에 거주하는 결혼 이주자일 경우 표준어 억양 교육의 중요성은 그리 크지 않다. 동남 방언권에서 설명의문문과 판정의문문은 어미에 의해 변별되고, 억양은 부수적이다.

⒅ ㄱ. 어무이 주무시나?, 자네가 낙동댁 메느리가?

ㄴ. 지금 뭐 하노?, 이기 뭐고?

판정의문문에는 ⒅ㄱ처럼 'ㅏ' 계통, 설명의문문에는 ⒅ㄴ처럼 'ㅗ' 계통의 종결어미 또는 보조사가 결합된다. 따라서 이 지역 결혼 이주자를 위한 교육이라면 억양보다 종결어미나 보조사 구별이 더 중요하다.

3.3. 억양 교육

3.3.1. 억양 1 교육

'억양형, 의미, 형태소'가 대응 관계를 보이는 발화의도 의미와 사전적 의미는 억양형을 형식화하여 교육할 수 있다. 이때 억양형의 종류는 교육의 효율성을 위해 가능한 하위 부류를 제한한다. 이에 반해 감정적 의미는 '억양형, 의미'와 형태소가 대응 관계를 이루지 않고, 억양형과 의미도 그 하위 부류가 너무 많아서 형식화하기 어렵다. 전자를 억양 1 교육으로, 후자를 억양 2 교육으로 나누어 교육 방법을 제시한다.

도입 아래 대화를 듣고 밑줄 친 말에 문장부호 '.' 또는 '?'를 써 보세요.

가: 오후에 시간 있어

나: 시간이야 많지 근데 왜

> 가: 같이 영화보러 <u>갈래</u>
> 나: <u>피곤해</u> 그냥 집에 <u>갈래</u>

설명 억양으로 구별되는 문장 유형

> '-아/어(요), -지(요)'는 억양에 따라 문형이 구별된다.
> '-(으)ㄹ래(요), -다고(요)'도 억양에 따라 문형이 구별된다.

종결어미 '-아/어(요), -지(요)'가 오름조 억양일 때는 의문문임을 드러내는데, 이는 '-(으)ㄹ래(요), -다고(요)'도 마찬가지다. '-(으)ㄹ래(요), -다고(요)'는 문형 차이뿐 아니라 사전적 의미 차이도 있다.[26]

과제 ❶ 억양형에 주의하여 아래 대화를 해 보세요.

> ① 가: 지금 뭐해요?→
>   나: 밥 먹어요.→
>   가: 벌써 밥 먹어요?↑
>   나: 예, 영진 씨도 빨리 밥 먹어요.→
>   차 시간 늦겠어요.→
> ② 가: 아빠 오전에 오시지요?↑ [27]
>   나: 아냐, 오후에 오시지.→
>   아빠 오시기 전에 방 청소부터 좀 하지.→
> ③ 가: 오후에 나랑 영화보러 갈래요?↑

---

[26] 평서문일 때 '-(으)ㄹ래(요)'는 '장차 어떤 일을 하려고 하는 스스로의 의사'의 뜻이고, 의문문일 때는 '상대편의 의사'를 묻는 의미다. '-다고(요)'는 평서문 종결어미일 때는 '자신의 생각이나 주장을 청자에게 강조하여 일러 주는 뜻'이고, 의문문일 때는 '너의 말이나 생각이 이런 것이냐?'는 뜻이다.

[27] '-지(요)'가 의문 종결어미로 쓰일 때 판정의문문 억양인 오름조가 실현되지만, 수평조(자연적 내림조나 조금 오름조)도 나타난다. 이는 화자가 이미 알고 있으면서 단지 확인하는 뜻으로 쓰이는 경우가 많기 때문이다.

나: 오늘은 너무 피곤해서 일찍 집에 가서 쉴래요.→

④ 가: 이제 가도 돼.→

　　나: 뭐라고?↑

　　가: 어서 가 보라고.→

　　나: 지금 가라고?↑

과제 ❷ 억양에 주의해서 다음 대화를 듣고, 문장 끝에 억양을 표시해 보세요.

여: 빨리 와. 우리 공연 시작이 몇 시지?

남: 7시 시작이니까 아직 시간 좀 있어.

여: 그러네. 근데 우리 좌석은 어디야?

남: 좌석은 표를 받아 봐야 알 수 있어.

여: 그럼 얼른 가서 표부터 받자.

남: 표는 내가 받아올 테니까 넌 가서 마실 것 좀 사와.

여: 그래. 그럼 조금 이따가 공연장 입구에서 만나자.

　　과제 2는 TOPIK 34회 중급 듣기 시험 ⑱번이다. 이 대화에는 평서문, 의문문, 명령문, 청유문이 다 포함되어 있어서 문형을 변별하는 억양 학습에 유용하게 쓸 수 있다.

과제 ❸ 대화를 허밍(humming)으로 따라해 보세요. 그리고 친구와 역할극을 해 보세요.

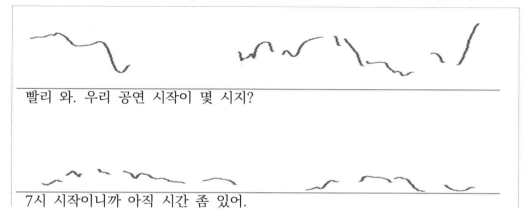

빨리 와. 우리 공연 시작이 몇 시지?

7시 시작이니까 아직 시간 좀 있어.

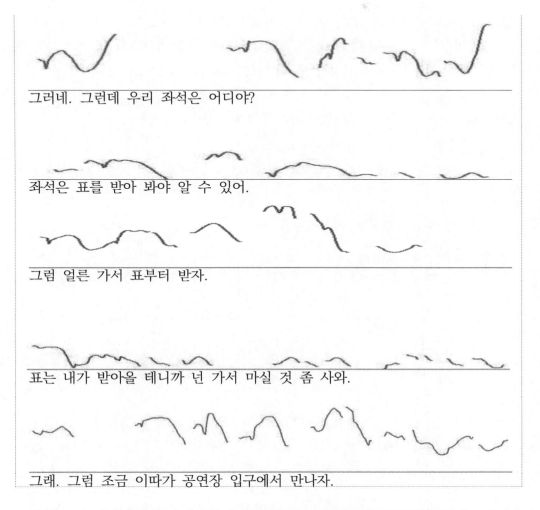

그러네. 그런데 우리 좌석은 어디야?

좌석은 표를 받아 봐야 알 수 있어.

그럼 얼른 가서 표부터 받자.

표는 내가 받아올 테니까 넌 가서 마실 것 좀 사와.

그래. 그럼 조금 이따가 공연장 입구에서 만나자.

    과제 3의 피치 분석은 음향분석 도구인 프라트(Praat)를 이용하였다. 이것은 http://www.fon.hum.uva.nl/praat/에서 무료로 내려받을 수 있다. 학습자들에게 피치 선을 보여주고 문말 억양 형태를 모방하도록 한다.[28] 학습자 발화를 녹음한 후 피치를 분석하여 한국인의 것과 비교해서 보여주는 것도 좋은 방법이다. 여성 화자는 남성 화자에 비해 피치가 높고[29] 변화가 심함을 알 수 있다. 명령문

---

28) 드라마나 연극은 운율 교육에 적합한 실제적 자료이다. 다만, 음향분석 도구를 활용하여 피치 선을 보여주는 데는 불편함이 있다. 배경이 된 음악이나 소음 때문에 피치 선이 깨끗지 못하거나 깨지는 경우가 많기 때문이다.

'빨리 와, 사와', 청유문 '받자, 만나자'의 억양은 평서문 '있어, 그래'와 유사하다. 의문문 '몇 시지, 어디야'와 감탄문 '그러네'는 오름조로 발화되었다. 의문문의 경우 '몇, 어디'가 미지칭인 설명의문문임에도 오름조로 발음하고 있다.

도입 다음 대화를 듣고, 억양과 의미 차이에 대해 이야기해 보세요.

누가 왔어?	영진이가 왔네요.
누가 왔어?	예, 그런가 봐요. 제가 나가 볼게요.

설명 판정의문문과 설명의문문의 억양 차이

> 판정의문문(yes-no question)은 설명의문문(what question)보다 문장 끝음절을 더 올려서 발음한다.

설명의문문	판정의문문
누가 왔어?	누가 왔어?
옆집 아줌마가요.	예, 옆집 아줌마예요.

설명의문문은 말할이가 원하는 신정보에 해당하는 미지칭 대명사가 중요하기 때문에 이것을 강하고 높게 발음하고 문장 끝을 오름조로 끝낼 필요는 없다. 그보다 판정의문문과 구별하는 것이 중요하다.

과제 ❶ 억양형에 주의하여 아래 대화를 해 보세요.

① 누가 왔어요?→	철수가 왔어요.
누가 왔어요?↑	예, 친구예요.
② 어디 가요?→	도서관에 가요.

---

29) 기본 주파수는 성대의 생리적 특성에 영향을 받기 때문에 '성인 남성, 성인 여성, 유아'의 순으로 평균 F0가 높다. 과제 3은 성인 화자의 발음이고, 남녀 구별 없이 70~400Hz 대역에서 피치를 구한 것이다.

어디 가요?↑	아뇨, 그냥 잠깐 나왔어요.
③ 어디 아파요?→	머리가 심하게 아프네요.
어디 아파요?↑ 얼굴이 안 좋아 보여요.	
	예, 감기 걸렸나 봐요.
④ 점심때 뭐 먹었어요?→	김치찌개 먹었어요.
점심때 뭐 먹었어요?↑	예.

과제 ❷ 다음 질문을 듣고 맞는 대답을 고르세요.

① 누가 왔어요?

  ㄱ. 철수가 왔어요.

  ㄴ. 예, 친구예요.

② 어디 가요?

  ㄱ. 도서관에 가요.

  ㄴ. 아뇨, 그냥 잠깐 나왔어요.

③ 어디 아파요?

  ㄱ. 머리가 심하게 아프네요.

  ㄴ. 감기 걸렸나 봐요.

④ 점심때 뭐 먹었어요?

  ㄱ. 김치찌개 먹었어요.

  ㄴ. 아뇨, 아무것도 안 먹었어요.

도입 문장 끝 억양에 유의해서 들어 보세요. '-ㄹ걸'의 억양과 의미 차이에 대해 이야기해 보세요.

가: 아, 배고파. 밥 먹고 올걸.

나: 조금만 기다려. 영진이 오면 같이 먹자.

가: 영진인 아마 학교에서 밥 먹고 올걸.

  우리끼리 먼저 먹자.

276

설명 억양에 따른 종결어미의 의미

아래 종결어미는 억양에 따라 의미가 달라진다.

종결어미 ＼ 억양	수평조 / 조금 오름조	오름조
-을걸	후회 →	추측, 반박 ↑
-다	진술 →	자랑 ↑
-거든(요)	이유, 배경 제시 ↗	자랑, 반박 ↑30)

과제 ❶ 억양형에 주의하여 아래 대화를 해 보세요.

① 아, 배고파. 밥 먹고 올걸.→
　조금만 기다려. 영진이 오면 같이 먹자.
　영진인 아마 학교에서 밥 먹고 올걸.↑ 우리끼리 먼저 먹자.
② 어제 해운대에 갔거든.↗ 근데 거기서 김수현 봤다.↑
　진짜? 와, 좋았겠다. 같이 사진 찍었어?↑
③ 엄마, 저 오늘 좀 늦을 거거든요.↗ 기다리지 마세요.
　알았어. 너무 늦지마.
④ 너 아직 숙제 덜 했지?
　다 했거든요.↑

　'-거든(요)'의 의미 〈이유 제시〉와 〈배경 제시〉에 따른 억양 차이는 분명하지 않아 보인다. 그러나 〈자랑, 반박〉의 의미일 때는 오름조로 실현되어 운율 차이가 크다. 『사전』에 실린 종결어미 '-거든(요)'의 의미 중 〈배경 제시〉는 '해할 자리에 쓰여, 앞으로 할 어떤 이야기의 전제로 베풀어 놓음을 나타내는 종결어미'에 해당한다. 〈자랑〉은 '해할 자리에 쓰여, 청자가 모르고 있을 내용을 가르쳐 줌을 나타

---

30) '-을걸'〈추측〉과 '-거든'〈이유〉의 억양형이 같을 수도 있다. 그러나 높이도 절대적인 값이 중요한 것이 아니라 의미 변별에 관여하는 상대적인 값이 중요하다. 화살표의 기울기도 마찬가지다.

내는 종결어미. 자랑이나 감탄의 느낌을 띨 때가 있다.'에 해당한다. 〈이유〉, 〈반박〉의 의미는 『사전』에 등재되지 않았다. 그러나 '-거든(요)'가 조금 오름조로 실현될 때의 〈이유〉, 오름조와 결합하는 〈반박〉 의미는 언어 내적 의미이고 감정적 의미로 보기는 어렵다.

과제 ❷ 다음 대화를 듣고 문장 끝의 억양 선을 그려 보세요.

> ① 가: 아, 배고파. 밥 먹고 올걸.
> 나: 조금만 기다려. 영진이 오면 같이 먹자.
> 가: 영진인 아마 학교에서 밥 먹고 올걸.
> 우리끼리 먼저 먹자.
> ② 가: 무슨 과에 가고 싶어?
> 나: 내 꿈이 사진작가거든. 그래서 사진학과에 가고 싶어.
> 가: 그래? 그럼 나도 사진학과에 지원할까?
> 나: 넌 사진 찍는 거 별로 안 좋아하잖아?
> 가: 나도 사진 좋아하거든.

과제 2는 '-(으)ㄹ걸'의 〈후회〉와 〈추측, 반박〉, '-거든(요)'의 〈이유, 배경 제시〉와 〈반박〉 의미 차이를 억양으로 구별하여 인식하고 발음하게 하는 과제다. 억양 선을 종이에 그리는 것보다 손짓으로 표현해 보게 하는 것도 좋다. 이는 억양을 운동 감각(kinesthetic)을 활용하여 인지하고 기억하게 하는 방법이다. 예를 들어 오름조일 때는 손바닥을 펼쳐서 위로, 수평조일 때는 주먹을 쥐고 아래로 하는 것처럼 각 손짓의 의미를 학습자와 약속하여 부호화하는 것이다.

도입 '-은데요'와 '-습니다'의 억양 차이에 유의해서 일기예보를 들어 보세요.

> 하늘만 보면 굉장히 맑은데요.↗
> 오늘도 공기가 깨끗하지는 않습니다.→

설명 '-는데(요)'의 억양

> '-는데/은데/ㄴ데(요)'로 문장이 종결되는 경우 대부분 뒷 문장과 의미상 연결되고 이때는 조금 오름조로 발음한다.

과제 억양에 주의해서 아래 일기예보를 아나운서처럼 낭독해 보세요. 낭독할 때 녹음해서 한국인 아나운서의 발음과 비교해 보세요.

> 하늘만 보면 굉장히 맑은데요.↗ 오늘도 공기가 깨끗하지는 않습니다.→ 어제는 두 달 만에 황사 먼지가 말썽이었는데요.↗ 지금은 대부분 황사의 영향권에서 벗어났습니다.→ 그래도 아직까지 서산과 보령, 목포지방에는 약하게 황사가 나타나고 있는데요.↗ 오늘 오전까지는 서해안과 제주지방에서 옅은 황사가 나타나는 곳이 있겠습니다.→

위 일기예보의 '-는데(요)'는 모두 ⑲처럼 연결어미로 바꾸어도 의미 차이가 별로 없다. 조금 오름조는 '-는데(요)'로 종결되는 억양구를 뒤 억양구에 대해 〈대조〉, 〈배경 제시〉의 의미로 접속하는 기능을 한다.

⑲ 하늘만 보면 굉장히 맑은데 오늘도 공기가 깨끗하지는 않습니다. 어제는 두 달 만에 황사 먼지가 말썽이었는데 지금은 대부분 황사의 영향권에서 벗어났습니다. 그래도 아직까지 서산과 보령, 목포지방에는 약하게 황사가 나타나고 있는데 오늘 오전까지는 서해안과 제주지방에서 옅은 황사가 나타나는 곳이 있겠습니다.

'-는데(요)'뿐 아니라, '-거든(요)', '-고(요)' 등도 조금 오름조로 발화된다. 이들 어미는 일기예보나 인터뷰와 같은 격식체 입말에서도 사용 빈도가 높다.

3.3.2. 억양 2와 리듬 교육

감정적 의미와 이에 대응하는 억양형은 다양하다. 억양형 종류가 너무 많고, 각 억양형이 특정한 형태소와 대응 관계를 보이지도 않는다. 이런 점에서 억양형을

한정하여 교육하기 어렵다. 억양형을 형식화하여 교육할 수 없는 경우, 실제 의사
소통 상황 속에서 사용된 담화를 모방하게 하는 것이 대안이 될 것이라 본다. 대
화 참여자가 특정한 시간적, 공간적 상황에서 특정한 주제나 기능을 갖고 주고받
는 문장들에는 이를 반영한 억양이 실현된다. 실제 사용된 담화 자료를 보고, 듣
고, 모방하면서 한국어의 억양 특성을 구체적 발화상황과 관련지어 학습하게 한
다. 표준 한국어를 구사하는 드라마, 영화 등이 좋은 자료가 될 것이고, 대화 참여
자의 발화나 동작이 극명하게 드러나는 연극도 좋은 자료이다.

언어를 사용한 실제 의사소통은 담화 단위로 이루어진다. 담화는 참여자, 발화
상황과 같은 언어 외적인 요인들과의 관계 속에서 이루어진다. 담화는 둘 이상의
문장이 연속되어 이루어지는 말의 단위로서 참여자, 상황, 주제를 공유하는 문장
의 집합이다. 억양은 담화 속에서 결정된다. 따라서 운율 교육을 위해서도 초급
단계부터 담화 단위의 교육이 이루어져야 한다.

동일한 억양이 학습자의 모어와 한국어에서 정반대의 감정적 의미로 해석되는
경우에는 별도의 지도가 필요하다. 예를 들어 상대방의 말에 놀라거나 동의를 표
할 때 일본어 'ああ, そうですか?'는 대체로 내림조로, 한국어의 '아, 그래요?'는
오름조로 발음된다. '아, 그래요?'를 일본인 학습자가 L1의 영향으로 내림조로 발
음하면 한국인에게는 무관심한 느낌을 주게 된다. 한국인 학습자가 'ああ, そうで
すか?'를 오름조로 발음하면 의심하는 듯한 느낌을 주게 된다(권경애: 2011).

이런 사례는 억양형에 대한 문화 간 해석 차이가 존재함을 뜻한다. 예를 들어
새터민이 '사양'의 의미로 "일 없어요."를 내림조로 발화했는데, 이를 불쾌하게 받
아들일 수도 있다. 이러한 해석 차는 크게는 언어 간, 작게는 방언 간에도 발생한
다. 이런 차이는 단순히 소통의 문제가 아니라 더 심각한 문제를 부를 수 있다는
점에서 교육의 필요성이 있다. 예컨대 서열을 중시하는 한국 문화에서 손윗사람의
권유나 충고에 대해 내림조 반응은 예의 없다는 평가를 받을 수도 있다.

감정적 의미를 드러내는 억양과 동일한 방법으로 교육되어야 하는 것에 리듬
(rhythm)이 있다. 억양은 억양구에 얹히는 반면, 리듬은 억양구 내부의 끊어읽기
단위별로 실현된다는 점에서 억양과 구별되는 운율이다. 리듬은 각 언어, 더 정확
하게는 지역방언, 개인 방언에 고유한 운율적 특성이다.[31] 리듬과 억양 2는 언어
적 의미 변별에는 비관여적이다. 리듬과 억양 2에 담긴 정보는 언어의 의미라기보

다 언어 외적인 것이다.

2.1에서 언급한 것처럼 끊어읽기 단위는 말토막, 강세구에 해당하는데 말토막, 강세구에 얹히는 운율도 의미 변별 기능을 가진 것이 아닌 리듬 단위이다. 말토막은 강약, 강세구는 고저 리듬으로 개념이 일치하지 않는다. 말토막은 강세 음절 하나와 영 개 이상의 비강세 음절로 이루어지고, 강세구는 {L +H...L+ Ha}[32]를 기본으로 하되, 시작 자음이 '마찰음, 격음, 경음'이면 {H +H...L+ Ha}로 설정됐다. 말토막과 강세구는 둘 다 표준어를 대상으로 한 것인데도 두 연구 결과가 일치하지 않는다.

억양의 음성적 단서에 높이가 주도적 역할을 하는 것과 달리, 리듬은 길이, 높이, 세기 어느 하나가 두드러지는 특성을 보이지 않는다. 지역방언까지 고려하면 문제는 더 복잡해진다. 대부분의 지역방언이 각각 독특한 리듬을 갖고 있다. 언어음의 리듬은 강세, 고저, 장단, 음절 수[33] 등 다양한 요인이 복합적으로 실현된다.

리듬을 형식화, 규칙화하여 한국어 교육에 적용하려는 연구도 있었다.[34] 그러나 이는 한국어 리듬에 결정적 역할을 하는 운율적 특성이 무엇인지, 표준 리듬이 무엇인지, 표준 리듬을 어떻게 형식화할 것인지에 대한 연구가 선결될 필요가 있다. 서울말과 표준말이 동의어가 아닌데 서울말을 기반으로 추출한 악센트 형태를 교육에 적용하는 것은 악센트 계급주의로 읽힐 수 있다. 국어 교육에서도 한국어 표준 리듬이 명시된 바 없다.

다만 강세박자 언어(stress-timed language)를 모어로 하는 학습자에게는 각

31) 모어 습득 과정에서도 리듬은 옹알이(babbling) 후반기부터 한 단어 출현 이전 시기에 습득되어(Werker & Tees: 1999) 분절음 습득보다 앞선다. 가장 먼저 습득된 것이어서 가장 바꾸기 어렵고 모어의 영향을 벗어나기 쉽지 않다.

32) 'L'은 저조(low tone), 'H'는 고조(high tone) 'a'는 강세구 경계를 뜻한다.

33) 이는 L2를 학습하는 과정에서도 그러하다고 생각된다. 이형재(2006)에 따르면 일본인 학습자언어에서 3, 4음절어인 경우 일본어에는 존재하지 않는 악센트 형도 나타났다. 이는 일본인 학습자들이 L1의 악센트에 대응시키기보다 음절 수를 주요 변인으로 삼은 것으로 해석되었다.

34) 예를 들어 정명숙(2002)에서는 Jun(1993, 2000)의 LHLH 또는 HHLH 강세구 억양을 받아들여 규칙을 설정하고 교육방안을 제시했다.

음절 길이를 균등하게 유지하도록 하는 교육은 필요하다. 강세박자 언어와 음절박자 언어의 구분은 등장성(等長性, isochrony)에 따른 분류이다. 영어는 강세 간 등장성을 유지하려는 강세박자 언어여서 비강세 음절의 모음이 약모음(schwa)으로 약화되거나 탈락하는 경우가 빈번하다. 모음의 약화나 탈락은 강세와 밀접한 관련이 있다. 한국어가 음절박자 언어인지에 대해서는 논란의 여지가 있다. 그러나 강세박자 언어인 영어와 대조했을 때 약음절의 약화나 탈락이 빈번하지 않다는 점에서 보면35) 음절 간 등장성을 유지하는 음절박자 언어(syllable-timed language)에 가깝다.

억양 2와 리듬 형태는 유형화, 형식화하는 것보다 구체적 소통 상황에서 사용된 실제 자료를 이용하여 보고, 듣고 모방하게 하는 것이 더 효율적이라 본다. 억양 2 교육은 특히 '보기'가 중요하다. 억양구 끝음절의 억양형과 함께 대화 참여자의 감정, 상황에 주의를 집중할 필요가 있다. 리듬 교육일 경우는 끊어읽기 단위별로 얹히는 운율에 주의를 집중하게 해야 한다.

과제 ❶ 다음 대화를 듣고, A가 어떤 감정을 갖고 있을지 이야기해 보세요.

A: 영진아, 너 여자 친구 생겼다며?
B: 여자 친구는 아니고 그냥 만나고 있어. 근데 누구한테 들었어?

A: 아, 방이 이게 뭐야! 청소는 네가 한다며?
B: 미안, 오늘 시험 치는 날이라서 정신이 없었어.

A: 내 컴퓨터에 있는 동영상 네가 지웠지?
B: 아냐, 나 안 지웠는데?
A: 시치미 떼지 마! 너 말고 누가 지웠겠어?

---

35) 한국어에서 'ㅣ'가 [j]로, 'ㅜ, ㅗ'가 [w]로 반모음화하거나, 어간 말음이 'ㅏ, ㅓ, ㅔ, ㅐ'일 때 어미 '-아/어'가 탈락하는 것은 비강세 음절이어서가 아니라 특정한 모음과 모음의 결합이 조건이 된 것이다.

'-다며'에는 억양에 따라 '놀람', '짜증'과 같은 감정적 의미가 드러난다. '-지'도 억양에 따라 청자에 대한 부정적 태도가 실현될 수 있다.

과제 ❷ 다음 대화를 듣고, B가 어떤 감정을 갖고 있을지 이야기해 보세요.

> A: 김 선생님, 참 친절하신 분 같아.
> B: 네가 몰라서 그래. 김 선생님이 얼마나 무서운 분이<u>라고</u>.
>
> A: 이거 네가 지웠지?
> B: 아니야, 아니<u>라고</u>. 내가 한 게 아니라고 몇 번 말해야 돼?

과제 2의 첫 번째 대화에 쓰인 종결어미 '-라고'는 자신의 생각이나 주장을 청자에게 강조하여 일러 주는 뜻을 나타내는 반면, 두 번째 대화의 '-라고'는 억양에 따라 화자의 짜증 섞인 감정이 드러날 수 있다.

과제 ❸ 드라마를 보고 등장인물의 감정을 살려 역할극을 해 보세요. 특히 문장 끝의 억양에 주의해서 듣고 모방해 보세요.

> 남: 이거 좀 빼지?
> 여: 미국에서 공부도 했다면서 무슨 남자가 이렇게 스킨십에 관대하지 못해?
>   아메리카에서 친구끼리 이 정도 하지 않나?
> 남: 아메리카에서 친구 없어서 몰라.
>   그리고 나 매니저 하겠다고 한 적 없거든.
>   사람들한테 그런 식으로 얘기하지 마.
> 여: 얼마냐며?
> 남: 물어만 봤지. 내가 하겠다고 했나?
> 여: 하아! 밀당 좀 하는데! 얼만데? 얼마면 되는데? 왜?
> 남: 비밀번호 누를 거야.
> 여: 눌러. 어차피 봐도 못 외워. 우리 집 것도 맨날 까먹는데 뭘. 도 매니저!
> 남: 그렇게 부르지 말라고.

과제 3은 드라마(별에서 온 그대 7회)의 일부다. 억양 2 교육일 경우는 억양구 끝음절의 운율에 담긴 화자의 감정에 대해 이야기하는 활동도 필요하다. 운율적 특성과 화자의 감정을 모방하여 역할극을 하는 활동으로 억양을 익히게 한다.

과제 ❹ 문장 내부에서 끊어 읽어야 할 곳에 사선으로 표시해 뒀습니다. 끊어읽기 단위별로 리듬에 주의하여 듣고 따라해 보세요.

오늘 낮 최고기온은/ 서울 8도/ 부산 14도로/ 어제와 비슷하겠습니다. 다만 중부지방은/ 낮부터 구름이 많아지면서/ 낮 동안 빗방울이 떨어질 수 있겠습니다. 내일은/ 하늘이 흐리고/ 비나 눈도 내리겠습니다. 제주 산간에는/ 최고 30mm,/ 전국 대부분 지역에서는/ 5~20mm,/ 강원 동해안과 영남에는/ 5mm 정도의 비가 내리겠습니다.

과제 3, 4는 녹음 또는 녹화하여 한국인의 발화와 비교해 보게 함으로써 운율적 특성에 관심을 기울이고 그 차이를 인지하게 하는 활동이 필요하다.

제 **5** 장

교육 평가

　교육 평가란 교육적 성과를 확인하고 가치를 판단하는 일로, 넓은 의미로는 교육과 관련된 의사결정을 내리는 데 필요한 정보를 수집하기 위한 목적으로 시행되는 교육과정 평가이다. 교육과정 평가 대상은 학습자뿐 아니라 교육목표, 교육방법, 교육정책, 교사, 교재 등 교육과정에 관여하는 모든 요인이다. 그러나 좁은 의미로는 학습자 평가의 뜻으로 쓰이고 여기서도 좁은 의미로 쓴다.

　평가는 다양한 기능을 수행한다. 첫째, 교육목표를 어느 정도 성취했는지 확인하는 기능을 한다. 이를 위해서는 먼저 수준별, 교과별, 영역별, 단원별로 교육목표가 명확하게 설정되어 있어야 한다. 한국어교육에서 목표 성취도는 인지적 영역(cognitive domain)뿐 아니라 정의적 영역(affective domain)의 중요성도 부각되어야 한다. 학습자의 동기, 태도, 불안감, 자신감 등의 정의적 요인은 언어사용 능력과 상호 영향을 주고받기 때문이다.

　둘째, 평가는 대학수학능력시험, TOPIK, EPS-TOPIK[1])처럼 학습자의 등급을 매기고 승급 여부를 결정하는 분류·선발의 기능을 한다. TOPIK 시험의 목적을 '한국어 사용능력을 측정·평가하여 그 결과를 국내 대학 유학 및 취업 등에 활용'하기 위함이라 하는 것도[2]) 이에 해당한다. 분류·선발 기능을 위한 평가는 신뢰도

---

1) EPS-TOPIK은 2005년 8월부터 한국산업인력공단에서 시행하는 외국인 고용허가제 한국어능력시험(Employment Permit System-Test of Proficiency in Korean)이다.

를 확보하는 것이 무엇보다 중요하고 이를 위해 평가도구를 표준화할 필요가 있다. 그러나 신뢰도와 실용도를 높이기 위해 대부분 선택형 문항으로 이루어진 이들 평가도구는 평가 내용이 교육목표와 내용을 결정하게 되어 교육을 사회적, 경제적 논리에 빠지게 하는 위험성도 갖고 있다.

셋째, 평가는 교육과정을 개선하는 데 활용된다. 예컨대 성취도 평가 결과 60% 이상이 목표에 미치지 못했다면 교육목표 설정부터, 교육내용, 교육방법, 교육행정 등 모든 곳에서 원인을 찾아 다음 교육 프로그램 설계 시 수정·반영되어야 한다. 평가의 목적 중 하나가 교육목표 달성 정도를 알기 위해서라는 점에서 교육과정의 머리에 있는 교육목표와 끝에 있는 평가는 서로 맞물려 있다. 그래서 TOPIK 평가는 한국어를 모국어로 하지 않는 재외동포·외국인에게 한국어 학습 방향을 제시하는 역할을 한다.

넷째, 평가는 교수자로 하여금 학습자 개개인에 대한 이해도를 높이는 기능을 한다. 이러한 기능을 수행하기 위해서 학습자에 대한 종합적, 전인적 평가를 지향한다. 따라서 이를 위한 평가도구는 지필 검사만으로는 어렵고, 면접, 관찰, 포트폴리오 등 다양한 평가방법이 필요하다.

---

2) TOPIK과 EPS-TOPIK은 각각 누리집에서 그 목적을 밝히고 있다. EPS-TOPIK의 목적은 '외국인 구직자의 한국어 구사능력 및 한국사회에 대한 이해 정도를 평가하여 외국인 구직자 명부 작성 시 객관적 선발기준으로 활용하고, 한국에 대한 기본 이해를 갖춘 자의 입국을 유도하여 한국생활에서의 적응력을 도모'하는 데 있다.

1. 평가 유형과 도구

1.1. 평가 유형

교육 평가의 유형은 다양하다. 먼저 평가 기준에 따라 규준지향 평가 (norm-referenced evaluation)와 준거지향 평가(criterion-referenced evaluation)로 나눌 수 있다.

규준지향 평가는 학습자가 교육목표를 얼마나 달성했는가보다 다른 학습자에 비해 얼마나 잘 하였는가 혹은 못 하였는가에 관심을 가지는 상대평가를 말한다. 같은 학습자라도 어느 집단에 속해 있는가에 따라 평가 결과가 달라진다. 여기서 규준(norm)은 표준정규분포로, 개인이 얻은 원점수의 상대적 위치를 가늠해 보기 위한 비교 기준이 된다.

⑴ 수능의 표준점수, 백분위, 석차

구분	한국사 영역	국어 영역	수학영역 나형	영어 영역	사회탐구 영역		제2외국어 /한문영역
					생활과윤리	사회·문화	일본어 I
표준점수		131	137		53	64	69
백분위		93	95		75	93	95
등급	1	2	2	1	4	2	2

⑴은 한국교육과정평가원의 수능 성적 예시이다. 규준지향 평가는 피험자 간 상대적 위치를 드러내기 위해 그 결과는 원점수가 아닌 표준점수, 백분위,3) 석차로 기록된다. 규준지향 평가는 학습자의 선발, 분류에 활용된다. 동점자가 다수 발생

하면 선발이 어려우므로 가능한 개인차를 뚜렷이 드러내려 한다. 학습자 각자가 학습목표에 얼마만큼 달성했는지에 대한 정보나 수업 개선을 위한 정보를 제공하기 어렵고, 학습자 간 지나친 경쟁의식을 조장하여 협력학습을 어렵게 하는 단점도 있다.

준거지향 평가의 준거(criterion)는 미리 설정된 교육목표이고, 이에 도달했는지 여부를 보는 목표 지향 평가이고 절대평가다. 교육목표가 실제로 도달된 정도를 결정하여 합격, 불합격을 결정하는 TOPIK, 운전면허 시험 등이 이에 해당한다. 교육목표를 평가의 준거로 삼아 교육과정에서 획득된 성과를 측정하는 것을 평가의 주된 목적으로 삼는다. 준거지향 평가를 위해서는 무엇보다 교육목표가 구체적이고 명확해야 한다. 이 평가는 각자의 성적을 그대로 표현하기 때문에 각 개인이 목표에 얼마나 도달하였는지에 대한 정보나 수업 개선을 위한 정보를 제공하는 반면, 다른 피험자나 집단 성적과의 비교는 어렵다.

규준지향이든 준거지향이든 평가 기준은 학습자의 외부에 있다. 그러나 학습자 개개인의 성장 평가는 개별 학습자의 처음 출발점이 평가 기준이 되어야 한다. 남과의 비교나 남이 설정해 놓은 기준이 아니라 교육 프로그램을 시행할 때 자신의 능력보다, '어제의 나'보다 얼마나 성장했는지가 중요한 것이다. 따라서 학습자 개인별로 평가 기준이 다르다. 또한 각자의 능력과 소질이 발휘되는 영역도 다르다. 예컨대 교육목표에 따라 세밀하게 구조화된 지필 평가에서는 좋은 성적으로 내지 못하는 학습자가 실습과 같은 수행 평가에는 최상위의 성과를 보이기도 한다. 이런 점에서 단 하나의 평가방법은 누군가에게는 유리하고 누군가에게는 꽤 불리한 게임이 된다. 모어습득과 달리 사춘기 이후 시작된 외국어 학습일 경우 개인차가 뚜렷하다. 모호함과 불확실함에 대한 관용의 정도, 한국(어)에 대한 태도, 학습동기, 스스로에 대한 견해인 자아개념, 불안감 등 다양한 요인이 개인차를 만들어낸

---

3) 백분율은 규정된 내용을 어느 정도 성취했는가를 보여주는 반면, 백분위(percentile rank)는 전체 집단에서 특정 점수 이하 점수를 받은 사례가 차지하는 백분율을 통해 그 점수의 상대적 위치를 나타낸다. 예컨대 백분율이 80이면 이는 다른 학생의 성취도와는 상관없이 해당 영역의 80%를 성취했다는 뜻인 반면, 백분위가 80이라면 이는 전체 학생 100명을 기준으로 했을 때 20등에 해당하는 성취수준으로 해석된다.

다. 어떤 사람은 면대면 의사소통 상황에서, 어떤 사람은 시험을 칠 때, 어떤 사람은 여러 사람 앞에서 발표를 할 때 등등 불안감이 증가하는 상황도 개인별로 다르고 통제할 수 있는 힘도 다르다.

이런 점에서 수행 평가(performance assessment)는 주목된다. 학습자의 전인적 발달을 평가하려 하며, 결과에만 주목하는 것이 아니라 결과를 포함한 전체 과정중심의 평가를 지향한다. 학생의 수행이나 산출물을 직접 관찰하거나 검토한 것을 토대로 수행이나 산출물의 질에 대해 전문적인 판단을 내리는 평가 방법이다. 수행 평가의 종류는 실험·실습, 면접, 관찰, 연구 보고서, 포트폴리오(작품집) 등으로 다양하다. 이재승(2006: 362)에서는 수행 평가의 상대적인 개념을 '지식 평가'라 불렀다. 수행평가의 핵심은 '수행성'에 있는 반면, 지식 평가는 지식 자체를 평가하는 것이다.

진단평가, 형성평가, 총괄평가는 주로 평가기능에 따른 분류이다. 진단평가는 학습자를 어떻게 분반, 배치하고, 어떤 교수법을 적용할 것인지, 학습자에 따른 개별 교수 학습전략을 어떻게 설정할 것인지 결정하기 위해 시행된다. 따라서 대개 수업 전에 시행된다.

형성평가는 자연적 변화가 아니라 교육과정에 참여함으로써 일어난 학습자의 성취도 변화를 평가하고 교수·학습 활동을 개선하기 위한 목적으로 시행된다. 그래서 대개 교수·학습 과정이 진행되는 도중에 시행된다. 형성평가는 점수보다 질적인 수정 피드백을 중시한다. 따라서 교육내용의 미세한 부분까지 관심을 기울인다. 형성평가는 교육 효과를 확인하고, 학습자의 현 상태를 진단하고, 향후 교수방법을 개선하기 위한 목적으로 이루어진다. 교육 효과를 확인하기 위해 사전 평가와 사후 평가를 하여 둘을 견주어 보는 경우도 많다.

총괄평가는 교수목표가 어느 정도 달성되었는지 종합적으로 판단하기 위한 평가이다. 그래서 대개 수업 후, 프로그램 종료 후에 실시된다. 중간고사, 기말고사는 총괄평가의 성격을 지닌다. 학교에서는 총괄평가를 할 때 평가 기준인 교수목표를 이원분류표로[4] 진술하고, 이를 토대로 시험지를 제작하고, 동료교사들과 교차 검

---

4) 이원 분류표는 학습해야 할 내용과 이와 관련해서 달성해야 할 인지 행동별로 교수목

토하는 과정을 거친다. 이는 평가 문항이 내용 및 행동 영역의 교육목표를 대표하는 표집으로 문제가 없는지 살펴 좋은 평가도구로서의 요건을 충족하게 하기 위함이다.

1.2. 좋은 평가도구의 요건

평가도구는 평가의 질을 결정하는 중요한 요인이다. 좋은 평가도구가 갖추어야 할 질적 요건으로 타당도, 신뢰도, 실용도가 있다. 타당도(validity)의 '타당'은 목적 부합도다. 즉 평가도구가 측정하려 하는 것을 얼마나 충실히 측정하고 있는가이다.

(2) 다음은 한류 드라마로 인기를 끈 작품들이다. 한국에서 최초 방영된 순서대로 나열한 것은?
① 〈사랑이 뭐길래〉-〈겨울연가〉-〈대장금〉-〈별에서 온 그대〉
② 〈사랑이 뭐길래〉-〈대장금〉-〈겨울연가〉-〈별에서 온 그대〉
③ 〈대장금〉-〈겨울연가〉-〈사랑이 뭐길래〉-〈별에서 온 그대〉
④ 〈겨울연가〉-〈대장금〉-〈별에서 온 그대〉-〈사랑이 뭐길래〉

(2)는 제14회 한국어교육능력검정 2교시 14번 문항인데, 타당도를 의심할 수 있는 문항이다. 타당도는 다시 내용, 준거, 구인 타당도로 나뉜다. 내용(content) 타당도는 교수목표가 얼마나 충실히, 균형 있게, 피험자의 수준에 맞게 반영되었는지를 본다. '충실히'는 교수목표 반영의 정도, '균형 있게'는 문항의 표본으로서의 대표성, '피험자의 수준에 맞게'는 문항의 난이도와 관련된다. 한국어교육은 의무 교육과정이 아니어서 반드시 일정한 수업을 들어야 TOPIK에 응시할 수 있는 것은 아니다. 교수 타당도라면 교사가 수업시간에 다룬 내용이 기준이 될 것이고, 교과

표를 분류·기술한 것을 말한다.

타당도라면 TOPIK이나 국제 통용 한국어 표준 교육과정(2017)에서 규정하는 수준별 목표가 기준이 될 것이다.[5] 교수 타당도는 성취도 평가에, 교과 타당도는 숙달도 평가에 해당한다.

성취도 평가는 일정한 교육과정이 종료된 후 이를 통해 학습자들이 성취한 학습 효과를 점검하는 것이다. 중간고사나 기말고사도 성취도 평가의 일종이다. 이에 반해 TOPIK의 준거는 수업 내용과 관련된 것이 아니라는 점에서 숙달도(proficiency) 평가라 부른다. 언어 숙달도는 개인의 목표어 사용 능력을 말한다. 숙달도를 구성하는 요인에 대해서는 다양한 견해가 있으나 대체로 의사소통능력과 같은 뜻으로 쓰고 있다. 의사소통능력 또는 언어 숙달도는 '말하기, 듣기, 읽기, 쓰기' 기능 영역과, '발음, 표기, 어휘, 문법'의 지식 영역으로 나눌 수 있다.

(3) 숙달도 구성 요인

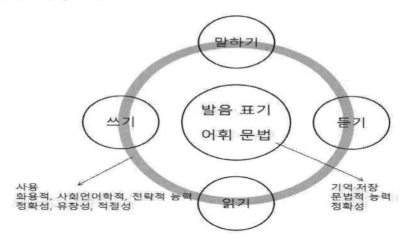

(3)은 숙달도 구성 요인을 도식화한 것이다. '발음, 표기, 어휘, 문법'은 머릿속에 기억·저장해야 하는 문법적 능력에 해당하고 형태(form)와 의미(meaning)의 문법성, 정확성이 중요하다. 기억·저장된 문법적 능력은 '말하기, 듣기, 읽기, 쓰기'로

---

5) 의무 교육과정인 고등학교에서도 학생들의 내신 성적과 수능 성적이 늘 정적 상관관계를 보이는 것은 아니다.

사용되고, 사용은 다시 기억·저장된 내용에 영향을 미쳐서 수정, 첨가된다. 언어 사용 능력은 화용적 능력(pragmatic competence),[6] 사회 언어학적 능력, 전략적 능력을 필요로 하고, 사용 능력 평가에는 정확성뿐 아니라 유창성, 적절성이 관여한다.

내용 타당도를 판단하는 준거, 기준이 교육 내적이라면, 준거(criterion) 타당도는 외적 준거에 의한 것이다. 준거에 따라 예측(predictive) 타당도와 공인(concurrent) 타당도로 나누는데 준거가 미래의 결과라면 예측 타당도라 한다. 예컨대 수능성적과 대학수학능력이 정적 상관관계가 있으면 예측 타당도가 높다. 그러나 미래가 기준이라는 점에서 변인을 통제하기 어려워서 정확한 측정은 어렵다. 공인타당도의 공인은 이미 검증받은 표준화 검사와의 공통요인을 말한다. 자작 평가도구와 타당성을 검증받은 기존의 표준화 검사와의 상관계수를 살펴 새로운 평가도구의 타당성을 검증한다. 따라서 준거 타당도는 양자의 상관계수(coefficient of correlation)로 확인한다.

구인(construct) 타당도에서 '구인'은 조작적 정의(operational definition)가 필요한 추상적 개념을 형성하는 구성요인을 뜻한다. 예컨대 창의성은 민감성, 이해성, 도전성, 개방성, 자발성, 자신감이라는 5가지 구성요인으로 이루어져 있다고 정의하는 것이다. 관찰된 변인들을 설명할 수 있는 몇 개의 요인으로 요약하는 요인분석(factor analysis)은 구인 타당도를 검증하기 위해 많이 사용되는 통계적 방법이다. 한국어교육에서는 대체로 학습자의 정의적 요인의 평가에 활용되지만, '의사소통능력, 숙달도'와 같은 개념 또한 조작적 정의가 필요하다.

(4) TOPIK 쓰기 영역 작문 문항 평가 범주
(https://www.topik.go.kr)

---

6) 담화적(discourse)이라 하지 않고 화용적(pragmatic)이라 한 까닭은 언어 사용 능력에 담화 또는 텍스트 조직 능력과 함께 화행 이론(speech act theory), 대화 함축(conversational implicature) 등과 관련된 화용적 능력이 포함되어야 한다고 봤기 때문이다. Hahn(2013)처럼 화용적 능력의 교육방법, 효과에 대한 연구도 이루어지고 있다.

문항	평가 범주	평가 내용
51~52	내용 및 과제 수행	제시된 과제에 맞게 적절한 내용으로 썼는가.
	언어 사용	어휘와 문법 등의 사용이 정확한가.
53~54	내용 및 과제 수행	주어진 과제를 충실히 수행하였는가? 주제에 관련된 내용으로 구성하였는가? 주어진 내용을 풍부하고 다양하게 표현하였는가?
	글의 전개 구조	글의 구성이 명확하고 논리적인가? 글의 내용에 따라 단락 구성이 잘 이루어졌는가? 논리 전개에 도움이 되는 담화 표지를 적절하게 사용하여 조직적으로 연결하였는가?
	언어 사용	문법과 어휘를 다양하고 풍부하게 사용하며 적절한 문법과 어휘를 선택하여 사용하였는가? 문법, 어휘, 맞춤법 등의 사용이 정확한가? 글의 목적과 기능에 따라 격식에 맞게 글을 썼는가?

　(4)의 평가 범주와 내용은 '쓰기' 구인 타당도뿐 아니라 내용 타당도와도 관련된다. 내용, 준거, 구인 타당도는 서로 관련이 있어서 구분하지 않기도 한다.7)

　신뢰도(reliability)는 평가도구가 얼마나 안정적으로 일관성 있게 평가하고 있는가에 대한 것이다. 상대적 서열의 일관성이 중요한 규준지향 평가에서 신뢰도를 측정하는 방법으로 재검사, 동형검사, 반분검사, 문항내적 합치도 등이 있다. 평가도구의 안정성을 측정할 때 검사(test), 재검사(retest) 기간이 너무 짧으면 학습효과, 너무 길면 자연적 발달 등 다양한 변인이 개입하므로 대개 2~4주가 적절한 것으로 본다. 준거지향 평가에서 신뢰도는 목표 '도달-미도달'과 같은 분류 결정의 일관성이 중요하다.

　채점자 신뢰도는 채점자(평가자)와 관련한 일관성으로 객관도라 부르기도 한다. 한 채점자가 서로 다른 잣대로 평가하여 유사 수준의 발음 능력을 다르게 평가하면 채점자 내 신뢰도가 낮고, 다수의 채점자가 각각 다른 잣대로 평가하여 유사

7) Messick(1995)(서수현: 2013에서 재인용).

수준의 학습자가 다른 평가 결과를 받으면 채점자 간 신뢰도가 낮다. 평가의 질을 높이기 위해서는 채점자 내 신뢰도, 채점자 간 신뢰도 확보가 중요하다. 채점자 신뢰도 확보를 위해서는 평가 항목의 세분화, 평가 기준의 명시, 평가 전문가 확보, 평가자 훈련[8], 다수의 평가 결과를 종합하는 등 신뢰도를 높이기 위한 장치가 필요하다.

　실용도(practicability)는 평가도구 제작과 실시에 따른 경제성과 용이성을 얼마나 확보했는가이다. 평가도구를 제작하고, 평가를 실시하고, 채점하고, 해석하는 데 인력, 시간, 비용이 적게 들수록 실용도가 높다. 선다형이나 서술형 같은 지필 검사가 가능한 경우는 실용도가 높다. 따라서 대체로 '읽기, 듣기, 쓰기, 말하기' 순으로 실용도 문제가 증가한다. 특히 말하기는 의사소통능력에서 뺄 수 없는 요인임에도 불구하고 평가에서는 실용도 문제로 인해 제외되는 경우가 많은데 발음 평가도 마찬가지다.

---

8) 채점자 훈련은 대개 1) 개별적으로 채점하고, 2) 다수의 채점자가 모여 다른 채점자와의 채점 차이에 대해 서로 의견을 나누고, 3) 채점 결과에 대해 조정하고 협의하는 과정으로 이루어진다.

2. 발음 평가

발음 평가도 다른 영역 평가와 마찬가지로 의사소통능력 향상이라는 목적하에 수행된다.

(1) 발음 평가의 목표
　　ㄱ. 학습자언어에 대한 진단, 분석, 수정
　　ㄴ. 학습자언어의 발달 과정 추적
　　ㄷ. 수업 효과 검증
　　ㄹ. 오류 인식 및 학습 동기 부여

(1)은 발음 평가 목표를 세분해 본 것이다. (1)ㄱ은 학습자언어를 진단 분석하고 수정 피드백을 주기 위한 자료로 삼기 위한 것으로 평가 항목을 세밀하게 설정할 필요가 있다. (1)ㄴ은 학습자언어의 발달상을 파악하기 위한 종단적 연구로서 긴 시간이 필요하다. 이 둘은 학습자언어를 연구하기 위한 기초 자료로도 활용될 수 있고, 교육과정을 평가하거나 교육방법이나 교재 개발에 활용될 수 있다. (1)ㄷ은 사전 평가와 사후 평가로 나누어 둘을 견주어 봄으로써 발음교육 관련 수업의 효과를 평가할 수 있다. (1)ㄹ은 학습자들이 스스로 자신의 발음 오류를 알아차리고, 발음 교정 동기를 갖게 하기 위한 목적으로 실시된다.

2.1. 발음 평가 내용

발음 평가에는 음성 산출뿐 아니라 음성 인식 능력에 대한 평가도 포함되어야
한다. 음성 산출 오류가 인식 오류와 일치하는 것은 아니나 둘의 상관성은 높다.[9]
'말하기, 읽기', '듣기, 쓰기'는 '이해와 표현', '음성언어와 문자언어' 두 가지 기준
으로는 한 범주로 묶이지 않는다. 그러나 읽기를 낭독의 뜻으로 한정하면 말하기
와 읽기는 음성 산출이라는 점에서 공통적이다. 또 쓰기를 표기법의 뜻으로 한정
하면, 듣기와 쓰기는 의미 해석과 병행되는 음성 인식이라는 점에서 공통적이다.
음성 산출이 음성학적, 음향적, 물리적이라면 음성 인식은 형태·음운론적, 심리적
이다. 음성 인식은 의미 해석과 맞물려 있다.

학습 환경이 이중언어로서가 아니라 제2언어나 외국어로서의 한국어인 경우, 학
습자의 연령이 결정적시기 이후인 경우 발음교육의 목표는 외국인 말투
(non-native accent)가 없는 발음이라기보다 이해 가능한 발음이다(1장 1. 참
조). ACTFL의 말하기 숙달도 기준(proficiency guidelines 2012-speaking)에
따르면 최상위 등급인 'Distinguished'에서도 외국인 말투는 용인된다.[10] 외국인
말투가 없는 발음은 억양 2나 리듬까지 목표어 화자 같은 발음(native-like
pronunciation)을 뜻한다. 한국인도 말투를 들으면 어느 방언권 화자인지 알 수
있다. 외국인 말투까지 없애는 것을 목표치로 잡는 것은 불가능한 일일 수도 있
고, 그렇게까지 할 필요성도 그다지 크지 않다고 본다. 발음교육의 목표가 이해 가

---

9) 조남민(2011)에서도 산출 오류와 인식 오류의 상관성이 높음을 보여준다.

10) ACTFL(American Council on the Teaching of Foreign Languages,
   http://www.actfl.org/)의 proficiency guidelines 2012-speaking에는 등급별로
   말하기, 쓰기, 듣기, 읽기 기술이 명시되어 있다. 'distinguished' 등급의 발음 관련
   평가 지침은 '비원어민 리듬이 남아있다'이다. superior는 '긴 머뭇거림이나 휴지가
   없다', advanced high는 억양이 적절하고, 유창하고 편안하게 발화한다',
   intermediate mid는 '적절한 어휘를 찾기 위한 휴지, 다시 말하기, 자가 수정 등이
   나타난다', intermediate low는 '망설임, 부정확한 형태가 나타난다', novice high
   는 '망설임, 부정확한 형태가 자주 나타나고, 발음에 모어의 영향이 강하게 남아있
   다', novice low는 '불명료한 발음(unintelligible)으로 소통이 어렵다'고 되어있다.

능성(comprehensibility), 명료성(intelligibility)에 있다면, 발음 평가에서 억양 2
와 리듬이 미치는 영향은 제한적이어야 한다.

발음 평가 또는 말하기 평가에서 정확성은 유창성 요인과 구분하여 사용된다.
유창성 평가 기준으로 발화속도, 휴지 횟수, 반복, 망설임 등이 언급되었다(김상수:
2008). 시간 지연은 언어적인 것과 비언어적인 것으로 나눌 수 있는데 언어적 시
간 지연은 간투사 사용, 말 더듬, 반복 등이 있고, 비언어적 시간 지연은 과도하게
긴 휴지가 이에 해당한다. 유창성은 주로 말하기와 관련되어 사용되어 왔고, 적절
한 속도, 연속성, 자연성으로 판단되는 경향이 있다. 그러나 말하기 유창성을 발음
유창성과 동일시하기는 어렵다. 말하기 유창성에는 어휘의 실제성 및 적절성, 담
화 전개의 자연스러움, 내용 전개의 일관성과 같은 언어적 요인뿐 아니라, 표정과
몸짓 언어의 자연스러움, 자신감 있는 태도와 같은 비언어적 요인까지 포함되기
때문이다.11)

발음 평가에서 끊어읽기나 휴지 실현 횟수보다 더 중요한 것은 그것이 실현된
위치이다. 휴지나 끊어읽기를 둘 수 있는 위치에 실현시켰다면 횟수는 유창성을
크게 방해하지 않는다. 이는 유창성과 정확성이 불가분의 관계임을 말해준다. 단
순히 끊어읽기, 휴지 횟수를 기준으로 유창성을 평가할 수 없고 끊어읽기, 휴지의
위치 오류 발생률에 대한 평가가 필요하다. 김지은(2012)에 따르면 정확성은 '분
절음>끊어읽기>억양>발화속도>망설임이나 간투사>말더듬'의 순으로 상관성을 드러
냈음에 비해, 유창성과의 상관관계는 '망설임이나 간투사>발화속도>분절음>끊어읽
기>말더듬>긴 침묵>억양'의 순이었다. '긴 침묵'을 제외하면 정확성과 유창성 평가
에 영향을 미치는 요인은 순서의 차이는 있지만 동일함을 알 수 있다.

이런 점에서 유창성 평가 요소인 발화속도와 시간 지연이 발음 평가에 미치는
영향은 제한적이어야 할 필요가 있다. 발음교육 분야에서 이 항목에 대한 평가 결
과를 토대로 수정 피드백을 제공하기 어렵기 때문이다. 과도하게 긴 휴지를 사용
하여 유창성에서 낮은 점수를 받은 학습자에게 긴 휴지 사용에 대한 수정 피드백
을 할 수는 없다는 뜻이다. 이는 학습자언어의 전반적인 수준인 숙달도, 의사소통
능력의 문제이지 몰라서 범한 오류는 아니기 때문이다.

11) 말하기 유창성 요인에 대해서는 이정희(2010) 참조.

(2) 발음 평가 내용

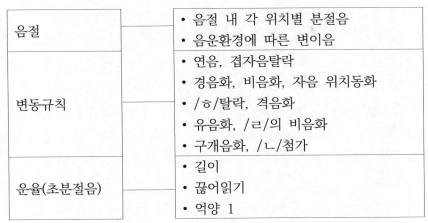

음절	• 음절 내 각 위치별 분절음
	• 음운환경에 따른 변이음
변동규칙	• 연음, 겹자음탈락
	• 경음화, 비음화, 자음 위치동화
	• /ㅎ/탈락, 격음화
	• 유음화, /ㄹ/의 비음화
	• 구개음화, /ㄴ/첨가
운율(초분절음)	• 길이
	• 끊어읽기
	• 억양 1

(2)는 발음교육과 직접적으로 관련되는 발음 평가 내용을 세목화한 것이다. 대분류에는 '음절, 변동규칙, 운율'이 있다. 음절 평가에는 각 음절 내 위치, 즉 초성, 중성, 종성 각각에서의 음소 변별, 환경에 따른 변이음이 포함된다. 변동규칙에는 연음, 겹자음탈락, 경음화, 비음화, 격음화, /ㅎ/탈락, 유음화 /ㄹ/의 비음화, 구개음화, /ㄴ/첨가가 포함된다. '길이, 끊어읽기, 억양'은 운율 평가의 내용이 된다.

2.2. 발음 평가 방법

숙달도 평가는 의사소통능력 구성 요인에 대한 통합평가(integrated test)이지만 발음 평가와 관련해서 보면 영역별 분리평가(discrete test)가 필요하다. 숙달도 구성 요인 각각은 밀접하게 상호 연관되어 있는 통합적 능력이다. 들을 수 없으면 말하는 것이 어렵고, 어휘를 모르면 말하기가 어려운 것과 같다. 이런 점에서 통합평가가 필요하다. 발음 능력은 숙달도의 다른 구성 요인과 통합되어 실현되고 특히 발음은 말하기로 실현되므로 말하기 평가와 밀접한 관계를 맺고 있다. 그러나 숙달도 구성 요인은 상호 연관되면서도 각각의 독립성을 유지하기도 한다.

말하기는 고급 수준이지만 쓰기는 초급에도 미치지 못하는 경우도 있고, 발음 평가에서는 아주 낮은 점수를 받았지만 읽기 능력은 뛰어난 경우도 있다. 이런 점에서 각 영역별 분리평가의 필요성이 인정된다. 또 발음 평가를 말하기 평가와 통합하면 발음 오류에 대한 '예측, 분석, 평가, 수정'이 어려운 경우가 많기 때문이기도 하다. 피드백을 위해서도 발음 영역에 대한 분리평가가 필요하다.

음성 산출 능력 평가를 위해서는 말하기뿐 아니라 낭독으로서의 읽기도 중요하다. 말하기에는 평가하고자 하는 발음 평가 구성 요소가 제대로 포함되어 있지 않은 경우가 많다. 이에 비해 낭독은 발음 평가 구성 요소를 적절하게 배치하여 평가지를 만들 수 있다.

음성 인식 능력 평가를 위해서는 듣기와 쓰기를 활용해야 한다. 듣기와 쓰기는 음성을 인식하고 이를 토대로 의미를 해석하는 활동이라는 점에서 공통적이다. 이때 쓰기는 작문(composition)의 뜻이 아니라 표기법의 뜻으로 한정된다. '어법에 맞게' 표기한 경우 표기형은 최소의 유의미 단위인 형태소를 표상한다는 점에서(3장 1.1.1. 참조), 받아쓰기는 발음 평가 방법으로도 활용된다.

(3) 듣고 밑줄 친 곳에 알맞은 말을 쓰십시오.

① <u>많지도</u> 않고 적지도 <u>않아요</u>.

② 안방에 <u>놓는</u> 게 <u>좋겠습니다</u>.

③ 아이스크림은 냉동실에 <u>넣고</u>, 치즈는 냉장실에 <u>넣으세요</u>.

④ 아직 잘 <u>못 하지만</u> <u>노력하고</u> 있어요.

⑤ 난 팔 힘이 너무 <u>약해요</u>.

⑥ 이 술은 너무 더 <u>독하고</u>, 저게 <u>순해요</u>.

⑦ <u>따뜻한</u> 봄도 좋고, <u>시원한</u> 가을도 좋아요.

⑧ 상추는 냉장고에 넣고 돼지고기는 냉동실에 <u>넣었어요</u>.

⑨ 큰 이모는 아들을 <u>낳고</u>, 작은 이모는 딸을 <u>낳았어요</u>.

⑩ <u>전화</u> 왔을 때 <u>밥하느라고</u> 못 들었어요.

(3)은 'ㅎ' 관련 변동규칙 습득 양상을 평가할 수 있는 받아쓰기 문항이다. 발음 교육 분야에서 변동규칙의 개념에 비추어 볼 때(3장 1. 참조) 받아쓰기 평가는 변

동규칙 평가 문항으로 유용하다. 읽어줄 때 보통 발화속도로 하고, '순해요'처럼 유성음 사이 'ㅎ'은 통용음대로 [수내요]로 발음해도 된다(3장 6. 참조). (3)의 받아쓰기 평가는 음성 인식 평가인데, 이를 낭독 평가로 바꾸면 음성 산출 양상을 관찰할 수 있고 양자를 비교함으로써 산출과 인식의 차이를 살필 수 있다.

평가자 집단은 크게 전문가, 비전문가, 컴퓨터 평가로 나눌 수 있다. 발음 평가의 전문가 집단으로는 발음교육 전문가, 음성·음운론 전공자, 한국어 교사 등을 들 수 있다.

(4) 발음 평가에 필요한 지식 분야
    ㄱ. 보편 언어학
    ㄴ. 대조 언어학
    ㄷ. 한국어 음성·음운론

교실에서는 대부분 교사가 평가자이면서 동시에 평가 결과에 대해 분석하고 해석하고 수정 피드백을 제공하는 역할도 해야 한다. 이때 교사는 (4)와 관련된 전문가적 지식이 필요하다(1장 3.1.2. 참조). 보편 언어학적 지식은 음성·음운론적 보편성과 특수성에 대한 이해를 토대로 발음의 난도를 예측하고 진단하는 데 필요한 지식이다. 학습자 모어와 한국어의 대조 언어학적 지식은 L1의 간섭과 촉진 현상을 진단하고 해석하는 데 필요한 지식이다. 한국어 음성·음운론에 대한 깊이 있는 이해는 발음 오류에 대해 적절한 수정 피드백을 제시하는 데 반드시 필요한 것이다.

평가 결과에 대한 분석은 정성적(qualitative)연구가 필요하다. 소통 상황에서 실시간으로 지나가는 음성 자료는 전문가라 할지라도 발음 상태에 대한 정밀한 분석은 하지 못한 채 지나칠 가능성이 높다. 이를 위해서는 학습자 발화를 녹음하여 반복 청취하거나, 음향 분석 프로그램을 이용하여 정밀 분석을 할 필요가 있다.

비전문가의 인상적 평가도 전문가 평가 못지않게 중요하다. 의사소통능력은 전문가만의 능력은 아니기 때문이다. 다만 평가 신뢰도 문제 때문에 비전문가의 인상적 평가는 평가인단을 다수로 하여 통계적 유의미성을 확보한 정량적

(quantitative) 평가를 할 필요가 있다.

(5) 비전문가 평가
  ㄱ. 통계적 의미를 확보할 수 있을 만큼 다수의 비전문가 평가단을 구성한다.
  ㄴ. 유사한 숙달도의 학습자언어를 들려주고 상대적으로 평가하게 한다.
  ㄷ. 평가 기준을 세목화하고 평점을 제시한다. 평가 기준은 '발음이 정확하다, 발음을 듣고 의미를 이해할 수 있다, 끊어읽기 위치가 정확하다.' 등 비전문가도 판단할 수 있는 목록을 구체적으로 제시한다.

비전문가 평가는 (5)와 같은 과정이 필요하다. 평가자는 자신과 비슷한 악센트를 구사하는 경우 더 높은 점수를 주는 등 전문가라 해도 완벽하게 객관적인 신뢰도를 100% 확보하기는 어렵다.12) 평가에 꽤 많은 시간과 노력이 필요하다는 점에서 실용도도 낮은 편이다. 또한 전문가 확보에 따른 문제도 있다. 이러한 문제를 해결하기 위해 컴퓨터를 이용한 자동 평가를 해야 할 필요성도 있다(윤규철: 2011).

---

12) 이향(2012)에 따르면 평가자 내 일관성이 가장 높은 집단은 한국어 교육 경험이 많은 교사, 음운론 전공자, 말하기 채점자 훈련을 받은 집단이었다.

3. 평가도구 개발

3.1. 지필 평가

평가 목적에 따라 다양한 평가도구가 개발되어야 한다. 시험지를 통해 평가하는 지필 평가는 피험자가 반응해야 하는 형태에 따라 선택형과 서답형으로 나눌 수 있다. 선택형은 제시된 선지 중 정답을 선택하는 것이고 서답형은 피험자가 답을 직접 쓰는 것이다.

⑴ 들은 내용과 같으면 O, 다르면 X 하세요. (세종 한국어1 익힘책 162쪽.)
　　① 두 사람은 같이 공부할 거예요. ( )
　　② 두 사람은 일요일에 만날 거예요. ( )
　　③ 로라 씨는 도서관에서 공부할 거예요. ( )
　　④ 마크 씨는 토요일에 박물관에 갈 거예요. ( )

⑵ 가장 잘 어울리는 것끼리 연결하여 문장을 만들어 보세요.

넘어져서 무릎이　　• 새파랗게
하늘빛이　　　　　• 시퍼렇게　　• 예뻐요.
유채꽃이　　　　　• 노랗게　　　• 멍들었어요.
　　　　　　　　　• 누렇게　　　• 피었어요

선택형으로는 진위형, 연결형, 선다형 등이 있다. ⑴은 진위형, ⑵는 연결형이다.

⑶ 다음을 듣고 (   )에 알맞은 것을 고르십시오.
(딸   )이 있어요.
① 달   ② 탈   ③ 딸   ④ 살
사과를 (사   ) 왔어요.
① 사   ② 싸   ③ 자   ④ 짜

⑶은 선다형으로, 유사 음소를 변별하여 인식할 수 있는지 평가하는 문항이다. 선다형은 채점과 해석이 쉽다는 점에서 실용도가 높고 그래서 TOPIK 듣기 문제로도 출제되는 유형이다. 선다형은 광범위한 교수목표를 골고루 평가할 수 있고, 채점의 신뢰도가 확보된다는 장점이 있다.

반면 좋은 문항을 제작하는 데 많은 시간과 노력이 필요하며 학습자는 단순지식 암기중심의 학습을 할 가능성이 높아진다는 단점이 있다. 선다형 문항은 가능한 긍정문으로 작성하되 부정문일 경우 부정어에 밑줄을 그어서 피험자의 주의를 환기해야 하는 등 유의해야 할 점이 많다. 먼저 문항 난이도를 조절해야 한다. 난이도 지수는 전체 피험자 중 문항당 정답률이다. 100%에 가까울수록 난도가 낮고 0에 가까울수록 난도가 높다. 수능시험에서처럼 서열화할 필요가 있는 경우 고난도 문항이 포함되어야 한다. 합격, 불합격으로 결과가 나오는 준거지향 평가에서는 고난도 문항의 필요성이 낮다. 둘째, 문항 간 변별도가 있어야 한다. 변별도는 어떤 한 문항이 총점이 높은 학생과 낮은 학생을 구분해주는 정도를 말한다. 총점이 높은 학생이 정답을, 총점이 낮은 학생이 오답을 선택했다면 그 문항은 변별도가 높다. 셋째, 정답에 대한 단서를 주어서 피험자가 답을 추측해서 찾게 해서는 안 된다. 예컨대 선지에 '절대, 결코'와 같은 부사어구를 넣어 오답임을 추측하게 해서는 안 된다.

⑷ 듣고 알맞은 답을 고르세요.
가: 어디가 아프세요?
나: 배가 아파요
① 공항   ② 빵집   ③ 병원   ④ 호텔

넷째, 정답은 논쟁의 여지없이 명확해야 하고 오답은 그럴 듯해 보이는 매력도가 있어야 한다. (4)는 초급 듣기 문항인데 선지의 단어가 발음상 유사성이 없어서 오답으로서의 매력도는 낮다.

(5) 듣고 밑줄 친 곳에 알맞은 말을 보기에서 찾아 쓰십시오.
　[보기]　　비서, 피서 / 불, 뿔, 풀 / 가지, 가치 / 자, 차
　　　　　　달, 딸, 탈 / 사다, 싸다
　① 저는 <u>비서</u>실에서 일해요.
　② <u>탈</u>을 쓰고 춤을 춰요.
　③ 사과 값이 <u>싸서</u> 좀 많이 <u>사</u> 왔어요.
　④ 음력 1월 15일에는 우리 <u>딸</u>과 함께 <u>달</u>구경을 갈 거예요.
　⑤ 이렇게 못생긴 <u>가지</u>는 상품 <u>가치</u>가 없어요.
　⑥ 이 <u>차</u>는 앞부분이 짧네요. <u>자</u>로 한번 재어볼까요?
　⑦ <u>불</u>이 났다고 하는지 <u>풀</u>이 났다고 하는지 잘 모르겠어요.

서답형은 단답형, 완성형, 논술형 등이 있다. (5)는 완성형 문항인데 한국어교재에서도 많이 사용된다.

논술형은 한국어교육에서는 쓰기 과제에 많이 이용된다. 논술형의 장점으로는 학습자의 반응이 자유롭고 표현력, 조직력, 창의력, 사고력 등을 측정하는 데 효과적이며, 문항 제작이 상대적으로 쉽다. 문항 제작 시 요구하는 영역을 규정하고, 채점기준을 미리 세우고, 문항당 배점을 제시하는 것이 좋다. 논술형은 채점의 신뢰도 확보가 선다형에 비해 어렵고 채점에 시간과 노력이 더 많이 요구된다. 또한 교육목표를 골고루 평가하기 어렵다는 단점이 있다. TOPIK Ⅱ 쓰기 영역은 채점자에게 모범답안, 채점 기준, 배점이 제공된다. 채점 기준 작성 시 부분 점수를 허용할 것인지, 유사 답안을 어떻게 처리할 것인지 등 세세한 부분까지 고려해야 한다.

(6) ㄱ. 오리(←우리) 아홉 살 때 저 생일에 **부머님**은(←부모님은) 그 선물 줍습니다.

오후에는 우리 레스터랑(←레스토랑) 같이 갔다. (인도네시아, 초급)

ㄴ. 시골에서 잊속하도록(←익숙하도록) 상우에 정말 어려운데, 아무리 조건 시설이 없어도 할머니와 **함게(←함께)** 많은 고생을 경험했습니다.
헤어질 때 너무 부그럽기(←부끄럽기) 때문에 말을 못하고 인사도 못했습니다. (베트남, 초급)

ㄷ. 월래는(←원래는) 집에서 부모님가 우리 싫은 것 주는 게 다 우리 위한다. (중국, 초급)

ㄹ. 이제 한국 생활을 이숙해(←익숙해) 졌습니다.
동복에서(←동북에서) 대련은 제일 잘 살 수 있는 시티입니다.
신성한(←신선한) 해산물을 많이 먹을 수 있고 **생성(←생선)** 구이도 먹을 수 있습니다.
공원에서 맛이는(←맛있는) 음식도 먹을 수 있습니다. (중국, 중급)

ㅁ. 나중에 상우가 할머니께 배려하는 장명을(←장면을) 보고 자기 마음도 따뜻해져다.(←따뜻해졌다)
매일 이 간옥처럼(←감옥처럼) **이는(←있는) 단(←담)** 속에서 도망하고 자유스럽게 살고 싶다. (중국, 중급)

(6)은 작문에 나타난 오류인데, 발음이 원인이 된 것으로 판단되는 예다. 학습자의 쓰기 과제물에서 발음 오류를 간접적으로 추적할 수 있음을 알 수 있다. '부머님(←부모님), 레스터랑(←레스토랑)'은 'ㅓ'와 'ㅗ'의 변별 학습이 필요함을 보여준다. '함게(←함께), 부그럽기(←부끄럽기)'는 어중 경음의 발음 오류에 기인한 것으로 해석된다. '잊속(←익숙)'은 자음 위치동화의 과잉 적용과 'ㅜ', 'ㅗ'의 미변별로 인한 것이다. '오리(←우리), 동복(←동북)'도 'ㅗ'와 'ㅜ'의 변별에 문제를 보이는 예다. '이숙해(←익숙해)', '따뜻해져다(←따뜻해졌다)'는 종성 탈락과 경음화 미실현 오류로 해석된다. '신성(←신선), 생성(←생선), 장명(←장면), 간옥(←감옥), 단(←담)'은 종성 'ㅁ', 'ㄴ', 'ㅇ'의 변별 학습이 필요함을 보여주는 오류다. '맛이는(←맛있는)', '이는(←있는)은 중첩자음 [ㄴㄴ]와 홑자음 [ㄴ]의 변별, '월래(←원래)'는 유음화된 발음형을 표기형으로 전환하는 교육이 필요함을 보여준다.

3.2. 구술 평가

지필 평가는 대부분 음성 인식을 평가하는 데 사용되고, 음성 산출 능력을 평가하는 데는 구술 평가가 필요하다. 학습자용 평가지는 음성 산출 기능을 평가할 수 있는 낭독 자료를 만드는 경우가 많다. 자유로운 말하기 과제로는 평가 항목을 다 포함하기 어려운 데 반해, 낭독은 자연성이 떨어지긴 하나 평가 항목이 모두 포함되도록 내용을 고안할 수 있다는 점에서는 유리하다.

(7) 아래 문장을 소리 내어 읽어 보십시오.
  ① 아버지는 바다를 좋아해요.
  ② 달이 어디에 있어요?
  ③ 감나무 위로 용감하게 올라갔다.
  ④ 제사가 언제예요?
  ⑤ 지금 바지 사러 가요.
  ⑥ 혼자 결혼할 수는 없잖아요?
  ⑦ 신용카드하고 현금카드가 있어요.
  ⑧ 짝퉁은 가짜나 모조품이라는 뜻이에요.
  ⑨ 아빠, 배고파요. 빵 사주세요.
  ⑩ 우리 드라마를 사랑해 주셔서 감사합니다.

(7)은 결합변이음을 포함한 초성 산출 능력을 평가할 수 있는 낭독 과제다. 학습자의 발음을 진단하고 수정 피드백을 제공하기 위한 평가는 평가 항목을 세분하는 것이 좋다.

⑻ 항목별 초성 평가지

초성 변이음	ㅁ	ㄴ	ㄹ	ㅍ	ㅌ	ㅋ	ㅊ	ㅃ	ㄸ	ㄲ	ㅉ	ㅆ	ㅂ	ㄷ	ㄱ	ㅈ	ㅅ	ㅎ
어두																		
유성음 간																		
＿V																		
기타																		

⑻은 ⑺의 초성 평가에 대한 항목별 평가지의 예다. 경음을 넣으면 모든 초성 목록이다. 어두의 으뜸 변이음, 어중에서 유성음화된 변이음, 후행 모음에 따른 위치 변이음이 주된 평가 대상이다. 사전 평가를 통해 평가 항목을 조절할 수도 있다. 발음 평가는 그 결과를 할 수 '있다, 없다'로 양분할 수 없는 경우가 많다. 또 할 수 '있다, 없다'로 양분한 평가는 학습자의 발음과 관련된 구체적인 중간언어 양상을 보여주는 데 한계가 있다는 점에서 예측되는 오류를 중심으로 평가 항목을 구체화해야 한다.

⑼ 아래 그림을 보고 날씨 뉴스를 만들어 보세요.

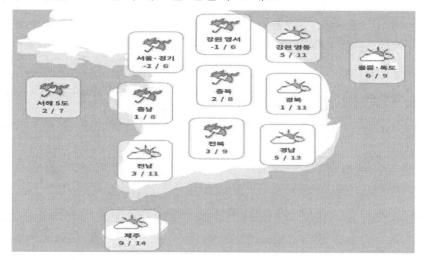

⑽ 아래 문장을 소리 내어 읽어 보십시오.
 ① 라면 드실 분 계세요?
 ② 요즘은 감기 걸리기 쉬워요.
 ③ 수영하는 줄 알았어요.
 ④ 집 안도 춥고 밖도 추워요.
 ⑤ 탁구 칠 줄 몰라요.
 ⑥ 라면 드시는 분 없어요.
 ⑦ 만날 사람이 있어요.
 ⑧ 밥을 굶지 마세요.
 ⑨ 머리 감기가 어려워요.
 ⑩ 수영할 줄 알아요.

⑾ 아래 대화를 소리 내어 읽어 보십시오.
 ① 가: 어느 쪽으로 갈까?
   나: 찻길은 복잡하니까 산길로 걷자.
 ② 가: 김치 양념에 뭐가 들어가요?
   나: 젓갈이랑 고춧가루, 여러 가지가 들어가요.
 ③ 가: 소주 한 병에 얼마예요?
   나: 천 원이에요. 물값보다 술값이 더 싸요.
 ④ 가: 콩나물국 끓일까, 만둣국 끓일까?
   나: 엄마가 끓여주는 국은 다 맛있어요. 둘 다 좋아요.
 ⑤ 가: 빛이 너무 강해서 눈이 부셔.
   나: 그래? 난 햇빛보다 네 얼굴빛이 더 눈 부셔.
 ⑥ 가: 가려워? 왜 그렇게 긁어?
   나: 응, 피부병 걸렸나 봐. 병원에 가봐야겠어.
 ⑦ 가: 저기 저 이층집이 은정 씨 집이에요?
   나: 전셋집이에요. 2층은 주인집이고 우린 일 층에 살아요.

⑿ 아래 문장을 소리 내어 읽어 보십시오.

① 물가가 너무 올랐어요. 가격이 너무 비싸서 살 수 없어요.

② 요점 정리도 하고 열심히 공부했어요. 그래서 점수가 잘 나왔어요.

③ 종합 병원은 전문 과목이 여러 개예요. 치과, 내과, 안과 등 여러 과가 있어요.

④ 투표권은 모두에게 평등한 권리입니다.

⑤ 모든 병이 불치병은 아닙니다.

(9)는 경음화 평가와 관련되는 학습자용 말하기 과제이다. '6도[육또]'처럼 불파음 뒤 경음화와, '7도[칠또]'처럼 한자어 'ㄹ' 뒤 경음화가 섞여있다. (10)은 '드실 분, 감기'류, (11)은 '찻길, 산길'류, (12)는 '대가'류의 경음화 실현 양상을 파악할 수 있는 낭독 과제다.

(13) 항목별 경음화 평가지

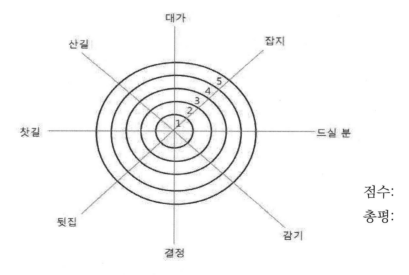

(13)은 김창원(2007)의 것을 발음 평가에 맞게 수정한 것으로 평가 영역을 경음화로 했을 때의 예다.[13] 경음화의 하위 유형을 모두 포함함으로써 유형별 오류 양

---

13) 각각은 경음화 유형을 뜻한다. '잡지'는 불파음, '드실 분'은 관형사형 어미, '감기'는 용언 어간 말음 'ㄴ, ㅁ' 뒤의 경음화를 뜻한다. '결정'은 한자어에서 'ㄹ' 말음 뒤

상을 한 눈에 볼 수 있어서 결과 해석이 용이하다.

(14) 아래 날씨 뉴스를 읽어 보십시오.

오늘 낮 최고기온은 서울 8도 부산 14도로 어제와 비슷하겠습니다. 다만 중부지방은 낮부터 구름이 많아지면서 낮 동안 빗방울이 떨어질 수 있겠습니다. 내일은 하늘이 흐리고 비나 눈도 내리겠습니다. 제주 산간에는 최고 30mm, 전국 대부분 지역에서는 5~20mm, 강원 동해안과 영남에는 5mm 정도의 비가 내리겠습니다.

(14)는 끊어읽기 평가 과제이다.

(15) 항목별 유창성 평가지

평가항목 피험자	끊어읽기		휴지			억양	총평
	위치	횟수	위치	횟수	길이		
A							
B							
...							

(15)는 유창성 평가 항목이다. (15)의 평가 항목 중 학습자에게 수정 피드백은 '끊어읽기 횟수, 휴지 횟수, 휴지 길이'보다 끊어읽기나 휴지의 위치 중심으로 이루어져야 할 것이다. 문중에서 끊어읽기가 실현될 때 실제 휴지가 실현되는 경우는 극히 드물다(4장 2.1. 참조). 그러므로 끊어읽기와 휴지를 동일시할 수 없고, 별도의 평가 항목으로 설정된다.

발음 유창성 평가에서의 중요성은 상대적으로 낮지만, 발화속도와 시간 지연은 말하기 유창성 평가에는 필요하다. 발화속도는 일반적으로 분당 발화 음절 수로 계산된다.[14] 문장당 사용된 단어 수로 어휘 구사력을, 발화 시간당 문장 수로 표

에서 'ㄷ, ㅅ, ㅈ'의 경음화를 뜻한다. 사이시옷이 표기된 '뒷집'은 /ㅅ/ 후치명사, '찻길'은 /ㅅ/ 전치명사류, 사이시옷이 표기되지 않은 '산길'은 /ㅅ/ 전치명사, '대가'는 한자어류를 뜻한다. 3장 4의 경음화, 9의 사잇소리현상 참조.

현 능력을 측정할 수 있다. 이때 문장은 억양이 얹히는 억양구 단위로 계산할 필요가 있다.[15] 비언어적 시간 지연은 휴지 시간의 적절성으로 측정된다. 언어적 시간 지연인 무의미 발화의 사용률은 대개 '전체 발화 시간/무의미 발화 시간'으로 측정한다. 언어적 시간 지연인 무의미 발화는 간투사, 번복, 반복 등을 포함한다.

3.3. 수행 평가

수행 평가는 학습자의 과제 수행 과정이나 결과를 보고 학습자의 인지적, 정의적 요인을 판단하는 것이다. 학습자 스스로 자신의 지식이나 사용능력을 나타낼 수 있도록 산출물을 만들거나, 행동으로 나타내거나, 답을 작성(서술 혹은 구성)하도록 요구하는 평가이다.

수행 평가를 위해서는 먼저 학습자 개개인의 전인적 특성에 대해 최대한 이해하려는 노력이 선행될 필요가 있다. 설문조사로 불리는 질문지법(questionnaire method)은 학습자의 의견, 판단, 태도, 감정 등과 같은 정의적 요인을 측정할 때나 수업 전의 요구분석, 수업 후의 만족도 조사 등에 활용될 수 있다. 일반적으로 리커트 척도(Likert scale)로[16] 측정하는 구조적 질문지의 결과는 단시간에 많은 피험자의 정의적 요인에 대한 통계적 해석이 가능하게 하는 장점이 있다.

면대면 질의응답으로 정보나 자료를 수집하는 면접은 구조화된, 반구조화된, 비구조화된 면접의 순으로 자유로운 환경에서 피면접자의 개인적 특성에 대한 정보를 수집하는 데 유용하다. 또 학습자 간 면접은 숙달도와 상관없이 수업 활동으로

---

14) 김은애(2006)에서는 낭독 속도는 중·고급 이상에서만 측정하고 각 급의 분당 기준 권장 음절 수는 4급은 200, 5급은 250, 6급은 300자로 보았다.

15) Foster et als.(2000)에서는 긴 복문과 짧은 단문이 같이 계산되지 않도록 대체로 절(clause) 단위로 계산하고 이를 AS unit(the analysis of speech unit)라 불렀다.

16) 3, 5, 7과 홀수 척도를 많이 사용한다. 홀수 척도는 평균을 중심으로 좌우 평가가 가능하다는 점은 장점이지만, 평균 점수를 과다 선택하게 하는 부정적 면도 있다.

고안할 수 있어서 활용도가 높다.

관찰법은 학습자들의 사회적 상호작용을 방해하지 않고 최대한 자연스러운 상황에서 이루어진다. 이는 관찰자의 모순(observer's paradox)을[17] 배제하는 데 유용한 방법이다. 예를 들어 별도의 평가지 없이 학습자의 역할극, 발표, 모둠별 토의 등을 평가에 활용하려면 1) 녹음기, 비디오 등을 활용하여 녹음, 녹화하기, 2) 관찰 항목을 미리 세분화한 체크리스트 등으로 기록하기, 3) 기록 결과를 토대로 평가하기, 3) 적절한 피드백 제공하기의 절차가 필요하다.

포트폴리오 평가는 학생이 수행한 과제를 지속적 체계적으로 모아둔 개인별 자료집을 활용하는 평가로 과정중심 글쓰기 수업에서 많이 활용된다. 글쓰기 자료는 발음 평가에도 유용하게 활용할 수 있다. 음성 자료로 포트폴리오 평가를 하려면 1) 읽기 자료 선정, 2) 학습자들로 하여금 주기적으로 자신의 발음을 녹음해서 파일로 제출하게 하기, 3) 이를 분석하여 변화상을 기록하기, 4) 적절한 피드백 제공하기의 절차가 필요하다. 시간차를 두고 축적된 자료는 학습자와 교사 모두에게 발달과정을 종합적으로 관찰하고 발전 방향을 모색할 수 있게 해 준다.

17) 언어를 조사·연구하고자 하는 관찰자(조사자)는 대부분 가장 일상적인 발화를 얻고자 한다. 그러나 특정 목적을 가진 관찰자는 이에 부합하는 준비된, 구조화된 방법으로 수집해야 할 필요가 있고, 이는 역설적으로 피관찰자에게 비일상적 환경이 되어 이로 인해 자신의 언어 행위를 통제하게 된다. 즉, 관찰자의 관찰 방법은 피관찰자의 발화에 영향을 미쳐서 비일상적인 발화를 수집하게 되는 모순을 지니게 된다.

참고문헌

강식진(2008), 「현대한어 음절 분포 연구: 각국 사전에 반영된 음절 분포 분석」, 중국학 37, 대한중국학회, 1~39.

강은지·이호영·김주원(2004), 「서울말 어간 말 자음의 음성 실현」, 말소리 49, 대한음성학회, 1~30.

곽충구(2007), 「중앙아시아 고려말의 자료와 연구」, 인문논총 58, 서울대학교 인문학연구원, 231~272.

구현정·이성하(2001), 「조건 표지에서 문장종결 표지로의 문법화」, 담화와 인지 8-1, 담화·인지언어학회, 1~19.

권경근(2011), 「구어의 음운현상 연구」, 우리말연구 28, 우리말학회, 5~23.

권경애(2011), 「일본어 모어 화자의 자연스러운 한국어 발음교육을 위한 연구: 초분절적 요소를 중심으로」, 외국어교육연구 25-1, 한국외국어대학교 외국어교육연구소, 1~23.

권성미(2012), 「L1-L2 간 발음 규칙의 상이성에 따른 한국어 종성비음 습득 양상 연구」, 우리어문연구 42, 우리어문학회, 63~90.

김낙복(2013), 「뭉칫말 기반의 통합형 영어 학습 프로그램이 학습자의 전략 사용과 과업 수행에 미치는 영향: 사례 연구」, 영어교과교육 12-2, 한국영어교과교육학회, 37~59.

김무식(2003), 「경북방언의 어절축약현상과 억양과의 상관성」, 어문논총 39, 한국문학언어학회, 1~28.

김봉국(2006), 「경기도 방언의 음운론적 특징」, 어문연구 51, 어문연구학회, 253~278.

김상수(2008), 「한국어 학습자 발화의 유창성 판단에 관한 연구」, 한국어교육 19-2, 국제한국어교육학회, 1~16.

김선정(2011), 「한국어교육능력검정시험 문제 분석」, 새국어생활 21-3, 국립국어원, 99~118.

김선철·권미영·황연신(2004), 「서울말 장단의 연령별 변이」, 말소리 50, 한국음성학회, 1~22.

김영란·백혜선(2012), 「한국어 모어 및 비모어 화자의 언어 습득 순서에 대한 이론적 고찰: 음운, 조사, 연결어미를 중심으로」, 한국어학 54, 한국어학회, 137~170.

김영선(2004), 「베트남인 학습자의 한국어 경음화 발음교육 방안 연구」, 한국어교육 15-2, 국제한국어교육학회, 51~73.

김영송(1981), 우리말 소리의 연구, 과학사.

김영송(1993), 「우리말의 스침소리」, 외국어로서의 한국어교육 18-1, 연세대학교 한국어학당, 27~61.

김영송(1994), 「음성 분류에 있어서의 h의 처리: 말소리 산출 과정에서 본」, 우리말연구 4, 우리말학회, 1~16.

김유범·박선우·안병섭·이봉원(2002), 「'ㄴ' 삽입 현상의 연구사적 검토」, 어문논집 46, 민족어
　　문학회, 41~71.

김유정(2013), 「한자음 교수를 통한 한자어 교육 연구: 일본인과 중국인 한국어 학습자를 대
　　상으로」, 인문연구 67, 영남대학교 인문과학연구소, 373~406.

김윤자(2010), 「후행 모음의 피치를 고려한 한국어 평음, 경음, 격음의 인지 실험」, 우리말연
　　구 27, 우리말학회, 73~94.

김은애(2006), 「한국어 학습자의 발음 오류 진단 및 평가에 관한 연구」, 한국어교육 17-1, 국
　　제한국어교육학회, 71~97.

김은애·박기영·박혜진·진문이(2008), 「한국어 억양 교육을 위한 방법론적 고찰: 교재 개발의
　　측면에서」, 한국어교육 19-2, 국제한국어교육학회, 1~31.

김인균(2002), 「국어의 한자어 접두사 연구: 국어사전의 등재어를 중심으로」, 어문연구 30-2,
　　한국어문교육연구회, 85~108.

김정남(2008), 「한글맞춤법의 원리: 총칙 제1항의 의미 해석을 중심으로」, 한국어 의미학 27,
　　한국어의미학회, 21~44.

김재춘·박순경·이동주(2014), 교육과정 및 평가, KNOU PRESS.

김지은(2012), 「한국어 학습자의 구두 발표에 나타난 음성·음운적 요인에 대한 교사 인식 및
　　평가」, 한국어교육 23-4, 국제한국어교육학회, 65~90.

김지형(2007), 「훈민정음의 창제 원리를 활용한 한국어 자모 및 발음교육 방안」, 국어국문학
　　147, 국어국문학회, 221~258.

김차균(1998) 나랏말과 겨레의 슬기에 바탕을 둔 음운학 강의, 태학사.

김창원(2007), 「한국어 학습자를 위한 문화 능력의 평가 방안」, 한국어교육 18-2, 국제한국어
　　교육학회, 81~114.

김태경(2009), 「제1언어와 제2언어로서의 한국어 습득: 발음/형태 오류를 중심으로」, 국어교
　　육연구 24, 서울대학교 국어교육연구소, 235~268.

김형복(2004), 「한국어 음운 변동 규칙의 교수·학습 순서 연구」, 한국어교육 15-3, 국제한국
　　어교육학회, 23~41.

김희숙·문은주 옮김, Marysia Johnson 지음(2011), 외국어 습득 원리의 이해: 비고츠키의 사
　　회문화론과 언어습득, 한국문화사.

남길임(2007), 「국어 억양 단위의 통사적 상관성 연구: 구어 독백 말뭉치를 중심으로」, 어문학
　　96, 한국어문학회, 21~50.

문승재(2007), 「한국어 단모음의 음성학적 기반 연구」, 말소리 62, 대한음성학회, 1~17.

문양수·이호영·하세경(2002), 「유음화 규칙의 적용 영역」, 언어학 31, 한국언어학회,
　　101~125.

민광준(2002), 일본어 음성학 입문, 건국대학교 출판부.

민현식(2004), 「한국어 표준교육과정 기술 방안」, 한국어교육 15-1, 국제한국어교육학회, 51~92.

민현식(2014), 「한국어 문법 교육론」, 한국어교육의 이론과 실제 2, 아카넷.

박경송(2010), 「자 본위 이론과 도상성」, 동북아 문화연구 25, 동북아시아문화학회, 445~457.

박기영(2009ㄱ), 「한국어 교재의 발음 기술에 대한 일고찰: 음운규칙과 정확성, 유창성의 관계를 중심으로」, 이중언어학 40, 이중언어학회, 57~78.

박기영(2009ㄴ), 「한국어 학습자를 위한 한국어 종결어미의 억양 교육 방안」, 우리어문연구 34, 우리어문학회, 373~397.

박기영(2010), 「한국어 음운론과 한국어 발음 교육의 상관성에 대한 일고찰: 자모 교육과 음운 변동 교육을 중심으로」, 어문논집 43, 중앙어문학회, 7~30.

박덕재·박성현(2018), 외국어습득론과 한국어 교수, 박이정.

박영순(2006), 외국어로서의 한국어교육론(개고판), 도서출판 월인.

방향옥(2009), 「중국인 한국어 학습자를 위한 종성 /ㅇ/의 발음 교육 방안」, 인문학연구 37, 조선대학교 인문학연구원, 389~410.

배성봉·이광오(2012), 「사이시옷이 단어 재인에 미치는 영향」, 인지과학 23-3, 한국인지과학회, 349~366.

배재연·신지영·고도흥(1999), 「음성환경에 따른 한국어 폐쇄음의 음향적 특성: 시간적 특성을 중심으로」, 음성과학 5-2, 한국음성과학회. 139~159.

백준오·김영주(2013), 「SLA에서 과제기반 연구의 최근 동향: 인지적 복잡성을 중심으로」, 한국어교육 24-1, 국제한국어교육학회, 87~116.

범 류(2008), 「중국어권 한국어 학습자의 'ㄴ' 발음의 길이와 F1값에 대한 연구」, 한국어학 38, 한국어학회, 57~81.

서수현(2013), 「한국어능력시험 쓰기 영역 개선 방향에 대한 연구: 구인 타당도 개념을 중심으로」, 국어교육 141, 한국어교육학회, 337~361.

서울대학교 언어교육원(2009), 한국어 2, 문진미디어.

서울대학교 언어교육원(2009), 외국인을 위한 한국어 발음 47-2, 랭기지플러스.

송향근(2011), 「음운 이론과 한국어 발음교육」, 한국어학 50, 한국어학회, 1~27.

송향근(2012), 「소통을 위한 한국어 교육: 한국어 교원 자격 제도를 중심으로」, 어문논집 65, 민족어문학회, 53~75.

신지영·정명숙(2000), 「한국어의 시간 단위에 관하여」, 한국어학 12-1, 한국어학회, 261~278.

심소희 역(2013), 중국어 음성학, 교육과학사.

안경화·김정화·최은규(2000), 「학습자 중심의 한국어 교육과정 개발 방향에 대하여」, 한국어교육 11-1, 국제한국어교육학회, 67~83.

안미리·김태경(2004), 「억양의 의사소통적 기능에 관한 연구: 일어문 시기의 아동을 대상으로
    」, 음성과학 11-2, 한국음성과학회, 151~164.

안병섭(2007), 「휴지(pause)의 역할에 대한 반성적 검토」, 우리어문연구 28, 우리어문학회,
    67~87.

안수웅·배재덕(2005), 영어 발음을 위한 영어 음성학·음운론, 한국문화사.

양병곤(1993), 「한국어 이중모음의 음향학적 연구」, 말소리 25, 대한음성학회, 3~26.

양순임(2001ㄱ), 「유기음과 성문 열림도」, 우리말연구 11, 우리말연구회, 101~121.

양순임(2001ㄴ), 음절 끝 닿소리와 된소리되기, 박사학위논문, 부산대학교 일반대학원.

양순임(2002), 「음절 말 자음의 음성자질」, 한글 258, 한글학회, 55~82.

양순임(2003ㄱ), 「유기음화와 관련된 한국어 발음교육」, 이중언어학 22, 이중언어학회,
    225~240.

양순임(2003ㄴ), 「한국어 모음의 인지 및 발음교육 방안」, 이중언어학 23, 이중언어학회,
    187~209.

양순임(2004ㄱ), 「음절 말 자음과 관련된 변동규칙 교육 방안」, 한국어교육 15-3, 국제한국어
    교육학회, 121~144.

양순임(2004ㄴ), 「한국어 음절 초성의 발음교육 방안」, 국어교육 113, 한국국어교육연구학회,
    467~498.

양순임(2005ㄱ), 「한국어 음절 말 폐쇄음에 대한 음향 및 청각 음성학적 연구」, 한글 269, 한
    글학회, 77~100.

양순임(2005ㄴ), 「한국어 음절 종성의 발음교육」, 국어교육 117, 한국국어교육연구학회,
    493~519.

양순임(2006), 「중국인 학습자언어에 나타나는 한국어 종성에 대한 음향·청취 음성학적 오류
    분석」, 한국어교육 17-3, 국제한국어교육학회, 163~183.

양순임(2007), 「연음규칙 적용에 따른 오류분석: 중국인 학습자의 중간언어를 대상으로」, 한
    국어교육 18-3, 국제한국어교육학회, 123~144.

양순임(2009), 「불파음화와 경음화의 실현 양상 분석: 중국인 학습자언어를 대상으로」, 우리
    말연구 24, 우리말학회, 5~28.

양순임(2010), 「한국어 발음교육에서의 길이」, 우리말연구 26, 우리말학회, 65~88.

양순임(2011ㄱ), 「한국어 중첩 비음의 길이에 대한 고찰」, 한국어학 51, 한국어학회.
    93~116.

양순임(2011ㄴ), 「사잇소리현상과 사이시옷 표기에 대하여」, 한글 293, 한글학회, 117~167.

양순임(2012ㄴ), 「'ㅎ' 불규칙용언의 표기 규정에 대한 고찰」, 한민족어문학 62, 한민족어문학
    회, 315~338.

양순임(2013), 「'ㄹ' 관련 음운변동 교육내용 분류와 초성 'ㄹ' 관련 변동규칙 교수·학습 방안」, 한국어교육 24-1, 국제한국어교육학회, 155~176.

양순임(2014ㄱ), 「'ㅎ' 관련 변동규칙 발음교육 방안」, 통합인문학연구 6-1, 통합인문학연구소, 221~248.

양순임(2014ㄴ), 「외국인을 위한 사잇소리현상 발음교육 방안」, 우리말연구 37, 우리말학회, 195~219.

양순임(2016), 한국어 어문규범 연구, 태학사.

양순임(2018ㄱ), 「단모음 연구에 대한 비판적 고찰-한국어교육과의 음성·음운론적 접점에서」, 국어학 85, 국어학회, 429~462.

양순임(2018ㄴ), 국어 음운론-어문규범과 함께 보는, 부크크.

양영희·서상준(2011), 「한국어 교사평가의 준거와 도구 마련을 위한 시론」, 국어교과교육연구 18, 국어교과교육학회, 141~166.

엄익상(2012), 중국어 음운론과 응용, 한국문화사.

여종문(2012), 독일어 소리, 신아사.

연세대학교 한국어학당 편(2000), 한국어발음, 연세대학교 출판부.

오광근(2012), 「한국어 교재의 발음기호 제시 방법 고찰: 기초 단계에서의 자모 'ㅟ, ㅚ, ㅢ' 발음기호를 중심으로」, 반교어문연구 32, 반교어문학회, 173~202.

오재혁(2014), 「한국어 억양 곡선의 정규화 방안에 대한 연구」, 한국어학 62, 한국어학회, 395~420.

오지혜(2007), 「한국어교육에서의 언어문화 교육을 위한 교육내용의 범주 및 구조 설계 방안」, 한국언어문화학 4-2, 국제한국언어문화학회, 83~120.

오초롱·권순복(2013), 「중국인 한국어 학습자와 한국인의 한국어 단모음에 관한 음향학적 특성 비교」, 언어치료연구 22-1, 한국언어치료학회, 149~167.

우형식(2012), 「한국어 문법 교육에서 형태 초점 접근법을 적용하는 문제」, 한어문교육 26, 한국언어문학교육학회, 99~128.

윤국한(2007), 「'맞히다'의 음운론」, 청람어문교육 35, 청람어문교육학회, 153~175.

윤규철(2011), 「영어발음 자동평가 모델」, 언어학연구 19, 한국중원언어학회, 149~167.

이병근(1980), 「동시조음 규칙과 자음체계: Prestopped Nasals를 중심으로」, 말소리 1, 대한음성학회, 40~55.

이병운(2002), 「방언의 월 끝 억양의 유형」, 음성과학 9-2, 한국음성과학회, 49~58.

이석재·김정아·장재웅(2007), 「영어, 중국어, 일본어권 화자의 한국어 음운규칙 적용과정에서의 음소 산출 오류에 관한 연구」, 한국어교육 18-1. 365~399.

이은주·우인혜(2013), 「중국인 한국어 학습자를 위한 한국어 종성 /ㄱ, ㄷ, ㅂ/ 발음 교육 방안: 한국어 음절구조를 중국어 음절구조에 반대로 적용하여」, 새국어교육 97, 한국국어교육학회, 327~359.

이익섭(2008), 사회 언어학, 민음사.

이재승(2006), 글쓰기 교육의 원리와 방법, 교육과학사.

이정희(2010), 「인식 조사를 통한 한국어 구어 유창성의 개념 및 요인 연구」, 한국어교육 21-4, 국제한국어교육학회, 183~204.

이진호(1998), 「국어 유음화에 대한 종합적 고찰」, 국어학 31, 국어학회, 81~120.

이향(2012), 「한국어 말하기 수행평가의 발음 범주 채점 방식에 따른 채점 신뢰도 분석: 다국면 라쉬 모형을 활용하여」, 외국어로서의 한국어교육 37, 연세대학교 언어연구교육원 한국어학당, 325~355.

이현복(2011), 「국제한글음성문자의 일본어, 중국어, 태국어 표기」, 동아문화 49, 서울대학교 인문대학 동아문화연구소, 91~117.

이형재(2006), 「일본인 한국어 학습자의 한국어 발음에 나타난 피치 패턴 분석」, 일본어문학 30, 일본어문학회, 131~147.

이호영(1996), 국어 음성학, 태학사.

이호영(1999), 「국어 핵 억양의 음향음성학적 연구」, 말소리 38, 대한음성학회, 25~39.

이호영·지민제·김영송(1993), 「동시조음에 의한 변이음들의 음향적 특성」, 한글 220. 5~28.

임홍빈(1981), 「사이시옷 문제의 해결을 위하여」, 국어학 10, 국어학회. 1~35.

임홍빈(1993), 「국어 억양의 기본 성격과 특징」, 새국어생활 3-1, 국립국어원, 58~90.

장경희·김태경(2005), 「발화의 음 산출에 관여하는 화용론적 요인」, 한국어 의미학 18, 한국어의미학회, 175~196.

장소원(1998), 「국어 의문사 어휘의 실제적 용법 연구」, 언어 23-4, 한국언어학회, 691~708.

장소원(2000), 「방송인의 언어사용 실태와 문제점: 보도 프로그램의 경우를 중심으로」, 방송통신연구 51, 한국방송학회, 255~283.

장향실(2009), 「중국인 학습자의 한국어 음절 오류와 교육 방안」, 우리어문연구 34, 우리어문학회, 349~371.

전상범(2005), 개정판 영어 음성학개론, 을유문화사.

전영옥(2003), 「한국어 억양 단위 연구: 통사적 특징을 중심으로」, 담화와 인지 10-1, 담화·인지언어학회, 241~265.

전은주(2008), 「한국어 능력 시험 평가 문항의 내용 타당도 분석: 제12회 일반 한국어 (S-TOPIK)의 쓰기, 듣기, 읽기 영역을 중심으로」, 국어교육학 연구 31, 국어교육학회, 129~162.

정명숙(2002), 「한국어 억양의 기본 유형과 교육 방안」, 한국어교육 13-1, 국제한국어교육학회, 225~241.

정명숙(2003), 「일본인과 중국인의 한국어 억양」, 한국어교육 14-1, 국제한국어교육학회,

233~247.

정명숙·이경희(2000), 「학습자 모국어의 변이음 정보를 이용한 한국어 발음 교육의 효과: 일본인 학습자를 대상으로」, 한국어교육 11-2, 국제한국어교육학회, 151~167.

정현성(2008), 「운율경계와 자음이 국어 모음의 길이에 미치는 영향」, 청람어문교육 37, 221~238.

제갈명·김선정(2010), 「화용론적 기능 중심의 억양 교육을 위한 기초연구: 중국인 학습자의 한국어 억양 분석」, 교육문화연구 16-2, 인하대학교 교육연구소, 191~215.

조남민(2011), 「한국어의 발음 지각 능력 평가가 갖는 타당성과 효용성에 관한 연구」, 언어와 문화 7-3, 한국언어문화교육학회, 229~255.

조민하(2011), 「'-는데'의 종결기능과 억양의 역할」, 우리어문연구 40, 우리어문학회, 225~254.

조은형(2013), 「모국어 활용 영어 학습 과업활동이 영어 학습 전략상에 미치는 효과」, 영어영문학연구 39-4, 303~323.

지민제(1993), 「소리의 길이」, 새국어생활 3-1, 국립국어원, 39~57.

차재은·정명숙·신지영(2003), 「공명음 사이의 /ㅎ/의 실현에 대한 음성·음운론적 고찰」, 언어 28-4, 765~783.

최권진(2009), 「학습자 모국어를 활용한 한국어 교수: 학습 방법의 모색」, 한국어교육 19-1, 국제한국어교육학회, 1~21.

최성원·전종호(1998), 「한국어 경음·기음은 중복자음인가?: 폐음절 모음의 단축화를 중심으로」, 어학연구 34-3, 서울대학교 어학연구소. 521~546.

최승언 옮김, 소쉬르 지음(1996), 일반 언어학 강의, 민음사.

최인철(2007), 「음성인식기와 이중언어기반 평가방식의 외국어 습득 효용성」, 멀티미디어언어학 10-3, 한국멀티미디어언어교육학회, 203~219.

한성우(2008), 「중국어권 학습자를 위한 맞춤형 한국어 발음교육 방안」, 우리말글 44, 우리말글학회, 165~194.

허 용(2012), 「외국인 학습자의 한국어 발음 오류에 대한 음운론적 분석: 음운현상을 중심으로」, 한국학논집 46, 계명대학교 한국학연구원, 201~232.

허 웅(1988), 국어음운학, 샘문화사.

황종배(2002), 영어교수법, 한국방송통신대학교 출판부.

牧野美希·유석훈(2012), 「일본인 학습자를 위한 한국어 한자 어휘 교육 연구: 한일 한자음 대응 관계를 이용하여」, 일본근대학연구 38, 한국일본근대학회, 79~96.

Abercrombie, David(1967), *Elements of General Phonetics*. Edinburgh : Edinburgh University Press.

Bachman, Lyle(1990), *Fundamental considerations in language testing*, Oxford: Oxford

University Press.

Brown, H. D.(2000), *Principles of Language Learning and Teaching* 4th ed., Longman, Inc.

Canale, M. & Swain, M. (1980), Theoretical bases of communicative approaches to second language teaching and testing, *Applied Linguistics* 1, 1~47.

Catford, John. C.(2001), *A Practical Introduction to Phonetics* 2nd Ed., Oxford : Blackwel

Celce-Murcia, Marianne ed.(2001), *Teaching English as a second or foreign language,* Boston: Heinle & Heinle.

Chomsky, N. & M. Halle(1968), *The Sound Pattern of English*, Harper & Row.

Chomsky, N.(1965), *Aspects of the Theory of Syntax*, Cambridge, MA: MIT Press.

Chu Ruili(2011), Effects of Teacher's Corrective Feedback on Accuracy in the Oral English of English-Majors College Students, *Theory and Practice in Language Studies* 1-5, 454~459.

Corder, S. P.(1981), *Error Analysis and Interlanguage*, Oxford University Press.

Doughty, C., & Williams, J.(1998), Pedagogical choices in focus on form. In C. Doughty, & J. Williams (Eds.), *Focus on form in classroom second language acquisition,* Cambridge University Press.

Ellis, R.(2003), *Task-based Language Learning and Teaching*, Oxford.

Ellis, R.(2005), Measuring implicit and explicit knowlegde of a second language: A psychometric study, *Studies in Second Language Acquisition* 27-2, 141~172.

Foster, P., A. Tonkyn, and G. Wigglesworth(2000), Measuring spoken language: a unit for all reasons, *Applied Linguistics* 21-3, 353~375.

Gass, S. M. and Selinker, L.(1993), *Second Language Acquisition*, Lawrence Erlbaum Associates, Inc.(박의재·이정원 옮김, 1999, 제2언어 습득론, 한신문화사).

Gilakjani, A., Ahmadi S.(2011), Role of consciousness in second language acquisition, *Theory and Practice in Language Studies* 1-5, 435~442.

Goodwin Janet(2001), Teaching pronunciation, *Teaching English as a Second or Foreign Language* 3rd ed Marianne Celce-Murcia ed., Boston: Heinle & Heinle.

Hahn Jee-Won(2013), The Effect of Instruction on Pragmatic Competence, 언어학 67, 한국언어학회, 21~42.

Han, Kyung-Im(2008), Geminate consonants in Korean, 영미어문학 86, 251~266.

Hawkes, M. L.(2012), Using task repetition to direct learner attention and focus on form, *ELT Journal* 66-3, Oxford University Press, 327~336.

Henderson, J. B. & Repp, B. H.(1982), Is a Stop Consonant Released when Followed by Another Stop Consonant?, *Phonetica* 39, 71~82.

Hiratia Yukari(2004), Effects of speaking rate on the vowel length distinction in Japanese, *Journal of Phonetics* 32, 565~589.

Hymes, D. H.(1966), Two types of linguistic relativity, In Bright, W. *Sociolinguistics,* The Hague: Mouton, 114~158.

Jones, D.(1957), *An Outline of English Phonetics*, Heffer.

Jun, Sun-Ah(2000), K-ToBI Labelling Conventions(ver 3.1), http://www.humnet. ucla.edu/humnet /linguistics, Dept. of Linguistics, UCLA.

Kaye, Alan S.(2005), Gemination in English, *English Today* 21-2, 43~55.

Kim, D-W.(2002), The vowel length as a function of the articulatory force of the following consonants in Korean, 음성과학 9-3, 한국음성과학회, 143~153.

Krashen, S(1987), *Principles and Practice in Second Language Acquisition,* Prentice-Hall International.

Ladefoged, Peter(2001), A Course in Phonetics. 4th Ed. Orland : Harcourt Brace.

Lahiri, A. & Hankamer, J.(1988) The timing of geminate consonants, *Journal of Phonetics* 16, 327~338.

Leech Geoffrey(1974), *Semantics*, Harmondsworth: Penguin Books.

Magen. H. S. & Blumstein. S. E.(1993), Effects of speaking rate on the vowel length distinction in Korean, *Journal of Phonetics* 21, 387~409.

Malmberg, Bertil(1963). *Phonetics*. New York : Dover.

Oller, John W. & Ziahosseiny, S M.(1970) The contrastive and analysis hypothesis and spelling errors, *Language Learning* 20, 183~189.

Payne, Elinor M.(2005), Phonetic variation in Italian consonant gemination, *Journal of the International Phonetic Association* 35-2, 153~181.

Pickett, E. R., Blumstein, S. E., and Burton, M. W.(1999), Effects of speaking rate on the singleton/geminate consonant contrast in Italian. *Phonetica* 56, 135~157.

Saeidi, M., Zaferanieh, E. & Shatery, H.(2012), On the effects of Focus on Form, Focus on Meaning, and Focus on Forms on learners' vocabulary learning in ESP context, *English Language Teaching* 5-10, 72~79.

Sampson, Geoffrey(1990), *Writing Systems,* Stanford University Press.

Schmidt, R. W.(1990), The role of consciousness in second language learning,

Applied Linguistics 11, 129~158.

Selinker, L.(1972), Interlanguage, *International Review of Applied Linguistics* 10-3, 201~231.

Sharwood, S. M.(1993), Input Enhancement in Instructed SLA: Theoretical bases, *Studies in Second Language Acquisition* 15, 165~179.

Swain, M.(2005), The output hypothesis: theory and research. In E. Hinkel (ed.), *Handbook on Research in Second Language Teaching and Learning*, Lawrence Erlbauml Associates.

Takimoto Masahiro(2008), The effects of deductive and inductive instruction on the development of language learners' pragmatic competence, *The Modern Language Journal*, 92-3, 369~386.

Vanpatten, B., Oikennon, S.(1996), Explanation vs. structured input in processing instruction, *Studies in Second Language Acquisition* 18, 495~510.

Vennemann T.(1988), *Preference Laws for Syllable Structure and the Explanation of Sound Change*, Mouton de Gruyter.

Wajnryb, R.(1990), *Grammar Dictation,* Oxford University Press.

Werker, Janet F. & Tees, Richard C.(1999). Influences on infant speech processing: Toward a new synthesis, *Annual Review of Psychology* 50, 509~535.

Zhi, M., Lee, Y-J. & Lee, H-B.(1990), Temporal structure of Korean plosives in /VCV/, Proceedings of SICONLP '90, Seoul.

찾아보기